新财会系列精品教材

管理会计学

李　敏　主编

上海财经大学出版社

图书在版编目(CIP)数据

管理会计学/李敏主编．—上海:上海财经大学出版社,2014.5
新财会系列精品教材
ISBN 978-7-5642-1882-9/F・1882

Ⅰ.①管…　Ⅱ.①李…　Ⅲ.①管理会计-教材　Ⅳ.①F234.3

中国版本图书馆 CIP 数据核字(2014)第 084738 号

□ 责任编辑　李嘉毅
□ 封面设计　张克瑶
□ 责任校对　卓　妍　赵　伟

GUANLI KUAIJIXUE
管理会计学
李　敏　主编

上海财经大学出版社出版发行
(上海市武东路 321 号乙　邮编 200434)
网　　址:http://www.sufep.com
电子邮箱:webmaster @ sufep.com
全国新华书店经销
上海译文印刷厂印刷
上海景条印刷有限公司装订
2014 年 5 月第 1 版　2014 年 5 月第 1 次印刷

710mm×960mm　1/16　19.75 印张　397 千字
印数:0 001—4 000　定价:36.00 元

编写说明

全球竞争加剧、生存环境变化、信息技术飞跃等不确定因素，以及竞争对手、潜在市场进入者、替代品、顾客或供应商的讨价还价，使得管理者内外交困，产品差异化战略、成本领先战略、价值链管理等新观念与新方法应运而生、层出不穷，管理会计的教学内容被不断刷新。

管理会计主要服务于企事业单位内部管理的需要，是通过利用相关信息，有机融合财务与业务活动，在单位规划、决策、控制和评价等方面发挥重要作用的管理活动。经济与管理越发展，管理会计就越重要。

按照《财政部关于全面推进管理会计体系建设的指导意见》的要求，我国力争通过5～10年的努力，促使中国特色管理会计理论体系基本形成，管理会计指引体系基本建成，管理会计人才队伍显著加强，管理会计信息化水平显著提高，管理会计咨询服务市场显著繁荣，使我国管理会计接近或达到世界先进水平。会计越进步，经济越发展。

“管理会计”是财经类专业的主干课程。本书全面阐述了管理会计的基本知识和理论体系，概念框架和工具方法。第一章侧重于管理会计的基本理论和基础知识，通过阐述管理会计的发展历程、主要特征和基本职能等，概述了全书的主要观点及相关内容；第二、第三、第四、第五、第六章侧重于成本管理会计，主要阐述成本会计变革、产品成本制度、成本管控程序、成本观念更新、成本管理发展，以及成本性态与变动成本、标准成本与成本管控、作业成本与作业管理等的基本原理、应用价值和主要特点等；第七、第八、第九、第十章侧重于预测决策会计，主要阐述销售与定价、本量利与盈亏临界点、项目分析与投资决策、资金预测与可持续发展谋划等的基本理论、基本方法和应用价值；第十一章侧重于规划控制会计，主要阐述全面预算编制、执行、管控的理论、方法和应用；第十二、第十三章侧重于责任会计与绩效评价，主要阐述责任会计与责任考核、综合绩效指标体系、经济利润与经济增加值、平衡计分卡与战略管理等。

管理会计是提供持续价值增值的服务体系，不断有新的成果产生，尤其是成本会计与管理科学的有效结合拓宽了管理会计的研究范围，作业成本核算与管理、成本持续改进、全生命周期成本、环境成本、社会责任成本等都是更精细化的战略管理思想。研究管理，不断学习，求新求变，永无止境。本书广泛借鉴中西方管理会计的理论、方法、有益实践和成功经验，洋为中用、去粗取精、推陈出新，管理思想先进，教学内容新颖，教学重点突出。

管理会计是一门综合性和应用性很强的学科，循序渐进地教学，培养学生学以致用和创新思维的能力相当重要。本书在编排教学内容的过程中，既有理论阐述，又有方法指引，还注重实例分析和应用价值，融管理理论、计算方法、理财实务于一体，让学生得到较强的实务操作训练和理财思维启发，其实务性和可读性都很强。各章后安排了复习思考题和业务练习题，书后配有各章业务练习题的参考解答，便于学生复习和巩固教学内容。本书配有教学用PPT，可登录上海财经大学出版社网站下载。

管理会计作为企业规划未来、提升管理能力和竞争能力的学科，不仅是财务会计专业的必修课，而且是工商管理各专业的必修课和企业管理人员的必备知识。本书主要作为高等院校会计、财务、管理等相关专业的教学使用，高职高专、中职中专可根据教学目标、教学层次和教学课时安排选用打“*”号的章节。本书特别适合于经营者、管理者、注册会计师阅读，可作为注册管理会计师资格考试、会计专业技术资格考试和会计继续教育的参考读本。

本书由资深注册会计师、主任会计师、高级会计师李敏先生主编。李敏先生具有丰富的管理经验和从教经历，是多所著名大学的客座教授、财务会计咨询专家和司法会计鉴定专家，已主编出版了《管理会计》、《管理会计学》、《成本会计学》、《审计学》、《财务管理》、《财务报表解读与分析》等六十多本书。

本书的出版得到了严玉康、李杰、王淑文、徐成芳、李英、徐铭、丁东方、沈玉妹的协助，在此表示感谢。书中疏漏差错之处，敬请读者批评指正，以期日后修订补正。

编者

2014年5月

目　录

第一章 总 论

第一节 管理会计的改革与发展

会计实践与管理实践有着相辅相成的发展历史。会计产生的初始动因是满足某种管理的内在需求，而管理科学的不断发展丰富了会计的理论与实践，并不断地要求会计工作能够服务好经营管理。管理会计是会计的重要分支，主要服务于企事业单位内部的管理需要，是通过利用相关信息，有机融合财务与业务活动，在单位规划、决策、控制和评价等方面发挥重要作用的管理活动。经济与管理越发展，管理会计就越重要。

经济的快速发展和竞争环境的变化使得单位管理当局面临外部和内部的双重压力，从而产生改革与发展的动力。管理会计发展史上的改革推动者大多是因为需要释放这种压力而具有创新动力的先驱。随着经营管理的不断发展和管理科学的不断完善，管理会计经历了一个比较快速的改革与发展历程。

一、管理会计萌芽于管理的需求

记录交易信息的财务会计报告可以追溯到几千年以前，人类最初记录、计算与安排收支的活动可以看成是一种有意识的管理活动。之后，人们为了有效地安排劳动时间，以尽可能少的劳动消耗生产出更多更好的物质产品，以满足人们的生产和生活需要，就需要全面记录和计算人力、物力、财力的消耗，并反映在各种会计凭证、账簿与报表中，记录型的成本会计就逐步形成了。会计最初的管理职能主要体现在成本管理方面。

随着社会生产的日益发展、生产规模的日益社会化和追求经济效益的愿望的不断增强，对会计管理职能的需求变得越发强烈。管理会计最早萌芽于西方将会计与管理结合起来考虑问题的要求，最早被称为管理的会计。1919 年，美国成立了美国会计师协会(National Association of Accountants,NAA);1922 年,美国会计学者奎因坦斯出版了《管理的会计:财务管理入门》;1924 年,麦金西的《管理的会计》和布利斯的《通过会计进行管理》等相继出版。

二、管理会计初建于 20 世纪中叶

第二次世界大战以后,企业的生产规模不断扩大,市场竞争激烈,出于科学地预测、决策和控制的管理需要,管理会计开始受到重视,并开始在管理活动中被大量应用。同时,各种数学的、统计的方法逐渐与会计结合起来,使会计的管理职能不断扩大和延伸。到 20 世纪 50 年代,西方管理会计已经初具规模,逐渐形成了侧重于企业内部管理的会计体系,这是管理会计从财务会计分离出来的经济基础和历史原因。1952 年,在世界会计师联合会上正式通过了"管理会计(Management Accounting)"这个专用名词,管理会计体系正式形成,并成为一门独立的学科。

当时,最典型的代表是以泰罗的科学管理学说为基础形成的会计信息系统,被称为传统管理会计阶段。泰罗科学管理学说的核心,是强调提高生产和工作效率。通过他所倡导的时间研究、动作研究等,制定在一定客观条件下认为可以实现的同时又是最有效率的标准,以实现生产各个方面的高度标准化。标准制定以后,要求严格按标准执行,不允许一切可避免的浪费存在。标准成本、预算控制、差异分析等相继出现,并在实践中被不断充实和完善。

三、管理会计发展于近半个多世纪

从 20 世纪 50 年代起到 20 世纪 80 年代,资本主义世界进入战后发展的新时期。现代科学技术的突飞猛进和大规模应用于生产,使生产力获得迅速发展;同时,资本集中,跨国公司涌现,企业规模越来越大,生产经营日趋复杂,企业外部市场的情况瞬息万变,竞争加剧,企业仅仅依靠提高生产效率和内部标准化管理已不能适应经济形势的要求,迫切需要将企业管理的重心由提高生产效率转移到提高经济效益上来。

在这一阶段,人们注重研究管理会计的理论和技术方法,并积极吸收系统论、控制论、信息论、运筹学、数理统计、风险分析、现代心理学、行为科学以及电子计算机应用技术等学科的相关内容,用以充实管理会计,使得管理会计学的理论体系逐步完善,内容更加丰富,形成了预测与决策、规划与控制、评价与考核的管理职能,被称为现代管理会计阶段。

管理会计的发展及其在管理中的重要作用也促进了管理会计的职业化发展。1969 年,美国会计师协会下设了单独的管理会计实务委员会(Management Accounting Practices Committee,MAP),1972 年举行了第一次注册管理会计师(Certified Management Accountants,CMA)资格考试。该考试的内容包括经济学、理财和管理学,财务会计及

报告，管理报告、分析与行为问题，决策分析与信息系统。1991 年起，该组织更名为管理会计师协会（the Institute of Management Accountants，IMA），出版《管理会计》月刊和《管理会计研究》季刊，同时负责发布《管理会计公告》等。

特许管理会计师（the Chartered Institute of Management Accountants，CIMA）资格考试由英国成本和管理会计师协会负责。该协会于 1919 年成立，1972 年更名，1995 年被称为皇家特许管理会计师公会。特许管理会计师资格考试的内容包括管理会计，财务会计，成本会计，财务管理，管理学，公司发展战略及市场学，法律、税收及经济学，数量分析技术与信息技术处理。该协会也出版了《管理会计》月刊和《管理会计研究》季刊，并负责发布《管理会计公告》等。

皇家特许管理会计师公会和美国注册会计师协会（American Institute of Certified Public Accountants，AICPA）于 2012 年联合推出全球特许管理会计师（Chartered Global Management Accountants，CGMA）头衔，双方将发挥各自的优势，合力在全世界提升管理会计的地位。

中国自改革开放以来，不断引入西方管理会计的理论与方法，并在实践中加以运用。在会计教学中增加了管理会计学科的教学内容，中国式的管理会计教材不断涌现。

现代管理科学的形成和发展对决策性管理会计的形成和发展，在理论上起着奠基和指导的作用，在方法上赋予其现代化的管理技术，使其面貌焕然一新。管理会计是在新的历史条件下，以现代管理科学为基础，一方面丰富和发展了其早期形成的一些技术方法，另一方面又大量吸收了现代管理科学中运筹学、行为科学等方面的研究成果，把它们引进、应用到会计中来，形成了一个新的与管理现代化相适应的会计信息系统。

不少学者将 20 世纪 80 年代以前管理会计的发展历程分为 50 年代的执行性管理会计和 50 年代之后的决策性管理会计两个阶段。在执行性管理会计阶段，管理会计追求的是“效率”，强调“把事情做好”；在决策性管理会计阶段，管理会计追求的是“效益”，强调“首先把事情做对，然后再把事情做好”。

四、管理会计还在不断改革与创新

20 世纪 80 年代以来，全球竞争愈演愈烈，企业面临的环境发生很大变化：一方面，成本控制与管理会计的有效结合拓宽了管理会计的研究范围；另一方面，管理会计从“轻战略、重战术”走向战略思考。战略管理会计就是企业战略管理与管理会计相结合的产物，它服从于企业的战略选择，通过分析和提供与企业战略相关的信息，特别是反映成本、业务量、价格、市场占有率、现金流量和企业总资源等方面的相对水平和趋势的信息，解决好如何适应变化中的内外部条件，以使企业内部之间协调行动，取得整体上更优的战略效果等。激烈的市场竞争使企业充分认识到，比利润更重要的是市场份额，比市场份额更具有根本意义的是竞争优势，比竞争优势更具有深远影响的是企业发展的核心能力。

“管理会计与其讲是一种会计管理思想，还不如说是为了企业整体发展战略目标服务的一种管理控制系统。特别是在技术和管理水平高度发达的今天，在战略管理理论、作业成本法、平衡计分卡、价值链管理、持续改进成本法、流程再造、适时管理等理念相融合以后，现代管理会计的这种趋向于企业战略管理的特征就表现得更加明显。”①

战略与任务、目标不同。例如，登山是一项任务，登上某山顶就是目标，而如何既安全又便捷地登上某山的顶峰就属于战略。战略是指一个组织如何使自身能力与市场机会相匹配以达成其目标。战略管理会计就是站在战略的高度，关注企业外部环境的变化，面对竞争对手，分析企业所处的地位，据此来协助企业管理当局确立战略目标，进行战略规划，评价管理业绩。战略管理会计不仅要收集、分析企业内部的数据信息，更要为本企业提供外部市场环境及竞争者的信息，做到知己知彼，以求在市场竞争中立于不败之地。

随着经济全球化的日益深入和市场竞争的不断加剧，企业的生存与发展愈来愈取决于经营管理水平。大力推进管理会计的研究和运用，在提升企业经营管理水平、防范企业风险、增加企业价值等方面为各级决策者提供强有力的决策支持，已成为各界的广泛共识。我国从 2001 年起实施内部会计控制规范，2008 年起推行企业内部控制规范，2014 年起实行企业产品成本核算制度并全面推行管理会计体系等。财政部还专门作出“从出资人角度研究会计问题，切实加强管理会计工作”的指示，强调“特别是管理会计，在企业管理乃至经济管理中具有基础支持、战略支撑作用，推进包括成本制度在内的管理会计改革，释放管理因素在经济转型中的巨大潜力，有利于打造中国经济升级版”②。全面推进管理会计体系建设是深化经济体制改革、推动单位加强内部治理的重要制度安排，是激发管理活力、增强价值创造力、推进单位绩效管理的重要手段，是推动会计人才上水平、会计工作上层次、会计事业上台阶的重要方向。

管理会计改革与发展的历程告诉人们：管理会计完全是伴随着商品经济的发展而发展起来的，生产力的不断进步和管理科学的不断发展是管理会计产生和发展的根本原因，其中，商品经济的发展为管理会计的产生与发展奠定了经济基础，而管理科学的不断发展是管理会计产生与发展的重要理论基础。管理会计的不断发展从广度和深度拓展了会计的管理职能，从而使得其在企业经营管理过程中的作用越来越重要，创新也越来越多。会计越进步，经济越发展。

---

① 韦恩·J.莫尔斯等著，张鸣主译：《管理会计——侧重于战略管理》(第 3 版)，上海财经大学出版社 2005 年版。

② 余蔚平于 2013 年 11 月 15 日在企业产品成本核算培训班上的讲话：《认真贯彻企业产品成本核算制度 稳步推进管理会计体系建设》。

第二节 管理会计的主要特征

由于管理会计属于会计学的一个分支,需要利用财务会计资料和其他资料,采用包括会计等方法在内的现代管理方法和手段,因此,其与财务会计之间有着千丝万缕的内在联系,如信息来源基本相同,所处的经济环境基本一致,两者相互依存、相互制约、相互补充。

财务会计被称为"外部会计",它的主要使用者是企业外部的投资者、债权人和政府主管部门,因而必须以整个企业作为一个核算主体,必须遵守公认的会计原则,核算程序与核算方法比较固定,要求按月、按年定期编报,重在事后核算和监督,所以也被称为"报告型会计";而管理会计则被称为"内部会计",是为单位提供持续价值增值服务的,它的使用者主要是内部的管理者,因而以内部各层次的责任中心或各专门项目为核算主体,可以不受公认会计原则的约束,核算程序不固定,大量采用分析性的方法,可以根据管理的需要自行决定编报时间,重在规划未来和控制现在等,所以也被称为"经营型会计"。由此可见,两者之间在核算目的、核算主体、核算依据、核算重点、核算程序、核算方法和核算要求等诸多方面存在明显的差异。一个企业如果仅有财务会计而没有管理会计,对企业管理方面所起的作用是相当有限的。企业管理中应当充分发挥管理会计的功能,使其成为企业管理的中心。"管理会计的运用并不局限于传统意义上的管理者,所有层面上的决策制定者都在运用管理会计。"①

随着市场环境和管理环境的发展变化,人们对管理会计的认识也在不断地完善之中。从管理会计发展演变的过程中可以抽象出对管理会计主要特征的基本认识。

一、管理会计是会计与管理的有机结合,内容相当丰富

企业经营管理上的问题,凡是有机融合财务与业务活动,并利用会计信息资料进行规划、决策、控制和评价,从而谋求最佳经济效果和提供增值服务的,就属于管理会计研究的范畴。从管理会计发展演变的历史来看,无论是指管理的会计,还是指会计的管理,只要管理与会计结合起来,就为管理会计这门边缘学科创造了开阔的活动舞台。尤其是成本会计与管理会计的有机融合,衍生出成本管理会计的新领域。

预测决策会计在管理会计系统中属于侧重于发挥预测经济前景和实施经营决策职能方面最具有能动作用的子系统,其处于管理会计的核心地位,是管理会计形成的主要

---

① 韦恩·J.莫尔斯等著,张鸣主译:《管理会计——侧重于战略管理》(第3版),上海财经大学出版社2005年版。

标志之一。

规划控制会计是指在决策目标和经营方针已经明确的前提下，为执行既定的决策方案而进行有关规划和控制，以确保预期奋斗目标顺利实现的管理会计子系统。由于控制是在预算或规划基础上所实施的有目的、有方向的具体行为，因此，其处于管理会计循环的关键环节。

责任会计与绩效评价是指在组织企业经营时，按照分权管理的思想划分各个内部管理层次的相应职责、权限及所承担义务的范围和内容，通过考核、评价各责任中心履行责任的情况，反映其真实业绩，从而调动企业全体职工积极性的管理会计子系统。责任会计应以各级责任中心为主体，以责、权、利相结合的考核指标和考核内容为目标，以责任预算为控制的依据，采用编制责任报告的方式来进行业绩评价和责任考核。而综合绩效指标体系、经济利润与经济增加值、平衡计分卡与战略管理等更是近年来先进的业绩评价思想与评价方法。

上述几个方面的内容仅仅是对管理会计教学内容的初步划分。在管理实践中，这些方面的内容有时会交叉出现、互为因果。随着经营管理科学化的不断发展，管理会计的内容和方法正在互相渗透、与时俱进。

二、管理会计是思想与方法的有机结合，手段相当先进

管理会计是技术、方法与思想、理念的结合，它不仅加工历史信息，而且加工未来信息。其服务对象主要是单位内部的管理人员，帮助管理人员制定合理的目标，并为实现目标进行合理决策。

管理会计是一门应用性、综合性很强的交叉学科，其理论基础包括管理、会计、数学、信息、经济学和行为学等。管理会计所选用的方法大多属于分析性的方法，借以从动态和量的方面来掌握企业生产经营和管理活动过程中形成的现金流动等情况，从而为预测、决策、规划、控制和考评服务。其不仅涉及常量，而且涉及变量。例如，差量分析就是管理会计采用的基本分析方法之一，该方法贯穿管理会计教学的始终，它在不同情况下的应用有多种不同的具体表现形式，如成本性态分析、本量利分析、边际分析、成本效益分析和折现的现金流量分析等。

管理会计的分析方法是多方面的。从某种意义上说，管理会计是管理人员理财思想的表现和技能、技巧的体现。

三、管理会计是服务于有效决策的信息系统，作用非常显著

对决策者来说，管理会计是向管理当局提供用于规划、决策、控制和评价，以及确保单位资源的合理使用和经济责任的履行所需信息的确认、计量、归集、分析、编报、解释和传递的过程。目前，我国正在健全两大体系，即会计标准体系和管理会计体系。企业

管理既要面对市场、参与竞争、眼明手快，又要脚踏实地、目光向内、学会练内功。推进以管理会计为中心，以成本控制为重点的内部治理，不仅有助于有效决策，避免失误，而且有助于有效管控，向管理要效益。

强化对管理会计的学习和应用，将推动企业建立和完善现代企业制度，实现管理升级，增强核心竞争力和价值创造力，进而促进经济整体升级；将推动行政事业单位加强内部管理，建立和完善规范、透明、高效的现代政府预算管理制度；等等。

四、管理会计是提供持续价值增值的服务体系，目标十分明确

步入知识经济时代以后，智能化、网络化和全球化都要求管理会计重新定位。1997年美国管理会计师协会认为：管理会计是提供价值增值，为企业规划、设计、计量和管理财务、非财务信息系统的持续改进过程，通过此过程指导管理行动、激励企业行为、支持和创造达到组织战略、战术和经营目标所必需的文化价值。

价值增值既考虑了短期的利润增加，又考虑了持续的利润增长。持续改进是不断创新的动力，一个企业或组织只有持续改进、不断创新，才能降低成本、提高质量、增强自身的核心竞争能力，永葆生机和活力。持续改进需要不断激励，行为科学将对现代管理会计产生重大影响。管理会计最终将为企业或组织的战略服务，从而把现代管理会计引入一个更加广阔的新领域——战略管理会计；将管理会计上升到帮助创建先进的现代管理文化，使人们从哲学和文化的高度认识现代管理会计，从而提供管理会计更加广阔的思路与活动舞台，其最终目标定位于企业价值最大化，并为此提供一种促使持续价值增值的服务体系。“无论是为所有者和股东赚钱的企业，还是非营利组织，它们的目标都是相同的——创造价值。”①

第三节 管理会计的基本职能

管理会计的职能是管理会计在经营管理过程中所具有的基本功能。随着市场经济的不断发展和管理科学的不断完善，管理会计的职能也在不断发展与完善，主要可以概括为预测经济前景、参与经济决策、规划经营目标、控制经济过程和评价经营业绩五个方面。

---

① 安东尼·A.阿特金森、罗伯特·S.卡普兰等著，王立彦等译：《管理会计》(第5版)，清华大学出版社2009年版。

一、预测经济前景

预测是指采用科学的方法预计、推测客观事物未来发展的必然性或可能性的行为。管理会计按照企业未来的总目标和经营方针，充分考虑经济规律的作用和经济条件的约束，选择合理的量化模型，有目的地预计和推测未来企业销售、利润、成本及资金的变动趋势和水平，为企业经营管理决策提供有用的信息资料。

预测的主要方法有经验判断法、时间序列预测法和因果分析预测法等。

二、参与经济决策

决策是指在预测的基础上，在充分考虑各种可能的前提下，按照客观经济规律的要求，通过一定的决策程序对未来经营管理的方向、目标、原则和方法作出决定的过程。

在决策过程中，人们为了实现一定的目标，借助于科学的理论和方法，进行必要的计算、分析和判断，从若干可供选择的方案中选择并决定采用一个最优方案。例如，进行项目投资决策、产品生产最优组合决策、外购还是自制的决策等，都要求对可能采取的不同方案进行分析、比较，权衡利弊，从中选择最优方案。“优”的标准主要是经济效益，就是尽量使用较低的成本投入产出最大的经济效益。

决策程序中最主要的环节是确定决策目标、提出备选方案、选择最优方案等。决策的方法主要有对比优选法、线性规划法、概率决策法和损益决策法等。

三、规划经营目标

管理会计主要是通过编制各种计划和预算来规划经营目标。管理会计要求在最终决策方案的基础上，将事先确定的有关经济目标分解落实到各有关预算中，从而合理、有效地组织、协调企业供、产、销及人、财、物之间的关系，并为控制和责任考核创造条件、提供依据。

预算的编制方法有固定预算法、弹性预算法、增量预算法、零基预算法、定期预算法和滚动预算法等。

四、控制经济过程

控制是监督各项经济活动以保证其按计划进行并纠正偏差的过程。管理会计要求充分发挥对经济过程事前控制和事中控制的职能作用，并将其有机地结合起来，通过事前确定科学、可行的各种标准，针对执行过程中实际与计划发生的偏差进行原因分析，并及时采取措施进行调整，改进工作，确保经济活动正常进行。

控制的主要方法有固定程序控制、弹性程序控制和实时跟踪控制等。

五、评价经营业绩

管理会计主要是通过建立责任会计制度来履行评价经营业绩职能的，即在各部门、各单位及每个人均明确各自责任的前提下，逐级考核责任指标的执行情况，找出成绩和不足，从而为落实奖惩制度、改进未来管理工作提供必要的依据。

责任会计利用责任报告进行责任考核，包括成本中心业绩评价、收入中心业绩评价、利润中心业绩评价和投资中心业绩评价等。综合绩效评价指标体系和平衡计分卡在业绩评价中作用显著。

在实际管理工作中，上述职能互相联系、环环紧扣，从而形成周而复始的管理循环过程，构成一个有效管理的方法体系。其中，预测是决策和预算的基础；有了预测，就可以增强经营管理活动的可预见性，克服盲目性，并为控制和考核提供标准。控制是保证经营管理活动符合制度和预算的既定目标，以取得最佳经济效益的重要手段。评价主要是以业绩指标为对象，以财务预算和责任会计核算资料为依据，对单位经营管理活动的过程及其结果进行分析、研究、检查和评价等。

由于现代企业被称为信息型组织，管理将无可选择地以信息为基础，因此，加强信息的沟通、反馈和有效利用，对于顺利实现管理会计的目标、履行好管理会计的职能是至关重要的。

管理会计在发挥上述职能作用时，已经从财务会计单纯的核算扩展到解析过去、控制现在、谋划未来，并将三者有机地结合起来。

解析过去：管理会计解析过去主要是对财务会计所提供的资料作进一步的加工、改制和延伸，使之更好地适应控制现在和谋划未来的需要。

控制现在：管理会计在控制方面的作用是通过一系列指标体系，及时修正执行过程中出现的偏差，使企业的经济活动严格按照决策预定的轨道卓有成效地进行。

谋划未来：预测与决策是筹划未来的主要形式，管理会计的作用在于充分利用所掌握的丰富资料，严密地进行定量分析，帮助管理部门客观地掌握情况，从而提高预测与决策的科学性。

第四节 管理会计的应用价值*

一、管理会计在我国的应用现状

自改革开放以来，管理会计迅速传入我国，一些有识之士积极进取，开始重视应用西方管理会计的理论和方法来加强企业内部管理，尤其是对于以下几个方面的教学与实践已经引起广泛重视，其管理效果也日益显著：

第一，成本性态分析法，是将成本表述为业务量的函数，分析它们之间的依存关系，然后按照成本对业务量的依存性，把全部成本区分为固定成本和变动成本两大类，并联系成本与业务量的增减动态进行差量分析。成本性态分析法是管理会计的基础内容。

第二，本量利分析法，是将成本、业务量和利润三个方面的变动所形成的差量相互联系起来进行分析。本量利分析法的核心是确定盈亏临界点，并围绕它从本、量、利三者之间的动态关系上掌握有关的因素变动与企业盈亏此消彼长的规律性联系。本量利分析法是管理会计的重要内容。

第三，成本效益分析法，是经营决策分析评价的基本方法之一。例如，在短期经营管理决策中，通过分析差别成本、边际成本、机会成本和沉没成本等，对各种可供选择方案的净效益进行比较，用以判别相关方案的经济可行性。

第四，折现的现金流量法，是将长期投资方案在建设期的现金流出（投资额）及其投产后各年能实现的现金流入，按复利统一换算为同一时点的现值，然后进行对比分析，以判别有关方案的经济可行性，使各方案投资效益的分析和评价建立在客观、可比的基础上。

我国还在目标成本、标准成本、质量成本、责任会计、价值工程、全面预算和绩效评价等方面积极探索，目前又在推行作业成本、平衡计分卡、战略成本管理和可持续发展战略等先进的理念和方法。各单位主要负责人应当切实履行职责，将管理会计工作纳入本单位整体战略，周密部署，积极、稳妥地推进。

然而，我国现行管理会计工作仍有不少薄弱环节，突出表现在：(1)在会计理论界，对管理会计认识不一，缺乏公认的定义和框架；(2)普遍存在重财务会计、轻管理会计，重引进西方理论、轻发展本土体系的现象；(3)在会计实务界，管理会计工作自行探索，缺乏统一、规范的标准，管理会计的分析工具与我国企业的具体实践存在脱节现象，管理层对管理会计的接受程度不一，不同的信息系统之间难以顺利实现对接；(4)管理会计人才匮乏已成为制约管理会计发展的"瓶颈"。而我国以前的会计标准建设、会计学术研究和会计实务考虑外部投资者、债权人和社会公众等利益相关者较多，服务于单位内部管理和提供决策支持不够，管理会计的发展相对滞后。

由于管理会计侧重于为企业内部经营管理服务，因此，其具有企业化和行为化的特征，在实际应用中充满着个性化色彩。由于缺乏管理会计人才，大多数企业即使应用管理会计，也只是针对产品成本核算业务，而且还是使用反映成本信息不准确的传统成本核算方法。他们不清楚产品、客户的准确成本是多少，也就不知道哪些产品、哪些客户是盈利的，哪些产品、哪些客户是亏损的，常常会造成行动的盲目和决策的错误，这是不能容忍的。一些企业甚至缺乏管理会计观念，更谈不上应用这些方法去参与经营和决策。

二、全面推进管理会计体系建设既重要又紧迫

当今世界，经济全球化深入发展，企业跨国经营、资本跨境流动日益频繁，科技进步日新月异，知识经济方兴未艾，会计人才在社会经济发展中的基础性、战略性、关键性作用更加凸显，会计人才的竞争已经成为国家、地区和单位之间竞争的焦点之一。按照财政部《会计行业中长期人才发展规划(2010—2020年)》(财会〔2010〕19号)的发展目标，到2020年，我国会计人才发展的战略目标是：培养和造就一支规模宏大、结构优化、素质较高、富于创新、乐于奉献的会计人才队伍，确立我国会计人才竞争优势，建设国际一流的会计人才队伍，为在21世纪中叶基本实现社会主义现代化奠定会计人才基础。

在我国目前的财会队伍和管理人员中，大多接受的是会计、财务等专业教育，缺乏从战略高度整合管理会计问题的理论和实践经验，迫切需要更新知识、重新学习。全面推进管理会计体系建设，强化管理会计的学习与应用，加快管理会计信息整合，可以把管理会计嵌入管理过程和发展进程中，推动企业完善现代企业制度，实现管理升级，增强核心竞争力和价值创造力，进而促进经济整体升级；推动行政事业单位加强内部管理，建立完善、规范、透明、高效的现代政府预算管理制度和绩效评价制度；等等。

从2014年起，财政部顺时应势，将管理会计体系建设工作纳入今后会计改革与发展的重点方向，并以实施《企业产品成本核算制度》(财会〔2013〕17号)和《财政部关于全面推进管理会计体系建设的指导意见》(财办会〔2014〕5号)为指导，建立起与我国社会主义市场经济体制相适应的管理会计体系，力争通过5～10年的努力，基本形成中国特色管理会计理论体系，基本建成管理会计指引体系，使管理会计人才队伍的竞争力显著加强、管理会计信息化水平显著提高、管理会计咨询服务市场显著繁荣，使我国管理会计接近或达到世界先进水平。

我国正在推进管理会计指引体系建设，形成以管理会计基本指引为统领、以管理会计工具方法指引为具体指导、以管理会计案例示范为补充的管理会计指引体系；正在加强管理会计课程体系和师资队伍建设以及管理会计高端人才培养，将管理会计纳入会计技术资格考试和会计人员继续教育；正在建立管理会计专家咨询机制，以满足市场对管理会计咨询服务的需要等；会计师事务所和咨询机构善于利用管理会计进行管理咨询服务，这将提升服务层次，对自身发展和服务单位都大有裨益。

管理会计不仅跨学科，而且综合性、应用性和创新性都很强。不少市场经济国家的企业都有一批管理会计师，不少企业的财务总监和财务经理也是管理会计师或掌握高水平的管理会计技术，还有生产、销售等部门的管理者往往也掌握了管理会计知识与技术，尤其是成本会计管理知识与技术。我国还没有开始管理会计师的资格考试，也没有形成管理会计职业化的趋势，目前正在加快研究专业学科建设和专业资格考试内容的改革等。

由于管理会计在单位利用会计信息进行规划、决策、控制和评价等方面有着不可替代的作用和广阔的发展前景，我们应当注意学习借鉴国际先进理念和经验做法，系统总结自主创新和有益实践，形成有中国特色的管理会计体系，造就一批适应需要的管理会计人才，全面推进管理会计的发展，不断提高管理会计的应用价值。

复习思考题

1. 管理会计与管理科学之间有怎样的内在联系？请举例说明。

2. 你认为管理与会计之间有没有内在关系？“管理＋会计”就是管理会计吗？

3. 管理会计的发展与变革过程对我国有什么重要启示？

4. 财务会计为什么必须遵守公认的会计原则？管理会计为什么可以不受公认会计原则的约束？

5. 会计人员对管理会计的影响是通过会计人员的素质来体现的。我国现阶段会计人员的总体素质较低，知识结构不合理，现代管理意识较差。你对此有什么看法？如何改变这种现状呢？

6. 如何理解管理会计是一门新兴的边缘学科？

7. 为什么说管理会计在企业管理乃至经济管理中具有基础支持、战略支撑的作用，推进包括成本制度在内的管理会计改革可以释放管理因素在经济转型过程中的巨大潜力，有利于打造中国经济升级版？

8. 理论联系实际阐述培养管理会计人才、提高管理会计应用价值的途径与方法。

业务练习题

练习一

请复习第一章的教学内容，梳理管理会计的发展历程、基本理论、概念框架与工具方法等。

要求：理论联系实际，从核算目的、核算主体、核算依据、核算重点、核算程序、核算方法、编报时间、计量要求等方面，归纳说明管理会计与财务会计的差异，并提炼出管理会计的特点和作用。

练习二

效益公司本年度计划产销甲产品1 000台，固定成本总额为30 000元，每台利润计划为10元，计划利润为10 000元。到了年底，财务报表反映出公司实际产销甲产品1 200台，成本与售价均无变动，全年已经实现利润12 000元。在评价公司本年度计划任务的完成情况时，产生了以下三种看法：

（1）业务经理按照会计指标计算后认为，由于超产200台，增加了利润2 000元，已经超额20%完成了利润计划任务。

（2）财务科长认为，由于本年度实际产量为1 200台，比计划产量增长20%，每件产品的单位固定成本应随之下降，因此，公司本年度的利润增加数应当更多，现在只实现利润12 000元，肯定有差距，可能没有完成本年度的利润计划。

（3）成本会计认为，传统的财务会计并不将成本记录分为变动成本和固定成本，而管理会计将成本分为变动成本和固定成本，管理人员要有效地解释过去、控制现在、筹划未来，应当在分析研究成本性态以后才能有效回答上述问题。

要求：分析上述观点是否正确，并说明理由。

练习三

在一次学术交流中，有以下观点发表：

（1）管理会计理论的研究与实践脱节，可操作性差。目前，我国管理会计的理论研究在很大程度上还局限于对国外著述的翻译和介绍，在理论与实践相结合的研究方面还做得很不够，没有总结出适合我国国情的方法和体系。

（2）管理会计的发展难以适应知识经济的挑战。在向知识经济转变的过程中，行业类型的多样、企业形式的演变和经营状况的不定，要求管理会计提供的信息更加全面、及时。但我国现行的管理会计教材大多是以工业企业为例进行讲解的，研究领域比较狭隘，理论创新没有跟上经济环境的变化。

（3）经营决策者的管理意识有待提高。企业经营决策者的重视程度已成为能否提高管理会计应用水平的关键因素，这实际上反映的是企业经营决策者的素质问题。但目前有相当多的企业经营决策者不懂财务和会计，更不用说管理会计，其结果直接影响了管理会计在企业中的应用。

（4）管理会计和财务会计分属于会计中的两个分支，管理会计以内部管理为目标，财务会计以对外报告为目标，双方依据各自的核算体系实施双重核算。随着会计理论与实务的不断创新，管理会计与财务会计应当趋于一体化。

要求：结合教学内容，谈谈你对完善我国管理会计学科的看法。

第二章　成本制度更新

第一节　成本会计的变革

一、成本会计的重要作用

成本是为了获得现在或未来的经济利益而支付的商品和服务的货币价值，是商品价值中最重要也是最主要的组成部分。商品价值一般由三个部分组成：生产中消耗的生产资料的价值(C)，劳动者为自己劳动所创造的价值(V)，以及劳动者为社会创造的价值(M)。成本就是C+V，是指已经消耗的、以货币表现的生产资料的价值与劳动者为自己劳动所创造的价值的总和。

成本会计通常是指成本计算与记账原理相结合的一种处理程序和方法，是对成本确认、计量、记录、分配、计算、报告行为的总和。

"学习成本会计是一个学生能够作出的最佳商业投资之一。为什么这样说呢？因为在商业界——从最偏僻的小店铺到最大的跨国公司——的任何一项成功之中，都需要用到成本会计概念和实务。成本会计为管理者提供编制计划和实施控制的关键数据，也用于产品、服务和客户方面的成本计算。"①确实，通过正确组织成本核算和管控，不仅可以反映生产过程中人力、物力和财力的耗费，计算出产品总成本、固定成本、变动成本和单位成本等，从而为生产耗费的补偿、盈余和价格的确定提供依据；还可以核算和监督各项消耗标准(定额、预算或计划)的执行情况，控制各项人力、物力和财力的耗费水平，从而促使企业增产节约、增收节支，为加强资金管理、提高资金周转速度和有效

---

① 查尔斯·T. 亨格瑞等著：《成本与管理会计》(第13版)，中国人民大学出版社2012年版。

使用资金提供资料，并有助于成本分析和考评工作的不断完善。

对成本的计算可能是会计最初的功能之一。成本会计要求基于对各种耗费事实的确认和分析，做出切合实际的判断，提出一些令人思考的问题并予以有效解决；而不能只是一个“账房先生”，只会写数字、算数字。成本会计可以从财务会计中分离出来，通过对财务会计信息的加工、整理、延伸、改造，更多更好地为管理者提供对预测和决策等有用的信息，为落实成本管理责任制，加强成本的事前、事中、事后全过程控制服务。

二、成本会计的变革历程

成本会计的历史比较悠久，其理论和方法体系随着发展阶段的不同而不断提高、充实，并与管理会计休戚相关。

(一)早期成本会计阶段

成本会计的产生先于管理会计。1855 年，英国的利曼(Lyman)纺织厂以复式簿记为基础，首创了一套成本会计制度。铁路业的出现和迅速成长也为当时成本会计的发展提供了巨大动力。随着英国产业革命的完成，机器代替了手工劳动，工厂制代替了手工工场，会计人员为了满足企业规模扩大和管理上的需要，将成本计算逐步纳入复式记账系统，使成本记录与会计账簿一体化，从而形成了记录型的成本会计。

早期研究成本会计的专家劳伦斯对成本会计的定义是：成本会计就是应用普遍的会计原理和原则，系统记录某一工厂的生产和销售时所发生的一切费用，并确定各种产品或服务的单位成本和总成本，以供工厂管理当局决定经济的、有效的和有利的产销政策时参考。

(二)近代成本会计阶段

自 20 世纪以来，制造业的科学管理方式对成本会计的发展产生了深刻的影响。1919 年，泰勒发表了著名的《科学管理原理》。1913 年，英国成立了成本会计师协会，主要致力于成本会计的研究和应用工作，1972 年更名为成本和管理会计师协会。

在这期间，标准成本制度产生，预算控制进一步完善，成本会计成为了独立学科，应用范围不断扩大，从工业企业扩大到各行业，并深入应用到企业内部的各个主要部门，特别是应用到企业经营销售方面。

(三)现代成本会计阶段

自 20 世纪 50 年代起，西方国家的社会经济进入了高速发展时期。随着管理的现代化以及运筹学、系统工程和电子计算机等在成本会计领域的广泛应用，目标成本、责任成本、变动成本、质量成本等应运而生，成本会计的发展重点已由如何对成本进行事中控制、事后计算分析转移到如何预测、决策和规划成本，实现最优化成本控制，形成了以管理为主导的现代成本会计。

(四)战略成本会计阶段

自20世纪80年代以来，电脑技术的进步、生产方式的改变、产品生命周期的缩短，以及全球性竞争的加剧，大大改变了产品成本结构与市场竞争模式。成本管理的视角由单纯的生产经营过程管理扩展到与顾客需求及利益直接相关的、包括产品设计和产品使用环节的产品生命周期管理，更加关注产品的顾客可察觉价值；同时，要求企业更加注重内部组织管理，尽可能地消除各种增加顾客价值的内耗，以获取市场竞争优势，于是，作业成本核算（ABC）、作业成本管理（ABM）、作业的预算（ABB），以及绩效评价中的综合平衡计分卡（BSC）等管理方式应运而生。此时，战略相关性的成本管理信息已成为成本管理系统不可缺少的组成部分。

战略确定是一个组织如何匹配自己的能力与市场机会来完成自己的目标。面对竞争对手、潜在市场进入者、替代品、顾客或供应商讨价还价的能力等，战略应当能够描述一个组织区别于其他竞争者时如何为其客户创造价值，特别是通过产品差异化战略（使产品和服务比竞争对手的产品和服务更优质、更独特）和成本领先战略（通过提高生产率、消除浪费和严格控制成本来实现比竞争对手更低的成本）等来应对这些挑战。

经营方式和管理策略的变化使得成本会计信息在确定企业战略方向上发挥着重要作用。成本管理开始具有开阔的视野和超前的意识，目标不再是只重利润最大化而是定位于用户满意层面上。“用户满意”包括依赖性、质量、交货期和售后服务等方面，其中包含了价值型定量目标（如售价）、非价值型定量目标（如交货期）和其他定性目标。这一目标已远远超越了传统以利润或资产等价值量为准绳的目标观。新经济环境下的成本管理应该是“市场导向型”的成本管理，是一种以用户满意为目标而进行的价值控制和实体控制并重的管理。

知识经济环境与可持续发展的研究对成本会计提出了许多挑战。由于全球经济的一体化、竞争的加剧、产品的更新换代、产业结构的变化、生产环境的改善、低碳经济的推行、适时生产系统的出现以及全面质量管理的普及等，使得对作业成本、质量成本、环境成本的研究与应用应运而生。新技术、新工艺不断涌现，管理理论和方法也在不断创新，正在促进成本会计学科的发展并丰富了其内容。

面对现代成本会计的发展趋势，我国的成本会计应当顺应国际、国内市场环境以及企业生产环境的变化，结合国情，引进、吸收、消化各种新的管理理论和方法，在加强成本理论研究的同时，积极推广作业成本法、质量成本会计、战略成本管理和目标成本管理等，建立起具有中国特色的成本会计理论的研究方法体系，并积极地将成本会计理论的研究成果转化为生产力。

三、我国成本制度的变革

中华民族历来崇尚勤劳和节俭的文化，成本核算和节约支出的思想自古有之，源远流长。管仲治国，重视节俭和发展经济。“仓廪实而知礼节，衣食足而知荣辱”(《史记·管晏列传》)。“审度量、节衣服、俭财用，禁侈靡，为国之急也”（《管子·八观》)。孔子主张勤俭节用，把“俭”或“节用”作为管理经济的重要原则。他提出“节用而爱人”(《论语·学而》)，宣扬“礼，与其奢也，宁俭”(《论语·泰伯》)。孟子也主张君主应恭俭，“俭者不夺人”，通过节用以减轻民负。“食之以时，用之以礼，财之不可胜用也”(《孟子·尽心上》)。“食之以时”系保护生产，不误农时；“用之以礼”指节用有度。《孝经》说：“制节谨度，满而不溢……所以长守富也。”“不溢”，不滥用之意，把生产搞好了，财源丰裕，又不滥用，国家方能长富。

我国20世纪50～80年代陆续颁布了《国营工业企业统一成本计算规程》和《国营工业企业成本核算办法》等关于企业成本核算的规范。随着会计改革的深入，我国在20世纪90年代先后发布了13个行业的会计制度；在2000年《企业会计制度》印发后配套制定了12个行业核算办法；2006年通过并实施企业会计准则，实现与国际会计准则趋同。然而，无论是准则还是制度，都没有涉及成本费用的计算、归集和分配方法等具体内容，更没有将当代成本管理的研究成果纳入其中，而这些内容会影响存货成本和营业成本等信息的准确性和有用性等。

1992年以前，我国成本会计采用完全成本法来核算产品成本，即将制造成本和非制造成本中的销售费用、管理费用和财务费用都计入产品成本。1992年以后，我国依据国际惯例采用了制造成本法核算产品成本，即企业归集一定期间内生产过程中所发生的各种制造成本，采用一定的方法和标准分配计入相应的产品，非制造成本（销售费用、管理费用和财务费用）从当期损益中直接扣除。制造成本法一直稳定使用至今。

随着市场经济体制的日益完善，企业由传统生产型向生产经营型和开拓经营型转变。企业产品成本核算的目的也发生了重大变化，不仅要满足政府、股东和债权人等利益相关方的外部信息需求，还要为企业内部管理服务，从而切实提高企业的经济效益。这在客观上要求企业建立起既能计算产品实际成本，又便于成本控制和成本预测决策；既能满足宏观成本管理要求，又能满足企业内部管理要求的成本核算模式。

为了加强企业产品成本核算工作，保证产品成本信息的真实、完整，促进企业和经济社会的可持续发展，根据《中华人民共和国会计法》、企业会计准则等国家有关规定，2013年8月16日财政部制定了《企业产品成本核算制度（试行）》(财会〔2013〕17号)，自2014年1月1日起在除金融保险业以外的大中型企业范围内施行，鼓励其他企业执行，小企业也要参照执行。加强企业成本核算与管理，制度建设是基础，制度执行是关键。

《企业产品成本核算制度（试行）》(简称“成本制度”)共5章53条，其内容一方面与企业会计标准体系保持了衔接，有机整合了企业会计准则中关于产品成本核算的零散内容，进一步规范了产品成本核算对象、产品成本核算项目和范围以及产品成本的归集、分配和结转，建立了产品成本核算的操作性规范；另一方面，又与管理会计体系建设进程保持了衔接，突出体现了企业内部管理对产品成本核算多维度、多层次的需要，明确规定企业应当根据内部管理的要求确定成本核算对象和成本核算项目，并在此基础上对有关费用进行归集、分配和结转；同时，还适度引入作业成本等现代成本核算与管理的方法。通过制定成本制度，探索建立我国成本会计体系，既满足了加强企业成本核算的需要，又体现了管理会计理念，是我国成本管理会计发展的必然趋势。

成本制度具有以下几个方面的重大变革：

(一)建立了制造业和非制造业统一适用的产品成本核算体系

我国制造业(工业)在国民经济中具有重要地位，且其产品结构复杂繁多，成本核算方法和程序较为典型、成熟。长期以来，无论是企业会计准则或制度，还是成本会计教科书，通常以制造企业为蓝本作出相关规定或论述。目前，随着非制造业在国民经济中的比重日益增长，以及现代企业集团多领域、跨行业的多元化发展趋势，产品成本核算日益复杂化，农业、采矿业、建筑业、交通运输业、信息传输业等非制造业的产品成本信息在企业管理中变得日益重要。

成本制度以"制造业"为蓝本，明确企业产品成本核算的总体要求和一般原则。企业在通常情况下应当据此进行产品成本核算，除已经明确规定的以外，其他行业的企业应当比照成本制度中类似行业的企业进行产品成本核算。

(二)重新划分行业类别，成本制度的适用面更加广泛

一个行业(或产业)是指从事相同性质的经济活动的所有单位的集合。成本制度以《国民经济行业分类》[①]和《中小企业划型标准规定》[②]的行业分类为基础，经过系统整合以后，划分了11个行业类别，分别是制造业、农业、批发零售业、建筑业、房地产业、采矿业、交通运输业、信息传输业、软件及信息技术服务业、文化业以及其他行业。11个行业类别的划分涵盖了国民经济分类中的主要类型，有助于成本制度适应经济社会发展的要求，具备广泛适用性。

(三)引入现代成本核算方法，有助于促进发挥成本信息在管理中的基础作用

管理工作事关大局，基础工作关乎成效。成本核算是成本管理的一项基础性工作，同时，成本管理又为成本核算的不断完善提供了方向和环境。例如，企业在进行定价决策时，需要掌握特定产品的成本信息；在进行生产流程优化决策时，需要掌握各个生产步骤的成本信息；在进行营销决策时，需要掌握特定订单或客户的产品成本信息；等等。

---

① 《国民经济行业分类》(GB/T 4754-2011)国家标准于1984年首次发布，分别于1994年、2002年和2011年三次修订。该标准由国家统计局起草，国家质量监督检验检疫总局、国家标准化管理委员会批准发布，于2011年11月1日实施。

② 《中小企业划型标准规定》(工信部联企业〔2011〕300号)由工业和信息化部、国家统计局、国家发展和改革委员会、财政部于2011年6月18日发布。

所以，成本制度要求企业可以按照多维度、多层次的管理需求进行产品成本核算，可以采用作业成本法，也可以引入IT技术等，将成本核算、成本分析和成本管控结合起来，促进企业降本增效。

（四）体现成本管理发展新趋势，有助于促进企业的可持续发展

政府以科学发展观为指导，提出了建设资源节约型、环境友好型社会的新要求。企业是市场主体，应当承担相应的资源环境开发、保护、利用和治理的责任，这就要求在产品成本中体现清洁生产、节能减排、循环使用和生态环保等方面的支出，强化企业的社会责任，提高企业的环保意识，促进企业以及整个经济社会的可持续发展。

第二节 产品成本制度

一、产品成本制度的概念与分类

（一）产品成本制度的概念

产品成本制度是对产品成本核算与管理工作所作的规定，它的内涵与外延随着经济环境的变化不断发展变化。我国自2014年1月1日起实施的成本制度是一种实际成本计量、完全成本核算、具有开放性的制度管理模式。

（二）产品成本制度的分类

产品成本制度可按不同的标志进行分类。

1. 按会计制度的种类分类

（1）实际成本制度。这是根据实际发生的各项支出计算成本的一种产品成本制度。

（2）标准成本制度。这是以预先制定的产品标准成本为基础，用实际产量的标准成本与实际成本相比较并记录和分析成本差异的一种产品成本制度。

（3）估计成本制度。这是在产品生产前预先估算单位产品成本，凭以确定售价，然后通过复式记账将算出实际产量的估计成本与账上实际成本比较，据以修改估计成本的一种产品成本制度。

需要注意的是，企业不得以计划成本、标准成本和定额成本等代替实际成本。例如，企业采用计划成本、标准成本和定额成本等类似成本进行直接材料的日常核算的，期末应当将耗用直接材料的计划成本或定额成本等类似成本调整为实际成本。

2. 按费用分配的基础分类

（1）产量基础成本计算制度。这是以产量作为各种间接费用的分配基础，适用于产量是成本的主要驱动因素的企业。

（2）作业基础成本计算制度。这是以成本动因作为间接成本的分配基础，按照不同成本的性质建立较多的成本集合的制度，适用于非产量相关制造费用比重较大的企业。

3. 按成本计算的模式分类

(1)完全成本计算法(又称吸收成本计算法)。这是将产品生产中所发生的直接材料、直接人工、变动制造费用和固定制造费用的全部成本都计入产品成本的一种成本计算方法。由于固定制造费用与产品生产过程中直接消耗的材料、人工和变动制造费用一样，汇集于产品，并随产品的流动而结转，从而使本期已销售的产品和期末未销售的产品具有完全相同的成本组成。

(2)变动成本计算法(又称直接成本计算法)。这是只将产品生产中发生的直接材料、直接人工和变动制造费用计入产品成本，而将固定制造费用和非制造成本全部作为期间成本，计入当期损益的一种成本计算方法。由于产品成本只包括变动制造成本，不包括固定制造成本，从而成为区别于完全成本计算法的主要标志。

变动成本计算法虽然不符合公认会计原则或现行会计制度的要求，不能用来编制对外财务会计报告，但它是管理会计用于企业内部管理，为规划和控制企业经济活动而运用的重要方法之一，因而已成为企业内部管理的一种重要方法。从目前的情况来看，这两种方法并不能相互取代，而是同时使用。

会计有财务会计、成本会计和管理会计等学科之分。就编制财务报表而言，成本会计附属于财务会计；但从管理的角度来看，成本会计也是管理会计的一个重要组成部分。或者说，财务会计与管理会计都有赖于成本会计系统所提供的信息。

二、费用核算规范

成本核算从支出或费用开始。企业为销售商品、提供劳务等日常活动所发生的经济利益的流出，如果将导致资产的减少或负债的增加，并且能够可靠地加以计量，就应当确认为一项费用。费用是通过所使用或所耗用的商品或劳务的价值来计量的，其计量标准是实际成本。

(一)费用确认的基本原则

费用的实质是资产的耗费，但并不是所有的资产耗费都是费用，因此，就需要明确什么样的资产耗费应确认为费用。由于发生费用的目的是为了取得收入，那么，费用的确认就应当与收入的确认相联系，因此，确认费用应遵循划分收益性支出与资本性支出原则、权责发生制原则和配比原则等基本原则。

1. 划分收益性支出与资本性支出原则

收益性支出是指受益期不超过1年或一个营业周期的支出，即发生该项支出是仅仅为了取得本期收益。资本性支出是指受益期超过1年或一个营业周期的支出，即发生该项支出不仅是为了取得本期收益，而且是为了取得以后各期收益。

划分资本性支出与效益性支出原则要求在成本核算中首先将资本性支出与收益性

支出加以区分，将收益性支出计入费用账户，作为当期损益列入利润表；将资本性支出计入资产账户，作为资产列入资产负债表。前者称为支出费用化，后者称为支出资本化。资本化支出随着每期对资产的耗费，按照受益原则和耗费比例通过转移、折旧和摊销等方法，逐渐转化为费用。

2. 权责发生制原则

按照权责发生制，凡是本期已经发生或应当负担的费用，不论其款项是否已经收付，都应作为当期费用处理；凡是不属于当期的费用，即使款项已经在当期收付，也不应作为当期费用。权责发生制明确了费用确认和计量方面的要求，解决了费用何时予以确认及确认多少等问题。

3. 配比原则

按照配比原则，为产生当期收入所发生的费用应当确认为该期的费用，即当收入已经实现时，某些资产（如物料用品）已被消耗或已被出售（如商品），以及劳务已经提供（如专设的销售部门人员提供的劳务），已被耗用的这些资产和劳务的成本应当在确认有关收入的期间予以确认。如果收入要到未来期间实现，相应的费用应递延分配于未来的实际受益期间。

（二）费用确认的基本标准

第一，按费用与收入的直接联系（因果关系）加以确认。凡是与本期收入有直接因果关系的耗费，就应当确认为该期间的费用。

第二，直接作为当期费用确认。在企业中，有些支出不能提供明确的未来经济利益，并且，如果对这些支出加以分摊也没有意义，这时，这些费用就应直接作为当期费用予以确认，如固定资产的日常修理费等。

第三，按系统、合理的分摊方式确认。如果费用的经济效益有望在若干个会计期间发生，并且与收益相关，该项费用就应被合理分配，如固定资产折旧和无形资产摊销等。

（三）费用与成本之间的区别

在制造业中，费用按一定的产品加以归集和汇总以后就是产品成本。费用是产品成本的基础，产品成本则是对象化的费用。

1. 费用与产品成本的区别

费用包括构成本期产品成本的费用和不构成本期产品成本的费用，而产品成本只是费用中构成产品成本的部分。费用着重于按会计期间归集所发生的费用，而产品成本则着重于按产品品种归集费用，一种完工产品的成本可能包括几个会计期间的生产费用。

2. 费用与期间费用的区别

期间费用是指应当直接计入当期损益（不计入在产品和产成品成本）的各项费用。期间费用直接从当期收入中得到补偿，而构成产品成本的费用要待产品销售时才能得到补偿。

3. 生产成本与营业成本的区别

生产成本是生产费用中构成产品成本的部分，在各种产品尚未出售前表现在存货的价值中；待销售以后表现为营业成本，从而使一定时期的营业成本与一定时期的营业收入相配比。

三、成本的分类方法

(一)成本按经济用途分类

1. 制造成本(产品成本)

制造成本是指产品在制造过程中所发生的各项成本。为了具体反映计入产品生产成本的生产费用的各种用途，还应进一步将其划分为若干个项目，即产品生产成本项目，简称成本项目。制造企业一般设置直接材料、燃料和动力、直接人工和制造费用等成本项目。

直接材料，是指构成产品实体的原材料以及有助于产品形成的主要材料和辅助材料。

燃料和动力，是指直接用于产品生产的燃料和动力。

直接人工，是指直接从事产品生产的工人的职工薪酬。

制造费用，是指企业为生产产品和提供劳务而发生的各项间接费用，包括企业生产部门(如生产车间)发生的水电费、固定资产折旧、无形资产摊销、管理人员的职工薪酬、劳动保护费、国家规定的有关环保费用、季节性和修理期间的停工损失等。

所有企业都应当根据生产经营的特点和管理要求，按照成本的经济用途与生产要素内容相结合的原则或者成本性态等设置成本项目。[①] 除成本制度已明确规定的以外，其他行业的企业应当比照以下类似行业的企业确定成本项目：(1)农业企业一般设置直接材料、直接人工、机械作业费、其他直接费用和间接费用等成本项目；(2)批发、零售企业一般设置进货成本、相关税费和采购费等成本项目；(3)建筑企业一般设置直接人工、直接材料、机械使用费、其他直接费用和间接费用等成本项目；(4)房地产企业一般设置土地征用及拆迁补偿费、前期工程费、建筑安装工程费、基础设施建设费、公共配套设施费、开发间接费和借款费用等成本项目；(5)采矿企业一般设置直接材料、燃料和动力、直接人工和间接费用等成本项目；(6)交通运输企业一般设置营运费用、运输工具固定费用和非营运期间的费用等成本项目；(7)信息传输企业一般设置直接人工、固定资产折旧、无形资产摊销、低值易耗品摊销、业务费、电路及网络租赁费等成本项目；(8)软件及信息技术服务企业一般设置直接人工、外购软件与服务费、场地租赁费、固定资

---

① 详见《企业产品成本核算制度(试行)》(财会〔2013〕17号)的具体规定。

产折旧、无形资产摊销、差旅费、培训费、转包成本、水电费和办公费等成本项目；(9)文化企业一般设置开发成本和制作成本等成本项目。

企业应当按照上述规定确定产品成本核算项目，进行产品成本核算。企业内部管理有相关要求的，还可以按照现代企业多维度、多层次的成本管理要求，利用现代信息技术对有关成本项目进行组合，输出有关成本信息。

2. 非制造成本(期间费用)

非制造成本是指与产品制造过程没有联系的非生产性耗费，包括销售费用、管理费用和财务费用三项期间费用。

(1)销售费用。这是指企业销售商品和材料、提供劳务的过程中发生的各种费用，包括保险费、包装费、展览费、广告费、商品维修费、预计产品质量保证损失、运输费、装卸费等以及为销售本企业商品而专设的销售机构(含销售网点、售后服务网点等)的职工薪酬、业务费和折旧费等经营费用。

(2)管理费用。这是指企业为组织和管理生产经营所发生的管理费用，包括企业在筹建期间发生的开办费、董事会和行政管理部门在企业经营管理过程中发生的或者应由企业统一负担的公司经费(包括行政管理部门职工的工资及福利费、物料消耗、低值易耗品摊销、办公费和差旅费等)、工会经费、董事会费(包括董事会成员津贴、会议费和差旅费等)、聘请中介机构费、咨询费(含顾问费)、诉讼费、业务招待费、房产税、车船使用税、土地使用税、印花税、技术转让费、矿产资源补偿费、研究费用和排污费等。

(3)财务费用。这是指企业为筹集生产经营所需资金等而发生的费用，包括应当作为期间费用的利息支出(减利息收入)、汇兑损失(减汇兑收益)和相关的手续费等。在制造企业中，通常是将制造成本作为产品成本处理，非制造成本则被视为期间成本。

成本按经济用途分类是最基本的分类。按照这种分类，可以了解制造成本中各成本项目的金额，分析各成本项目的金额是否合理，寻求降低成本的途径；还可以按照不同成本项目的特点，采用不同的方法将费用在各种产品之间进行分配；此外，确定了期间费用以后，由于其直接计入当期损益，对确定损益的意义重大。

(二)成本按是否耗用分类

1. 未耗成本

未耗成本是指可在未来会计期间产生收益的支出，此类成本在资产负债表上列为资产项目，如固定资产、存货及应收账款等。

2. 已耗成本

已耗成本是指本会计期间内已经消耗，且在未来会计期间不会创造收益的支出。这类成本又可分为费用和损失。前者在利润表上列为当期收益的减项，如已销产品的生产成本及各项期间费用等；后者则因无相应利益的产生，在利润表上列为营业外支出等项目，如水灾等自然灾害造成的损失。

(三)成本按在经济管理中的作用分类

1. 财务成本

财务成本是指根据《企业会计准则》核算出来的,用于编制财务报表的成本,也称法定成本或制度成本。目前,我国的会计核算都是按财务成本入账的。

财务成本是一种支出成本,是指过去、现在或未来的现金流出,是企业实际的支出。正确计算企业的财务成本,对于保证合理的价值补偿,正确计算企业期末存货的价值和盈利,考核企业的成本和费用水平,按照税法规定计算利润、缴纳税金,具有重要意义。

财务成本有多种表现形式,如生产性成本和劳务性成本,购货成本和期间成本等。

2. 管理成本

管理成本是用于内部经营管理的各种成本的总称,是根据财务成本和其他有关资料进行不同的归类、分析和调整后计算出来的,是对财务成本的进一步深化和发展。例如,机会成本是指由于选择最优方案而放弃的次优方案的收益,而不是企业实际的支出。财务会计系统的特征是记录支出成本而不记录机会成本。但是,管理者为了保证所作的决策是最优的,在进行决策时应当考虑机会成本。

管理成本主要包括决策成本(如差别成本、机会成本、边际成本、相关成本、沉没成本和重置成本等)、控制与考核成本(如标准成本、定额成本、责任成本、可控成本、计划成本和可比成本等)等。

不同的成本服务于不同的目的。也许不存在最好的成本,关键在于如何恰当地运用成本概念、采用恰当的成本计算方法、得出恰当的成本核算结论,从而恰当地为决策服务。企业产品成本核算采用的会计政策和估计方法一经确定,不得随意变更。

第三节　成本核算规程①

一、合理确定成本计算对象

进行成本计算,必须首先确定成本计算的对象。如果对象不明确或不恰当,就会大大增加成本计算的难度,计算出来的成本不能满足企业管理的需要,甚至不能完成成本核算的任务。

成本核算对象是为了计算成本而确定的归集费用的各个对象(受益物),也是成本的承担者。成本计算对象可以是一种产品、一项服务、一位顾客、一张订单、一纸合同、一项作业或是一个部门等。例如:

① 详见李敏主编:《成本会计学》,上海财经大学出版社 2011 年版。

(1)制造企业一般按照产品品种、订单批次或生产步骤等确定产品成本核算对象。

(2)农业企业一般按照生物资产的品种、成长期、批别(群别、批次)、与农业生产相关的劳务作业等确定成本核算对象。

(3)批发、零售企业一般按照商品的品种、批次、订单、类别等确定成本核算对象。

(4)建筑企业一般按照订立的单项合同确定成本核算对象。

(5)房地产企业一般按照开发项目、综合开发期数并兼顾产品类型等确定成本核算对象。

(6)采矿企业一般按照所采掘的产品确定成本核算对象。

(7)交通运输企业以运输工具从事货物、旅客运输的,一般按照航线、航次、单船(机)、基层站段等确定成本核算对象;从事货物等装卸业务的,可以按照货物、成本责任部门、作业场所等确定成本核算对象;从事仓储、堆存、港务管理业务的,一般按照码头、仓库、堆场、油罐、筒仓、货棚或主要货物的种类、成本责任部门等确定成本核算对象。

(8)信息传输企业一般按照基础电信业务、电信增值业务和其他信息传输业务等确定成本核算对象。

(9)软件及信息技术服务企业的科研设计和软件开发等人工成本比重较高的,一般按照科研课题、承接的单项合同项目、开发项目、技术服务的客户等确定成本核算对象;合同项目规模较大、开发期较长的,可以分段确定成本核算对象。

(10)文化企业一般按照制作产品的种类、批次、印次、刊次等确定成本核算对象。

企业内部管理有相关要求的,可以按照现代企业多维度、多层次的管理需要,确定多元化的产品成本核算对象。

多维度,是指以产品的最小生产步骤或作业为基础,按照企业有关部门的生产流程及其相应的成本管理要求,利用现代信息技术,组合出产品维度、工序维度、车间班组维度、生产设备维度、客户订单维度、变动成本维度和固定成本维度等不同的成本核算对象。

多层次,是指根据企业成本管理的需要,划分为企业管理部门、工厂、车间和班组等成本管控层次。

二、恰当确定成本计算期

成本计算期是指多长时间计算一次成本的期间。制造企业产成品和在产品的成本核算,除季节性生产企业等以外,应当以月为成本计算期。

从理论上说,产品成本计算期应该与产品的生产周期相一致。但这种情况只适合于企业的生产过程为一批(件)接一批(件),即第一批(件)完工了再生产第二批(件)的情况。而事实上,现代企业的生产大多采用流水线的形式,不是一批接一批地生产,而是不断投产、不断完工、绵延不断、无法分清前后批次。在这种情况下,按批计算成本显然是很困难的,只有人为地划分成本计算期(一般以月为单位),成本的计算才有可行性。

三、正确选择成本计算方法

成本计算最基本的方法是品种法、分批法和分步法。不同的企业，生产的工艺过程、生产组织以及成本管理要求不同，选用的成本计算方法也不一样。不同成本计算方法的区别主要表现在三个方面：一是成本计算对象不同，二是成本计算期不同，三是生产费用在完工成品和在产品（或半成品）之间的分配情况不同。只有根据企业生产的特点和成本管理的不同要求，选择不同的成本计算方法，才能正确地计算产品成本。

制造企业一般按照产品品种、订单批次或生产步骤等确定产品成本核算对象。产品规格繁多的，可以将产品结构、耗用原材料和工艺过程基本相同的产品适当合并作为成本核算对象。

品种法，是以产品品种作为成本计算对象来归集生产费用、计算产品成本的一种方法。由于品种法不需要按批计算成本，也不需要按步骤计算半成品成本，因此，这种成本计算方法比较简单。品种法主要适用于大批量、单步骤生产的企业，如发电、采掘等；或者虽属于多步骤生产，但不要求计算半成品成本的小型企业，如水泥、制砖等。品种法一般按月定期计算产品成本，不需要把生产费用在产成品和半成品之间进行分配。

分批法也称订单法，是以产品的批次或订单作为成本计算对象来归集生产费用、计算产品成本的一种方法。分批法主要适用于单件和小批的多步骤生产，如重型机床、船舶、精密仪器和专用设备等。分批法的成本计算期是不固定的，一般把一个生产周期（即从投产到完工的整个时期）作为成本计算期定期计算产品成本。由于在未完工时没有产成品，完工后又没有在产品，产成品和在产品不会并存，因此，也不需要把生产费用在产成品和半成品之间进行分配。

分步法，是按产品的生产步骤归集生产费用、计算产品成本的一种方法。分步法适用于大量或大批的多步骤生产，如机械、纺织、造纸等。分步法由于生产的数量多，在某一时间往往既有已完工产成品，又有未完工的在产品和半成品，不可能等全部产品完工后再计算成本，因此，分步法一般是按月定期计算成本，并且要把生产费用在产成品和半成品之间进行分配。

生产组织和工艺过程的特点以及成本管理上的要求决定着成本计算对象和成本计算方法的选择（如表 2－1 所示）。

表 2－1　　生产特点和管理要求与成本计算对象的关系

生产组织特点	工艺过程特点	成本管理上的要求	成本计算对象	成本计算方法
大量生产	单步骤生产	管理上只要求计算完工产品成本	每种产品	品种法
	多步骤生产	管理上不要求分步骤计算		

续表

生产组织特点	工艺过程特点	成本管理上的要求	成本计算对象	成本计算方法
大量生产	连续式多步骤生产	管理上要求分步骤计算半成品成本和最终完工产品成本	每种产成品和各个加工步骤中的半成品	分步法
		管理上不要求分步骤计算半成品成本,但要求计算各步骤的加工费用	每种产成品和各加工步骤	
单件、小批生产	装配式多步骤生产	管理上要求分批计算产品成本	某件或某批产品(或者加工订单)	分批法
大量、大批生产		管理上要求计算各种零部件的成本和产成品的装配成本	每批零部件和产成品	分步法

四、按照会计准则的要求正确进行会计核算

成本核算需要设置的会计账户包括“生产成本”、“制造费用”、“销售费用”、“管理费用”和“财务费用”等,根据需要可增设“废品损失”和“停工损失”等账户。有关费用、成本归集与分配的会计核算程序如图 2－1 所示。

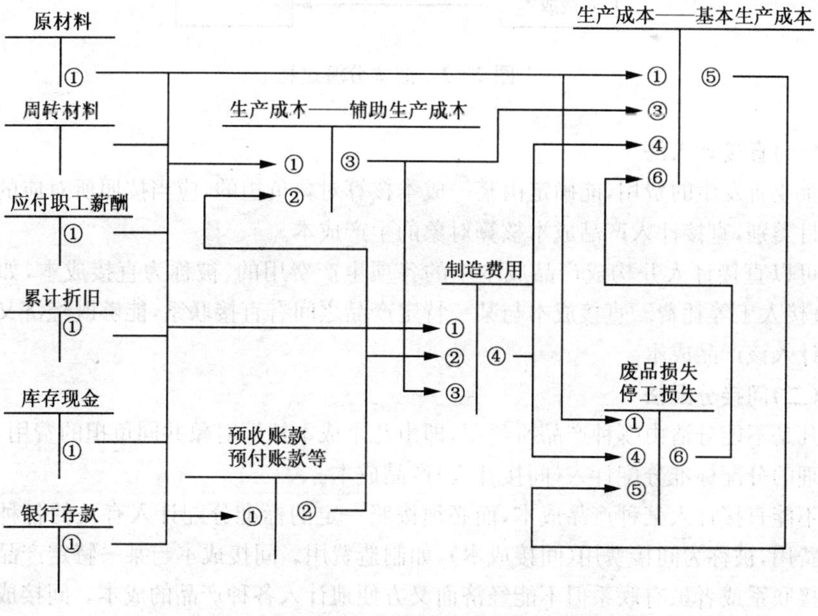

图 2－1　费用、成本归集与分配的会计核算程序

为了比较全面、系统地反映产品的成本耗费情况，使成本计算能提供比较丰富的信息，在计算产品成本时，还要对成本项目按用途进行分类，以明细反映产品成本的组成和结构，便于人们对成本进行控制，也便于分析产品生产过程中的经济效益问题，并对生产部门进行考核和评价。

五、合理选定分配标准，科学归集与分配成本费用

生产过程往往是比较复杂的，一项费用发生后，其用途往往不止一个，生产的产品不止一种，成本计算的对象也不止一个。这样，一项费用发生后，往往不能直接、全部记入反映某一个对象的明细账户，而需要把这项费用在几个对象之间进行分配。在选择适当的分配方法时，既要考虑分配标准与所分配费用之间的关联度，又要考虑分配标准资料取得的难易程度，这样才能保证分配结果的合理性和计算的简便性。

成本分派的概念大于成本分配。成本分派是将直接成本和间接成本分派到成本对象的一个过程。成本追溯是用来特指对直接成本的分派，又称直接计入法；成本分配是用来描述对间接成本的分派，又称间接分配法。它们之间的关系如图 2－2 所示。

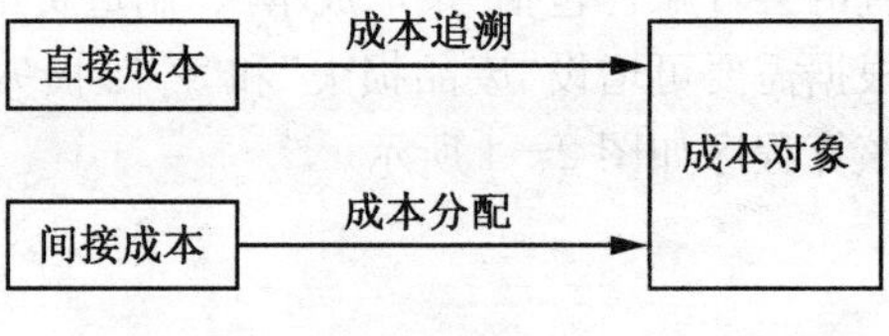

图 2－2　成本分派过程

(一)直接计入法

企业所发生的费用，能确定由某一成本核算对象负担的，应当按照所对应的产品成本项目类别，直接计入产品成本核算对象的生产成本。

可以直接计入并构成产品成本中的各项生产费用的，被称为直接成本，如直接材料、直接人工等耗费。直接成本与某一特定产品之间有直接联系，能够既经济又方便地直接计入该产品成本。

(二)间接分配法

凡是不能分清由哪种产品所耗用，即由几个成本核算对象共同负担的费用，应当选择合理的分配标准分配计入(间接计入)产品成本。

不能直接计入某种产品成本，而必须按照一定的标准分配计入有关的各种产品成本的费用，被称为间接费用(间接成本)，如制造费用。间接成本与某一特定产品之间没有直接联系或者虽有联系但不能经济而又方便地计入各种产品的成本。间接成本需要按适当的标准分配计入各种产品的成本。

例 2—1 制造企业发生的直接材料和直接人工，能够直接计入成本核算对象的，应当直接计入成本核算对象的生产成本；否则，应当按照合理的分配标准分配计入。其中：

制造企业发出的材料成本可以根据实物流转方式、管理要求和实物性质等实际情况，采用先进先出法、加权平均法和个别计价法等方法计算。对于相关产品共同耗用的材料成本可采用定额消耗量比例分配法和定额费用比例分配法分别计算分配。

制造企业外购燃料和动力的，应当根据实际耗用的数量或者合理的分配标准对燃料和动力费用进行归集分配。生产部门直接用于生产的燃料和动力直接计入生产成本，生产部门间接用于生产（如照明、取暖）的燃料和动力计入制造费用。

制造企业的辅助生产部门为生产部门提供劳务和产品而发生的费用，应当参照生产成本项目归集，并按照合理的分配标准分配计入各成本核算对象的生产成本。辅助生产部门之间互相提供的劳务和作业成本，应当采用合理的方法进行交互分配。互相提供劳务和作业不多的，可以不进行交互分配而直接分配给辅助生产部门以外的受益单位。

制造企业发生的制造费用，应当按照合理的分配标准按月分配计入各成本核算对象的生产成本。企业可以采取的分配标准包括机器工时、人工工时和计划分配率等。

季节性生产企业在停工期间发生的制造费用，应当在开工期间进行合理分摊，连同开工期间发生的制造费用一并计入产品的生产成本。

成本会计很关键的一个问题就是如何将费用准确地分配到各成本对象中去。分配的一般原则是："谁耗费，谁负担"或者"谁受益，谁负担"。常见的分配标准有以下几类：(1)成果类，如产品的重量、体积、产量和产值；(2)消耗类，如生产工时、生产工人工资、机器工时和原材料消耗量等；(3)定额类，如原材料定额消耗量和定额费用等；(4)成本动因类，如批次、机器台时和检验时间等。成本动因是指引起成本发生的原因，是采用作业成本法的前提。

对上述分配标准的选择存在一定的主观性，所以，选择应该客观、科学。某一种标准一旦被选定，不要轻易变更，否则就不符合一致性原则。因为分配标准不同，也会人为地造成成本不可比。

间接费用分配的基本公式如下：

$$费用分配率=\frac{待分配费用总额}{分配标准总额}$$

$$某分配对象应分配的费用=该对象的分配标准额\times费用分配率$$

由于企业某一期间发生的费用与归属产品的期间并不完全一致，即归属于本期产品成本中的生产费用有一部分是本期发生的，有一部分则可能是以前会计期间发生的；归属于本期的生产费用也不一定就归属于本期产品的成本，可能会由以后期间的产品来负担，因此，企业某一会计期间实际发生的生产费用总和不一定等于该期产品成本的总和。

综上所述，费用是成本的基础，没有发生费用就不会形成成本。以制造业为例，经过对费用的层层划分以后，费用与成本的分布情况如图 2－3 所示。

<table>
<tr><td colspan="6">费 用</td></tr>
<tr><td colspan="5">生产费用</td><td rowspan="2">非生产费用</td></tr>
<tr><td colspan="4">计入本月产品成本的费用</td><td>期间费用</td></tr>
<tr><td>甲种产品的生产费用
（按成本项目反映）</td><td>乙种产品的生产费用
（按成本项目反映）</td><td colspan="2">丙种产品的生产费用
（按成本项目反映）</td><td rowspan="2">直接计入
当月损益</td><td rowspan="2">资本性支出、
营业外支出等</td></tr>
<tr><td>完工产品成本
（全部完工）</td><td>在产品成本
（全部未完工）</td><td>完工产
品成本</td><td>在产品
成本</td></tr>
</table>

图 2－3　费用与成本的分布情况

六、按照成本核算程序操作

成本核算程序是指从生产费用发生开始到算出完工产品总成本和单位成本为止的整个成本计算过程，一般分为以下 6 个步骤：

第一，对所发生的各项费用进行审核，划清成本费用开支的范围和列支项目，确定哪些成本属于生产经营成本，同时将其区分为正常的生产经营成本和非正常的生产经营成本，在此基础上将正常的生产经营成本区分为产品成本和期间费用。

第二，编制各项要素费用的分配表，将本月应计入产品成本的生产成本区分为直接成本和间接成本。根据领料凭证和人工费用支出等编制各要素费用分配表。凡是能直接计入成本计算对象的费用，根据各要素费用分配表可直接记入“基本生产成本”、“辅助生产成本” 账户及有关明细账户。不能直接计入成本计算对象的费用，先进行归集，记入“制造费用” 账户及有关明细账户。

第三，通过预收、预付等账户跨期摊配费用，将应计入产品成本的各项成本区分为应当计入本月的产品成本与应当由其他月份产品负担的成本。

第四，进行辅助生产费用的归集和分配，将归集在“辅助生产成本” 账户及其明细账户的费用，按受益对象和所耗用的劳务数量，编制辅助生产费用分配表，据以登记“生产成本——基本生产成本”、“制造费用”等账户及有关明细账户。

第五，进行制造费用的归集和分配，分别不同车间，于月终编制制造费用分配表，分配计入本车间的产品成本中，记入“生产成本——基本生产成本”账户及其明细账户。

第六，通过上述步骤产成品成本的计算，本期发生的全部生产成本都已汇集在“生产成本”账户的借方，如果企业没有在产品，则产成品成本就是生产成本账户的期初余额加上本期发生的全部生产成本。但是，一般企业都同时有在产品和产成品，因而需要把产品生产成本在产成品和在产品之间进行分配，同时计算在产品成本和产成品成本。

制造企业应当根据产品的生产特点和管理要求，按成本计算期结转成本。可以选择原材料消耗量法、约当产量法和定额比例法等分配计算完工产品和在产品的成本，并将完工入库产品的产品成本结转至库存产品账户。在产品的数量、金额不重要或在产品的期初、期末数量变动不大时，可以不计算在产品成本。

制造企业还可根据生产经营的特点和联产品、副产品的工艺要求，选择系数分配法、实物量分配法和相对销售价格分配法等合理的方法分配联合生产成本。

根据各产品成本明细账分别计算出完工产品成本以后，除以各自完工产品的数量，就是其单位产品成本。

上述产品成本核算过程，实际上就是完工产品和在产品成本形成的过程。在这一过程中，正确归集和分配各种费用和划清各种成本的界限是其基本任务。各种费用和成本经过划分、归集和分配以后的汇总情况及其结果大致如图 2—4 所示。

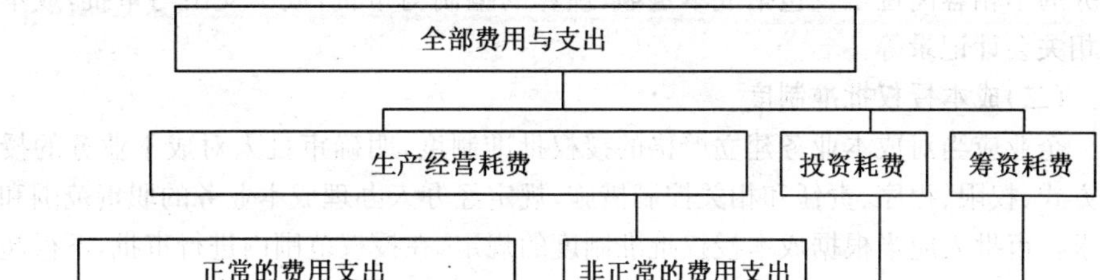

图 2—4　全部费用和成本的汇总情况及其分配结果

第四节 成本控制要点*

控制是一个过程，其要点在于是否符合成本核算与管控的规范要求，其重点在于监督各项经济活动是否按照目标、计划、预算或标准正常运行，其关键在于防错纠偏。控制就是要有行动。没有行动，再好的控制制度也会流于形式，或束之高阁，或形同虚设。①

一、成本业务岗位分工及授权批准

(一)成本业务岗位分工

企业应当按照内部控制规范的要求，建立成本业务的岗位责任制，明确内部相关部门和岗位的职责、权限，确保办理成本业务的不相容岗位相互分离、制约和监督。成本业务的不相容岗位至少包括成本定额、预算的编制与审批，成本支出与审批，成本支出与相关会计记录等。

(二)成本授权批准制度

企业应当对成本业务建立严格的授权批准制度，明确审批人对成本业务的授权批准方式、权限、程序、责任和相关控制措施，规定经办人办理成本业务的职责范围和工作要求。审批人应当根据成本授权批准制度的规定，在授权范围内进行审批，不得超越审批权限。经办人应当在职责范围内，按照审批人的批准意见办理成本业务。

二、成本预测、决策与预算控制

(一)成本预测

企业应当根据历史成本数据，同行业、同类型标杆企业的有关成本资料，料、工、费价格变动趋势，人力、物力资源的状况，以及产品销售情况等，运用本量利分析、投入产出分析、变动成本计算、定量和定性分析、价值链成本比较分析等专门方法，对未来企业的成本水平及其发展趋势进行科学预测，制订科学、合理的成本管理目标。

成本预测应本着费用最少、效益最大的原则，明确合理的期限，充分考虑成本预测的不确定因素，确定成本定额标准。成本预测还应当服从企业的整体战略目标，考虑各种成本降低方案，从中选择最优成本方案。

(二)成本决策

企业应当在成本预测的基础上，对产品设计、生产工艺、生产组织、零部件自制或外

---

① 参见李敏主编:《企业内部控制规范》，上海财经大学出版社 2011 年版。

购等环节，运用价值分析、生产工序、生产批量等方法，寻找降低成本的有效措施。

（三）成本预算

企业应当根据成本预测与决策形成的成本目标，建立成本预算制度。通过编制成本预算，将企业的成本目标具体化，加强对成本的控制和管理。

三、成本执行控制

（一）费用支出控制

企业应按照采购业务控制的有关规定合理确定材料供应商和采购价格，并运用经济批量法确定材料采购批量，控制材料采购成本和储存成本。

企业应当根据成本预算、定额和支出标准，分解成本指标，落实成本责任主体，保证成本预算的有效实施。应当明确制造费用支出的范围和标准，采用弹性预算等方法，加强对制造费用的控制。

企业应当指定专人分解成本目标，记录有关差异，及时反馈有关信息。企业应当规范成本开支项目、标准和支付程序，从严控制费用支出。对未列入预算的成本项目，如确需支出，应当按照规定程序申请追加预算。对已列入预算但超过开支标准的成本项目，应由相关部门提出申请，报上级授权部门审批。

（二）费用支出审批制度

企业应当建立费用支出审批制度，根据费用预算和支出标准，按照授权批准制度所规定的权限，对费用支出申请进行审批。财会部门会同相关部门对成本开支项目和标准进行复核。

企业会计机构或人员在办理费用支出业务时，应当根据经批准的责任主体成本支出申请，对发票和结算凭证等相关凭据的真实性、完整性、合法性及合规性进行严格审核。

四、成本核算控制

（一）成本核算制度

企业应当建立成本核算制度，制订必要的消耗定额，建立和健全材料物资的计量、验收、领发、盘存以及在产品的移动管理制度，制订内部结算价格和结算方法，明确与成本核算有关的原始记录、凭证的传递流程和管理制度等。

企业根据生产经营特点和管理要求，应当选择合理的成本核算方法。应当从管理的要求出发，做到算、管、理结合，算为管用。算、管、理结合，是指成本核算应该与企业的经营管理密切结合。算为管用，是指成本核算要从管理的要求出发，提供的成本信息应当满足企业经营管理的需要。

在成本核算过程中，应当正确划分各种费用界限，包括正确划分应否计入成本的界限、正确划分生产产品与期间费用的界限、正确划分各期的成本界限、正确划分各种产品的成本界限、正确划分完工产品与在产品的成本界限等。

(二)成本确认制度

成本的确认和计量应当符合会计准则或会计制度的规定;成本核算应与客观经济事项相一致,以实际发生的金额计价,不得人为降低或提高成本;成本核算应当为企业未来的决策提供有用的信息;成本应当分期核算;一定期间的成本与相应的收入应当配比;成本的核算方法应当前后一致;成本的归集、分配、核算应当考虑重要性原则;对生产经营中的材料、人工、间接费用等进行合理的归集和分配,不得随意改变成本的确认标准及计量方法,不得虚列、多列、不列或者少列成本。成本计算方法应当在各期保持一致,变更成本计算方法应当经过有效审批。

五、成本监督控制

(一)成本分析制度

成本分析是利用成本核算及其他有关资料,分析成本水平与构成的变动情况,研究影响成本升降的各种因素及其变动原因,寻找降低成本的途径的分析方法。企业应当建立成本分析制度,运用比较分析法、比率分析法、因素分析法、趋势分析法等方法开展成本分析,检查成本预算的完成情况,分析产生差异的原因,寻求降低成本的途径和方法。应当建立成本内部报告制度,实时监控成本的支出情况,发现问题应及时上报有关部门。

(二)成本考核制度

成本考核是指定期考查并审核成本目标的实现情况和成本指标的完成结果,全面评价成本管理工作的业绩,是成本会计职能的重要组成部分。企业应当建立成本考核制度,对相应的成本责任主体进行考核和奖惩。通过成本考核促进各责任中心合理控制生产成本及各种耗费。成本考核工作主要包括修订成本预算、确定成本考核指标和分析评价业绩等。

企业在进行成本考核时,可以通过目标成本节约额、目标成本节约率等指标和方法,综合考核责任中心成本预算或开支标准的执行情况,保证业绩评价公正、合理。

(三)成本监督制度

企业应当加强对成本的监督检查,制定制度,明确监督检查人员的职责权限,定期和不定期地开展检查工作。检查内容包括成本业务相关岗位及人员的设置情况、成本授权批准制度的执行情况、成本预算制度的执行情况和成本核算制度的执行情况等。

成本控制是成本管理的关键环节,失控会导致浪费和损失。

复习思考题

1. 简述支出、费用、成本与成本计算对象之间的关系。

2. 简述《企业产品成本核算制度(试行)》的重大变革和重要作用。

3. 材料费用分配标准的选取应当合理、简便:合理是指所选择的分配标准与所应分配的费用大小有密切联系;简便是指作为分配标准的资料容易取得。你认为这种说法正确吗?

4. 为什么说产品产量比例分配法适用于企业产品的产量与其所耗用的材料有密切关联的情况?请举例说明。

5. 举例说明间接费用分配标准中成果类、消耗类、定额类和成本动因类的区别。

6. 简述成本核算、成本管理与管理会计之间的关系。

7. 简述成本费用控制的不相容职务与授权批准控制的要求。

8. 简述加强成本费用控制的方法及其在成本管理中的作用。

业务练习题

练习一

飞达制造有限公司某年1月份有关支出、费用、成本的资料如下:

(1)为生产甲、乙两种产品,本月支付专用设备购买款268 000元。

(2)甲产品直接材料费用60 000元,直接人工费用40 000元;乙产品直接材料费用50 000元,直接人工费用30 000元。共计180 000元,当月已发生现金流出。

(3)本月车间一般消耗用材料10 000元,车间管理人员工资费用6 000元,车间管理人员办公费等4 000元,共计20 000元,当月已发生现金流出。

(4)因产品生产需要,预付上半年经营性租入固定资产的租金12 000元,按6个月分期摊销,其中一个月的摊销额属于应当计入当月的制造费用。

(5)计提公司本部固定资产折旧费用1 000元,计入当月的管理费用。

(6)预计本月银行短期借款利息1 200元,计入当月的财务费用。

(7)支付公司本部管理人员工资和差旅费等共计8 800元,计入当月的管理费用。

(8)销售产品过程中支付广告费和包装费等共计32 000元,计入当月的销售费用。

(9)月末,甲产品尚有在产品500件,其单位在产品成本为30元;乙产品全部完工。本月制造费用的分配比例为:甲产品70%,乙产品30%。

要求:根据上述资料,分析计算本月支出总额、成本费用总额、产品成本总额、甲产品成本总额、乙产品成本总额、本月完工甲产品成本和本月完工乙产品成本。

练习二

前卫公司生产甲、乙两种产品，共同耗用某种材料 1 200 千克，每千克 4 元。甲产品的实际产量为 140 件，单件产品材料消耗定额为 4 千克；乙产品的实际产量为 80 件，单件产品材料消耗定额为 5.5 千克。

要求：采用定额消耗量比例分配法和定额费用比例分配法分别计算甲、乙产品各自应负担的材料费，并比较说明两者的优缺点。

练习三

东亚公司采用工时比例法分配制造费用，8 月份基本生产车间生产 A、B 两种产品，已归集在"制造费用"账户借方的制造费用合计为40 000元。8 月份 A 产品的实际生产工时为50 000小时，B 产品的实际生产工时为30 000小时。

要求：计算分配率与分配额，并编制相关会计分录。

练习四

某公司生产甲、乙两种产品，运用品种法计算产品成本。直接材料、直接人工和制造费用均为甲、乙产品共同耗用，直接材料分产品领用。直接材料在生产开工时一次投入。有关资料如下：

(1)甲产品期初在产品的成本为3 350元，其中，直接材料1 600元，直接人工 700 元，制造费用1 050元。

(2)本期费用资料：本期发出材料12 000元，其中，产品生产领用8 400元，行政管理部门领用3 000元，生产部门设备维修领用 600 元。

本期应付职工薪酬8 960元，其中，生产人员工资4 960元，行政管理部门人员工资2 400元，生产部门管理人员工资1 600元。

本期生产部门使用的固定资产应提折旧费 500 元，行政管理部门使用的固定资产应提折旧费 300 元。生产部门用现金支付修理费 400 元。

(3)消耗记录：甲产品消耗工时 700 小时，乙产品消耗工时 540 小时。甲产品消耗材料2 400千克，乙产品消耗材料1 800千克。

(4)产量资料：甲产品的生产由三个工序完成，本期产成品 600 件，期末在产品 200 件。期末在成品在第一、第二和第三工序的数量分别为 60 件、40 件和 100 件，三个工序的单位产品定额工时分别为 3 小时、2 小时和 5 小时。

要求：

(1)按消耗量比例在甲、乙产品之间分配费用。

(2)按约当产量比例法计算甲产品的完工成本。

第三章 成本管理会计

第一节 科学预测成本

一、成本预测程序

企业内部管理的一个根本任务就是持续改进和降低成本。管理大师彼得·德鲁克有一句非常精辟的话:“在企业内部,只有成本。”“乞丐变富翁”的钢铁大王卡内基的注意力集中在成本方面,他善于将每个业务单位的当下成本与以前月份和其他企业进行比较,他清楚地知道:“盯住成本,利润就会随之而来。”

成本预测是指运用科学的方法,对未来的成本水平及其变化趋势作出估计。通过成本预测,掌握未来的成本水平及其变动趋势,有助于减少决策的盲目性,使经营管理者易于选择最优方案,作出正确决策。有效预测是科学管理的前提与基础。

成本预测的基本程序如下:

第一,根据企业的总体目标提出初步成本目标。

第二,初步预测在目前情况下成本可能达到的水平,找出达到成本目标的差距。

第三,考虑各种降低成本的方案,预计实施各种方案后成本可能达到的水平。

第四,选取最优成本方案,预计实施后的成本水平,正式确定成本目标。

二、研究成本产生的原因

成本管理要想实现卓越,就必须研究成本产生的原因,而不能仅仅停留在结果上。成本预测实质上是一种估计方法,其估计的准确程序与成本动因相关。研究成本动因与成本之间的关系,是科学预测成本的重要基础。

成本动因从宏观和微观角度被分为两个层次：一是微观层次的与企业的具体生产作业相关的成本动因，如物耗和作业量等；二是战略层次上的成本动因，如规模、技术多样性和质量管理等。从驱动或产生成本费用的各种因素分析，成本动因被分为两种：一是资源动因，即将资源成本分配到作业中心的标准，它反映了作业中心对资源的耗用情况；二是作业动因，即将作业中心的成本分配到产品或劳务的标准，它反映了产品消耗作业的情况。作业动因还有各种不同的表现形式，如执行性成本动因、时间性成本动因和实际成本动因等；此外，还有有形的成本动因（如产出数量和消耗数量）和无形的成本动因（如企业的规模、整合程度和地理位置）等。传统成本管理注重有形成本动因，战略成本管理还注重无形成本动因。

三、成本预测的方法

传统的成本估计采用单项预测法，主要是指以历史成本资料与某项影响因素之间的数量关系为假设前提，通过建立数学模型来推断未来成本的一种定量预测方法。当然也可以结合预测者的专业知识和实践经验，运用逻辑思维方法对未来成本进行定性推断。通常采用的一般方法如下：

（一）趋势预测法

趋势预测法是按时间顺序排列有关的历史成本资料，运用一定的数学模型和方法进行加工计算并预测的各种方法，包括加权平均法、加权移动平均法和指数平滑法等。

（二）因果预测法

因果预测法是根据成本与其相关影响因素之间的内在联系，建立数学模型并进行分析预测的各种方法，包括本量利分析法、投入产出分析法、高低点法和回归分析法等。

1. 高低点法

高低点法是根据一定时期历史资料中的最高、最低产量下成本的差额与最高、最低产量的差额进行对比，先求出单位变动成本 b，然后求得固定成本总额 a，最后可根据计划期的预计产量 x 来预测计划期的产品总成本 y。其计算公式如下：

$$b=\frac{\text{高点产量的成本}-\text{低点产量的成本}}{\text{高点产量}-\text{低点产量}}$$

$$a=\text{高点产量的成本}-b\times\text{高点产量}$$

$$\text{或}=\text{低点产量的成本}-b\times\text{低点产量}$$

b 与 a 的数值求得以后，代入总成本方程式 $y=a+bx$，即可预测出计划期的产品总成本。

例 **3—1** 甲公司某产品成本预测的有关资料汇总如表 3—1 所示。该公司计划 2014 年度生产某产品 90 万台。要求测算其总成本。

表 3—1　　**成本预测资料汇总表**　　金额单位：万元

年度	产量(x)	总成本(y)	xy	x^2
2008	35	35	1 225	1 225
2009	45	40	1 800	2 025
2010	50	42	2 100	2 500
2011	60	47	2 820	3 600
2012	55	45	2 475	3 025
2013	65	50	3 250	4 225
合　计	310	259	13 670	16 600

其中，高点与低点的成本预测资料摘要如表 3—2 所示。

表 3—2　　**成本预测资料(高低点法)**　　金额单位：万元

项　目	高点(2013 年)	低点(2008 年)	差　异
产量(台)	65	35	30
总成本(元)	50	35	15

根据上述资料计算如下：

①单位变动成本 $b=(50-35)\div(65-35)=0.5$(万元)

②代入高点，固定成本总额 $a=50-0.5\times65=17.5$(万元)

或代入低点，固定成本总额 $a=35-0.5\times35=17.5$(万元)

③预测 90 万台某产品的总成本 $y=17.5+0.5\times90=62.5$(万元)

高低点法计算简单、易于运用，在产品成本的变动趋势比较稳定的情况下，采用这种方法比较适宜。但它是以高、低两点决定成本性态，有时可能会与客观现实存在差距，除非这两点恰好能代表所求的有关成本和业务量的正常水平。

2. 回归分析法

回归分析法又称回归直线法或最小二乘法，是根据若干历史时期 n 的业务量(自变量 x)和相关的成本(因变量 y)资料，运用 $y=a+bx$ 的原理计算出最能代表业务量和相关成本的回归直线，据以进行成本预测的方法。①

首先，以总和的形式表示直线方程 $y=a+bx$ 中的每一项，即：

---

① 当只有一个自变量时，称简单回归分析；当存在两个或两个以上自变量时，称多元回归分析。其一般公式为：$y=a+\sum b_ix_i$。

$$\sum y=na+b\sum x \qquad \text{(公式 3—1)}$$

将公式 3—1 的左右两边用产量 x 进行加权，即得：

$$\sum xy=a\sum x+b\sum x^2 \qquad \text{(公式 3—2)}$$

从公式 3—1 可得：

$$a=\frac{\sum y-b\sum x}{n} \qquad \text{(公式 3—3)}$$

将公式 3—3 代入公式 3—2，得：

$$b=\frac{n\sum xy-\sum x\sum y}{n\sum x^2-(\sum x)^2} \qquad \text{(公式 3—4)}$$

将公式 3—4 代入公式 3—3，得：

$$a=\frac{\sum x^2\sum y-\sum x\sum xy}{n\sum x^2-(\sum x)^2} \qquad \text{(公式 3—5)}$$

根据公式 3—5 与公式 3—4 或公式 3—3 与公式 3—4，即可求出 a、b 的值，代入 $y=a+bx$，即可预测未来的成本。

例 **3—2** 甲公司某产品的有关资料详见表 3—1，要求采用回归分析法预测生产该产品 90 万台的总成本。

将表 3—1 的有关数据代入公式，得：

$b=(6\times13\ 670-310\times259)\div(6\times16\ 600-310\times310)=0.494$(万元)

$a=(259-0.494\times310)\div6=17.64$(万元)

预计 90 万台该产品的总成本＝17.64＋0.494×90＝62.1(万元)

回归分析法利用了离差平方和最小的原理，计算结果较为准确，但计算工作量较大。随着计算机技术的推广应用，这种方法会得到广泛应用。但预测没有考虑外界对成本的影响，其预测结果通常需要加以调整，如可参考专家的调查资料和预测者本身的主观分析判断等。

应当看到，“传统成本估计的单项法假设产品或服务件数的变化是对成本变化的最好解释。在多种产品或服务的环境中，这种方法可能低估了以小产量生产的复杂产品(或服务)的成本，而高估了以大量生产的相对简单产品(或服务)的成本。”①所以，应当研究作业与成本动因，推广作业成本法及其管理(详见第六章的介绍)。

① 韦恩·J.莫尔斯等著，张鸣主译：《管理会计——侧重于战略管理》(第 3 版)，上海财经大学出版社 2005 年版。

第二节 目标成本管控

一、目标成本的特点与表现形式

(一)目标成本的特点

目标成本是企业对未来所规定的成本目标,一般具有综合性、先进性、科学性和约束性等特点,是一种约束性成本,是必须经过努力才能实现的目标,对日常成本费用的开支具有限制或限额的作用。企业只有将日常的成本费用支出限定在目标成本的范围之内,才能保证目标成本与目标利润的实现。

(二)目标成本的表现形式

目标成本通常可以有以下几种类型(表现形式):

1. 计划成本

计划成本是根据计划期各项平均先进消耗定额、当期费用计划及其他有关资料计算的成本。计划成本是企业降低成本的努力目标。例如,制造业的计划成本指标一般有全部商品产品计划总成本、主要商品产品单位计划成本、可比产品计划总成本、可比产品成本计划降低率及计划降低额。计划成本与实际成本的计算口径必须一致,以便实际与计划进行分析比较。

2. 定额成本

定额成本是指根据现行的工艺过程和各种消耗定额计算出来的成本,反映了企业在现有生产条件下应该达到的成本水平。采用定额法计算产品成本的企业,定额成本是计算实际成本的基础之一,也是企业制订成本计划、控制实际成本支出以及检查成本脱离定额的差异的主要依据。定额成本的范围和编制项目一般应与实际成本保持一致,以便考核分析。

3. 估计成本

估计成本是为了某种临时需要而估计的成本,如估计毛利和机会成本等。由于它主要是根据过去的实际成本和当事人的经验来推算、判断,因此,可能比较粗糙。

4. 标准成本

标准成本是根据精确的调查和技术测定,以及对过去成本资料的分析计算,确定在今后产品生产中作为对比基准的预计成本。标准成本是目标成本最典型的表现形式。标准成本的制定比较灵活,既可以用计划成本或定额成本作为标准成本,也可以用某一历史成本或理想成本作为标准成本。

二、目标成本的主要作用

目标成本与预算成本、实际成本有区别。目标成本是按照国内外的经济发展趋势，结合本地区、本行业、本部门的经济运行情况确定的应该达到的成本；预算成本是在上述基础上，经过细致的分析后按照现有的人力资源、物价水平、技术状态，以及最大努力的前提下，能达到的成本水平；实际成本就是当前操作所用的各种费用之和，是已经消耗掉的各种资源的货币表现。

（一）确立目标成本是企业参与市场竞争的需要

产品竞争可能就是价格的竞争，而价格的竞争力来源于企业不断地降低成本、减少费用。目标成本管理是现代化企业经营管理的重要组成部分，是企业挖掘内部潜力、不断降低产品成本、提高企业整体工作质量的需要，是衡量企业实际成本节约或超支、考核企业在一定时期内成本管理水平高低的依据。

（二）制定目标成本有利于企业的成本控制

企业利用目标成本，可以查明在生产经营过程中实际成本与目标成本的差异及其原因，明确其责任人员，将管理的重点转到脱离目标成本的重大差异上，有利于挖掘降低成本的潜力，并提高成本控制的工作效率。

（三）目标成本的制定也是企业编制成本计划和预算的重要依据

例如，企业在生产阶段，通过对在产品成本的预测和可行性分析，使目标成本更加先进和可行，并成为企业制定价格的重要参考依据。

三、目标成本管理关注点

目标成本管理就是以管理为核心，以核算为手段，以效益为目的，通过对成本进行事前测定、日常控制和事后考核，从而形成一个全过程、全方位、全人员的多层次、多方位的成本体系，以达到少投入、多产出以获得最佳经济效益的目的，因而深受企业组织的青睐。全过程是指供应链产品从生产到售后服务的一切活动，包括供应商、制造商、分销商在内的各个环节。全方位是指从生产过程管理到后勤保障、质量控制、企业战略、员工培训、财务监督等企业内部各职能部门各方面的工作以及企业竞争环境的评估、内外部价值链管理、供应链管理和知识管理等。全人员是指从高层经理人员到中层管理人员、基层服务人员和一线生产员工。

目标成本管理最早产生于美国，后来传入日本、西欧等地，并得到了广泛应用。日本将目标成本管理方法与本国独特的经营机制相结合，形成了以丰田生产方式为代表的成本企划。20 世纪 80 年代，目标成本管理传入我国，机械工业企业扩展了目标成本管理的内涵与外延，实行全过程的目标成本管理；到了 20 世纪 90 年代，形成了以邯钢经验为代表的具有中国特色的目标成本管理。

目标成本管理体系最显著的特点是在一个产品设计之前就事先确定目标成本，使目标产品从设计到推向市场的各个阶段都有成本基础，类似于预算成本。其制定成本的程序通常是：目标成本→产品设计→计划成本→成本预算。目标成本管理的工作就是促使“成本预算”接近“目标成本”。

拟定目标成本时，既要考虑盈利目标，又要考虑有竞争力的销售价格。由于成本形成于生产全过程，发生在每一个环节、每一件事情和每一项活动上，因此，要把目标成本层层分解到各个部门甚至个人。目标成本管理要求人们至少关注以下几个方面：

（一）价格引导

目标成本管理体系通过竞争性的市场价格减去期望利润来确定成本目标，价格通常由市场上的竞争情况决定，而目标利润则由公司及其所在行业的财务状况决定。

（二）关注顾客

目标成本管理体系由市场驱动。顾客对质量、成本和时间的要求在产品及流程设计决策中应同时考虑，并以此引导成本分析。

（三）关注产品与流程设计

在设计阶段投入更多的时间，消除那些昂贵而又费时的暂时不必要的改动，可以缩短产品投放市场的时间。

（四）跨职能合作

目标成本管理体系下，产品与流程团队由来自各个职能部门的成员组成，包括设计与制造部门、生产部门、销售部门、原材料采购部门、成本会计部门等。跨职能团队要对整个产品负责，而不是各职能部门“自扫门前雪”。

（五）生命周期成本

目标成本管理关注产品整个生命周期的成本，包括设计、制造和营销成本，维护与修理成本以及处置成本等。它的目标是使生产者以及关联方的产品生命周期成本最小化。

（六）价值链参与

目标成本管理过程有赖于价值链上全部成员的参与，包括供应商、批发商、零售商以及服务提供商等。

目标成本法一般是由三大环节形成的一个紧密联系的闭环成本管理体系：(1)确定目标，层层分解；(2)实施目标，监控考核；(3)评定目标，奖惩兑现。

四、目标成本的制定方法

传统目标成本的制定思路是先按照工艺技术设计的要求，计算出成本总和，再加上适当的成本加成，最后得出希望获得的市场价格。采用这种程序的做法是把成本管理的重点放在实际成本和目标成本的差异控制上，适用于特殊的和静态的环境、工艺技术过程和市场价格均保持稳定的情况。但事实上，市场环境千变万化，而目标成本一经确定，不易变化。因而这种由成本到价格的程序受到了质疑。

目标成本法并不只是为了制定目标成本，也是组织管理中所运用的一种价值链方法。为了更有效地实现供应链管理的目标，使客户需求得到最大程度的满足，成本管理应从战略的高度进行分析，与战略目标相结合，使成本管理与企业经营管理全过程的资源消耗和资源配置协调起来，将满足和超越在产品品质、功能和价格等方面的客户需求作为实现和保持产品竞争优势的关键，其主要有以下三种形式：

(一)基于价格的目标成本法

最有效的目标成本计算法应当是善于将顾客的价值期望转化为顾客所能接受的价格，即制定出具有竞争力的产品市场价格，确定目标销售收入，然后在此基础上确定企业期望的目标利润，两者相减就是目标成本。目标成本法使成本管理模式从"客户收入＝成本价格＋平均利润"转变为"客户收入－目标利润＝目标成本"，即：

目标成本＝预测单价×预测销售量－目标利润－流转税税金(价内)

单位目标成本＝预测单价×(1－流转税税率)－目标利润÷预测销售量

这种做法是以考察市场状况为前提来着手预测成本管理的，即根据市场条件确定的目标销售价格来确定目标成本，工作重点在于实际成本与允许开支成本的差异上。企业在此基础上组织有关专业人员建立制订目标成本的领导小组，并由企业内部各部门提供各阶段成本的预计消耗定额、计划单价和预计工资分配率等资料，在各部门制定出本部门费用预算的基础上，制定出企业统一的目标成本。这样做，有利于企业增强竞争意识，力求扩大市场份额，实现企业长期的生存和发展。

(二)基于价值的目标成本法

企业要在竞争中生存和发展，必须实现两个目的：一是为顾客提供有效用的产品，二是实现不断降低成本、增加利润的目的。价值工程就是要用最低的成本为顾客提供所要求的产品功能，它应当是一种能确保企业和顾客双方利益的管理技术。

价值工程中的价值具有特定的含义，它要从物品用途的大小程度与金额的相互关系上来解释。其计算公式为：

$$价值系数=\frac{功能}{成本}$$

价值系数的计算公式实际上是一种计算效率的公式。价值系数反映了投入的资源(成本)与功能的实现程度(给顾客带来的成果)之间的相互关系。提高价值系数最理想的情况是，通过改进设计，既提高功能，又降低成本。其具体途径有以下几个方面：(1)通过改进设计，提高功能，降低成本；(2)通过改进设计，提高功能，成本不变；(3)通过改进设计，使其效益大于成本的增加；(4)通过改进设计，功能不变，降低成本；等等。

从价值分析角度确定目标成本，应全面考虑成本的升降因素，使成本与企业的全面效益紧密联系，不致因片面追求成本降低而使功能受损，也不致因只顾及功能而使成本骤增，因为两者是相互制约的。价值分析能把两者较好地结合起来，使目标成本与实现效益全面一致起来。

以价值为导向的目标成本管理还要求按照供应链上各种作业活动创造价值的比例分摊目标成本。这种按比例分摊的成本成为支付给供应链成员企业的价格。一旦确定了供应链作业活动的价格或成本，就可以运用这种目标成本法来识别能够在许可的成本水平完成供应链作业活动的成员企业，并由最有能力完成作业活动的成员企业构建供应链，共同运作，直到客户需求发生进一步的变化需要重构供应链为止。

(三)基于先进水平的目标成本法

先进成本水平，是指国内外同类产品的先进成本水平或历史先进成本水平。这种先进成本水平接近于根据平均先进定额制定的定额成本或标准成本，也可以是企业上年达到的实际成本按计划期成本降低率计算的成本，还可以根据企业的历史成本结合未来的成本降低措施和上级下达的成本降低任务进行综合测算确定。

第三节　成本观念更新

管理会计中有几句耳熟能详的箴言：不同的成本服务于不同的目的；成本观念应当对决策有用；没有最好的成本，只有最有用的成本。

任何决策都是一个择优的过程。为了计算反映特定决策所需要的成本，需要避免成本观念一成不变的陷阱。例如，不能认为所有的变动成本都是相关的，所有的固定成本都是不相关的。又如，有时要计算单位成本和单位收入，有时要计算总成本和总收入，有时两者都需要计算比较，只要与决策相关就行。

相关成本与非相关成本对决策分析很重要。相关成本是指与决策有关联的成本，这类成本的发生与否直接取决于方案是否被采纳，是在短期经营决策中必须充分考虑的成本。差别成本、边际成本、机会成本、付现成本、可避免成本和可延缓成本均属于相关成本。非相关成本是指过去已经发生的与方案没有密切联系，不会对决策构成影响，决策时可以不予考虑的成本，也叫无关成本。沉没成本、账面成本、历史成本、不可避免成本和不可延缓成本均属于非相关成本。

新的不断出现的成本观念大多是为了满足管理决策的需求而产生的。例如，下面几组成本观念应当辨析清楚。此外，在后面的章节中还会出现不少新的成本观念应当予以关注。

一、机会成本与择机代价

在若干备选方案中，因选定某一方案而被舍弃的选项中的最高价值者(通常是指次优方案可能获得的收益)是本次决策的机会成本(择机代价)。

利用机会成本概念进行经济分析的前提条件是:资源是稀缺的,可以自由流动,具有多种用途且已经得到充分利用。任何稀缺资源的使用,不论在实际中是否为之支付代价,总会形成机会成本,即为了这种使用所牺牲掉的其他使用能够带来的益处。这一概念拓宽和深化了对消耗在一定生产活动中的经济资源的成本的理解。通过对相同的经济资源在不同的生产用途中所得到的不同收入的比较,将使得经济资源从所得收入相对低的生产用途转移到所得收入相对高的生产用途,否则就是一种浪费。也就是说,机会成本是指在资源有限的条件下,当把一定的资源用于某种产品的生产时所放弃的用于其他用途可能得到的最大收益。

机会必须是决策者可选择的项目,若不是决策者可选择的项目便不属于决策者的机会。机会成本总是针对具体方案而言的,如果一项资产只能用来完成一项职能,则该项资产就没有机会成本。由于机会成本是人们使用一种资源所作出的牺牲,如果该资源存在过剩的生产能力,则该资源的机会成本为零。

例 3—1 某人有一笔款项,假定只能在买股票、买债券和储蓄存款中择一从事,若三者的收益关系为股票＞债券＞存款,则买债券和储蓄存款的收益均为选择买股票以后所放弃的收益。在放弃的机会中,收益最高的项目才是机会成本。机会成本不是所放弃项目的收益的总和。经分析,本案例中买股票的机会成本为买债券的收益。

由于机会成本是一种择机代价,并非某种现实的成本支出,因此与时间成本相关。在知识经济中,社会信息、科技、市场的发展变化都在加快,市场竞争不仅比价格、比质量、比服务,更要比速度,赢得先机有时比什么都重要。在竞争环境中,机会与时间将会越来越显现其特殊的重要性。

二、差量成本与差量收入

差量成本也称差别成本,是指两个备选方案成本的差异。在进行成本决策时,由于各个方案预计发生的成本不同,因此就产生了成本差异。在一定范围内,由于方案涉及的单位变动成本和固定成本具有一定的稳定性,因此,在一定条件下,狭义的差量成本体现为变动成本性质,差量成本总额可表示为单位变动成本与相关的业务量之积。但如果突破相关范围之后,单位变动成本和固定成本都会发生变动,则差量成本既包括变动成本,也包括固定成本,数量上表示为生产能力利用程度不同引起的变动成本差额与固定成本差额之和。在短期经营决策中,大多采用相关范围内的狭义差量成本概念。

差量收入也称差别收入,是指两个备选方案收入的差异。不同方案的优劣,在收入相等的情况下,要通过差量成本的比较来判断。如果差量成本为正数,说明两个方案中前者成本高,则应选择后者;反之,则应选择前者。在收入不等的情况下,可以通过差量损益的计算来判断，即通过差量收入是否大于差量成本来判定和选择最优方案。如果在两个方案的比较中，差量收入大于差量成本，则选择前者；反之，则选择后者。差量成本和差量收入的概念及其相互关系是进行成本决策分析的重要内容。

例 **3—2**　某公司生产W产品，在正常生产能力范围内，其单位变动成本为250元，其中，直接材料为120元，直接人工为80元，变动制造费用为50元，固定成本为80元，成本总计为330元。根据目前的生产情况，该公司的生产能力还有一定的剩余，可以接受追加订货。现有一客户拟按280元的单价订购W产品300件。该公司应否接受该订单？

从表面上看，接受该订单会使企业损失15 000（＝300×50）元，但采用差别分析法时，不应把已归属于原有产品的固定成本计入差量成本之内，所应考虑的只是接受订单后所增加的差量收入与所增加的差量成本：

差量收入＝300×280＝84 000（元）

差量成本＝300×250＝75 000（元）

可见，接受此订单可以给企业带来增量收益9 000元，应接受该批订货。

三、边际成本与边际利润

边际成本是指在一定产量水平下，增加或减少一单位产量所引起成本总额的变动数，通常只按变动成本计算。边际成本用以判断增减产量在经济上是否合算，在管理会计和经营决策中经常使用。

例 **3—3**　某公司生产某种产品100单位时，总成本为5 000元，单位产品成本为50元。若生产101单位时，其总成本为5 040元，则所增加一单位产品的成本为40元，即边际成本为40元。

当实际产量未达到一定限度时，边际成本随产量的增加而递减；当产量超过一定限度时，边际成本随产量的增加而递增。因为，当产量超过一定限度时，总固定成本就会递增。由此可见，影响边际成本的重要因素是产量超过一定限度（生产能力）后的不断增加所导致的总固定费用的阶段性增加。

边际收入是指因销售量变动一单位所引起的销售总收入的变动数额。当增加一单位产量所增加的收入（单位产量售价）高于边际成本时，是合算的；反之，就是不合算的。所以，增加一单位产量的收入不能低于边际成本，否则必然会出现亏损；只要增加一单位产量的收入能高于边际成本，即使低于总的平均单位成本，也会增加利润或减少亏损。因此，计算边际成本对制订产品策略具有重要的作用。

研究成本变化规律，配合边际收入，可以计算出边际利润：

当边际收入－边际成本＝边际利润＞0 时，方案可行。
当边际收入－边际成本＝边际利润＜0 时，方案不可行。

四、付现成本与非付现成本

付现成本是指因选定或实施某项决策而引起的需要在未来时期以现金形式支付的成本费用，付现成本会导致现金流出企业，也称现金支出成本。

非付现成本是指没有引起现金流出的各项成本费用，通常是指会计核算时按权责发生制要求确认的折旧额、摊销额和减值准备等。

一定时期的成本总额是付现成本与非付现成本之和。

在短期决策时有时会遇到资金比较短缺，但又急于上马的方案。立即全部支付现金，企业的支付能力不足，但总成本会较低；延期支付现金，支付总额将有所提高，但现在支付现金的数额较小。在这种情况下，企业通常不以总支出最低为标准选择方案，而是选择近期支付现金较少的方案，以较小的资金代价取得所需资产。因此，在资金拮据等情况下，付现成本的多寡是确定购买方案所需考虑的内容之一。

例 **3－4** 某企业急需购置一台设备，但近期企业的资金紧张。有两家供货单位可提供该设备，甲公司要价60 000元，货款必须马上支付。乙公司要价68 000元，货款只需先付8 000元，其余分 12 个月付清，每月支付5 000元。向甲公司购买，总成本较低，但企业由于缺乏付现能力，因此会选择向乙公司购买，因为该方案虽然总成本较高，但近期付现成本较低。方案尽早实施所带来的收益可弥补现金支出成本较高而形成的损失。当然，在具体比较上述方案时，还应当运用资金时间价值的观念进行计算分析。

对付现成本与非付现成本的分析在项目投资决策中更加重要（详见第九章的介绍）。

五、沉没成本与重置成本

（一）沉没成本

沉没成本是指由于过去的决策所引起的、无法收回的成本，也称沉入成本。沉没成本的突出特点是这种成本支出已经实现，无论现时采取何种方案都不能改变其原有数值，无论这种支出的数额是多少、时间长短如何，对现有方案的确定不构成影响，是与决策无关的成本，如固定资产的账面价值等。

例 **3－5** 某公司在 10 年前购置了一台设备，原价为30 000元，净值为27 000元，现重新购买该设备需要花费35 000元。该公司认为已经没有必要购买，拟报废清理或修理后出售该旧设备。预计报废清理可得净残值4 000元，修理则需花修理费3 000

元，可作价9 000元。该公司应选择哪个方案好呢？

该例中，设备原价是企业过去的支出，是一种历史成本，无法收回，属于沉没成本，在决策时不必考虑。

该项决策可以直接按净收入的大小进行计算比较，即修理后作价出售可得净收入3 000(＝9 000－3 000－3 000)元，比报废清理净收入1 000(＝4 000－3 000)元多得2 000元。因此，处理后作价出售较合算。

（二）重置成本

重置成本是指在目前市场上购置某项资产所需支付的成本，也称现时成本，是与决策分析相关的成本。如例3－5所述设备，现重新购买该设备需要花费的35 000元就属于重置成本。

在固定资产投资决策或产品定价决策中通常以重置成本作为决策依据。

例 3－6　某公司有一批库存材料，购入时的单位成本为200元，目前市场价格提高到280元。该材料的市场价格就称为重置成本。在定价决策时，必须考虑重置成本这一因素。因为在制定材料售价时，如果按单位售价250元出售，从历史成本考虑，可获得50元的利润；但如果出售后再购入，每单位材料要花费280元，不仅不能获利，反而会亏损30元。

六、专属成本与共同成本

专属成本是指可以明确归属于某种、某批或某个部门的成本，是特定决策的相关成本。例如，某设备专门生产某一种产品，该种设备的折旧就是该种产品的专属成本。

共同成本是指那些需要由几种、几批或有关部门共同负担的成本，不是某项特定决策的相关成本。例如，某种通用设备生产A、B、C、D四种产品，该设备的折旧就是这四种产品的共同成本。

专属成本与共同成本是按照费用的发生是否可直接追溯至某个成本对象而进行的分类。区分专属成本与共同成本的目的在于明确某项决策所发生的成本，从而作出正确的决策。

七、可避免成本与不可避免成本

（一）可避免成本

可避免成本是指与某特定备选方案直接相关的成本，其发生与否完全取决于与之相关的备选方案是否被选定；也就是说，若某备选方案被采纳，某项成本就会随之发生，否则，该项成本不发生。例如，自制某种零件需要支付的直接材料和直接人工，当该方案决定舍弃不用，改为向市场购买时，上述直接材料和直接人工的成本就不会发生，因而属于可避免成本。为了正确评价有关方案的经济性，在决策分析时必须考虑可避免成本。

(二)不可避免成本

不可避免成本是指不与某一特定备选方案直接相关的成本，其发生与否并不取决于有关方案是否被选定；也就是说，不论决策者最后选定哪个方案，也不论某一方案是否能被选中，某项成本仍照常发生，其实际数额的多少也不因决策方案的具体选定而有所改变。固定成本通常是不可避免成本。

例 **3—7** 某公司在正常的生产能力范围内接受了某一特定订货。假定厂房设备的折旧费为50 000元，这部分折旧费就与特定订货的接受与否无关，不论该特定订货接受与否，原有厂房设备的折旧费仍然要发生。

不可避免成本因其不与特定方案直接相关，故在评价备选方案的经济性时可不予考虑。

八、可延缓成本与不可延缓成本

(一)可延缓成本

可延缓成本是指在企业财力负担有限的情况下，对已决定选用的某一方案如推迟执行，不致影响企业大局，那么，与这一方案有关的成本就称为可延缓成本。

例 **3—8** 某公司原定某月初开始扩建一条流水线，现经市场调查预测，该产品销售不畅，且公司资金紧张，经研究，决定推迟实施流水线扩建工程。这样，与该项工程有关的材料、人工等费用就属于可延缓成本。

(二)不可延缓成本

不可延缓成本是指已选定的某一方案，即使在企业财务负担有限的情况下也不能推迟执行，否则就会影响企业大局，那么，与这一方案有关的成本就称为不可延缓成本。

例 **3—9** 某公司过去一直将废水直接排放到附近的河道里，污染环境严重。现该公司决定安装废水处理装置，该装置与相应的工程费用支出预计为500 万元，即使财力紧张，该方案也必须执行，否则，政府会勒令其停业。那么，与此方案有关的成本就属于不可延缓成本。

第四节　成本管理会计的发展*

一、成本会计与管理会计的渊源

成本会计虽然先于管理会计产生，但两者之间存在着"血缘"关系，其发展过程互相推进，渊源很深。美国斯坦福大学商学院著名会计学教授、国际公认的会计学权威查尔斯·T.亨格瑞等所著的《成本与管理会计》就是将成本会计与管理会计融为一体，全面涵盖了成本与管理会计的主要内容和最新研究成果。这部巨著已连续修订十余次，三十多年来畅销全球。中国一些大学或商学院也开设了"成本与管理会计"课程，并出版了同名的教材，如上海国家会计学院、对外经济贸易大学等。

20世纪初，受泰罗科学管理思想的影响，在会计领域出现了标准成本制度，再加之预算编制的出现，使成本会计的工作重点由核算转为控制，侧重于为企业内部成本管理服务的管理会计初现雏形。第二次世界大战之后，科学技术飞速发展，企业之间的竞争明显国际化。为了适应社会经济发展的新情况，成本会计不断吸取运筹学、系统工程、行为科学和管理学等的最新成果，使其内容不断完善，出现了成本的预测和决策、责任成本的核算等，从而形成了以成本核算为基础、重在管理的经营型成本会计。这一阶段的特点是强调相关成本。在"不同目的，不同成本"的思想指导下，成本会计强调潜在用户的决策需要，强调演绎推理的方法，包括边际成本、边际收入和增量现金流量等新观念应运而生，本量利分析、成本估算、投入产出法、线性规划、存货控制和方差分析等决策模型迅速发展起来，从而使成本会计和管理会计的研究领域和研究内容更有趋同之势。

中国制造业乃至世界制造业都已进入微利时代，企业只有靠质量和成本优势才能真正取胜。随着世界经济竞争的发展，企业管理者所面临的最具挑战性的问题不是"如何成功"，而是"如何持续地成功"。据美国生产力协会及管理会计协会的调查报告显示，20世纪世界各大公司把"成长"放在第一位，而现在的21世纪，他们却把"成本"放在了第一位，可见，企业对成本的控制和管理已经高度重视，它将是持续成功的关键因素之一。

对于外部环境的变化，企业自身是无法控制的，但可以从内部挖潜盈利潜力入手。各国企业为了提高利润和降低成本，都想在大力应用管理会计上做文章。成本管理会计在加强成本管理和控制的基础上，比单纯的成本会计又前进了许多。例如，成本管理会计试图解决下列问题：

(1)如何对客户或销售渠道进行成本和盈利分析，从而有效确定营销策略？

(2)如何在保证公司预期利润的前提下，设计和控制好新产品的目标成本？

(3)在现有的产品生产过程中，如何逐步降低材料、人工等资源消耗成本，逐步改进生产，降低制造成本？

(4)对产品线(或产品)的盈利分析，考察是继续增加产量还是减少产量甚至停产？零部件、服务等是自产好，还是外包好？生产单位产品的边际利润是多少？

(5)如何设计一个良好的企业成本控制系统，以逐步达到行业业绩最佳的水平？

(6)如何消除非增值的作业(活动)，改进营销、生产和服务等的业务流程？

(7)从研发、设计、生产制造到销售、配送、售后服务等价值链和供应链的全过程的成本是多少？

(8)产品从生命周期和价值链流程的角度考虑，应如何精确报价与定价？

(9)如何从战略高度来降低总成本，而不仅仅是制造成本？

(10)如何用数字说明哪个部门业绩最好、哪个部门业绩最差？如何促使部门改进业绩管理？

……

二、成本管理会计发展的主要动因

第一，知识经济带来的冲击。在新的经济环境中，知识超越了传统意义上的资本和劳动力两大生产要素，成为经济发展的第一要素，企业之间竞争的成败因素已不再是资本资源而主要是知识资源。

第二，竞争使管理者更迫切地希望得到准确的成本信息。经济全球化的到来和国外跨国企业的进入使国内的众多公司面临激烈竞争，管理者愈加重视企业的成本核算，更想知道准确的成本信息。

第三，新的制造环境对成本会计的冲击。企业生产过程中自动化和机器人的广泛应用使企业能够从事产品多样化生产，并解决了产品精致化的要求。当以很低的直接人工去分配很高的制造费用时，就会使会计信息失真，从而导致经营决策失误。

第四，产品生命周期缩短，更需要精确的成本计算。尤其是技术的飞速发展，缩短了产品的生命周期，迫切需要企业成本计算的正确性。

第五，网络的普及使电子商务日益盛行，改变了成本会计核算的前提。传统意义上的核算实体已不复存在，由于网络交易的临时性，当某项交易完成后，虚拟的交易主体就会解散，在成本计算时如何将短暂的经营期限再划分为若干会计期间显得没有必要，成本计算方法可能发生前所未有的变化。

第六，由于跨国企业的进入，加快了经济全球化的步伐，从而使国内的众多公司面临激烈竞争，因此，管理者更为迫切地希望在竞争中得到更为准确的成本信息。

三、成本管理会计研究的新领域与新发展

(一)成本领先战略

实施成本领先战略的企业必须客观地把握竞争的关键因素——成本,全方位、多角度地提升和改善企业整体的成本管理水平,挖掘降低成本的潜力,通过成本优势占据行业的主导地位,提高竞争力。一旦企业的制造成本高于市场价格,也就意味着这个企业将面临生存危机。

成本领先战略也称低成本战略。但随着竞争的加剧,一些具有成本优势的企业正在被逐渐稀释和分解。在观念落后、认识偏差和管理方法滞后的影响下,只注重当前产品生产成本的削减,而缺乏对新产品特别是新产品成本的开发设计;强调对直接成本、有形成本的控制,而忽视潜在成本、无形成本对企业的影响;强化管理影响成本的各项直接因素,而无视影响成本的一些技术性隐含因素等,最终必然导致企业成本隐患增加,竞争力下降。

实施成本领先战略的企业至少应具有以下几个方面的特点:

1. 固守自己的成本竞争优势

通过固守成本优势,阻拦新加入者的进入,防范替代品的冲击,在行业乃至整个市场大打价格战时,能够独领风骚,获得预期收益。

低成本、低价格产品的价值取向并非是低性能、低质量;相反,为拥有高的市场占有率,实施成本领先战略的企业面对的应该是众多的消费者。消费者认可的产品性能、质量和服务应当是实施成本领先战略的企业战略实施的前提,就此而言,企业同样存在不断提升产品品质的需要。

成本领先并不等同于价格最低。如果企业陷入价格最低而成本并不是最低的误区,换来的只能是把自己推入无休止的价格战。因为,一旦降价,竞争对手也会随着降价,而且由于比自己的成本更低,因此其具有更多的降价空间,能够支撑更长时间的价格战。

2. 技术创新和技术进步是实施成本领先战略的关键

实施成本领先战略的企业的技术创新体现在:(1)企业在提供现有产品和服务的同时,挖掘客户的潜在需求,推陈出新,不断进行新产品的开发和设计;(2)在保持产品核心功能的前提下,为适应客户需求升级的变化,改善(添加或减少)产品的附加功能;(3)更新生产设备,创新产品工艺流程,提高企业实力;(4)注重产品性能、结构和款式等的多样性,体现特色,创造差异,削弱对手的模仿和学习能力。

技术创新的投入会增大产品成本的开支范围,增加企业的总成本,但技术创新的投入谋求的是企业的长远发展。实施成本领先战略的企业只有求发展,才能求生存。通过技术创新不但会从源头上控制潜在成本对企业的影响,提高生产效率,减少损失,而

且会不断培育和创造新的消费热点，扩大市场份额。而产品规模又为企业分摊技术创新投入、降低单位产品成本提供了保障。实施成本领先战略的企业，其成功的关键在于成本的控制管理，而制约成本的关键又在于技术创新。

3. 最终目标是使企业保持竞争优势

为保证规模经济，实施成本领先战略的企业的产品多为标准化产品，但标准化产品并不意味着企业产品类型单一、技术落后。随着消费者不断追求消费的个性化和时尚化，必将对传统意义上多数量、少品种的规模经济带来一定的冲击。随着新产品、替代品的不断涌现，竞争对手和新加入者也严重威胁着企业的生存。既要推陈出新、迎合市场、挑战对手，又要固守成本价格优势、增强竞争实力成为实施成本领先战略的企业面临的主要问题。

降低成本必须以不损害企业基本战略的选择和实施为前提，并要有利于企业管理措施的实施。成本管理要围绕企业为取得和保持竞争优势所选择的战略进行，要适应企业实施各种战略对成本及成本管理的需要，在企业战略许可的范围内，在实施企业战略的过程中引导企业走向成本最低化，这是成本领先战略的最终目标，也是成本领先战略的最高境界。前瞻性的、指导性的竞争战略与企业先进的管理方法相互交融，才可能保障战略的实施。

(二)成本持续改进

随着金融危机对实体经济影响的加深，收入增长难以预期，成本控制成为企业的关键议题。持续改进是一种先进的管理理念，它要求企业不循规蹈矩地沿袭以往的规律，固守现有的格局，或盲目追随、模仿他人的经验，而是面向市场，持续地改进和提升自身的产品，提高竞争力。成本持续改进是一项长期任务，涉及企业管理的方方面面，具有重要性和持续性。

精细化和集约化是成本持续改进的主要手段。精细化是对成本要素进行深入分析，并确定这些成本要素的驱动因素，分解到可以进行管理控制的作业活动和工作行为中，从而制定针对性的措施进行控制和改进。集约化是在分析企业价值成长路径的基础上，对战略性资源进行有序的集中管理，在使资源利用效率最大化的同时，实现成本的持续降低。

成本持续改进的关键是实施产品价值链全程管理。从企业内部价值链的角度分析，产品实物在企业供、产、销各个环节之间转移的同时也完成了其价值的积累。产品成本的消耗既取决于各环节成本的控制水平，也决定于各环节的有机联系，如原材料的及时供给、部门之间半成品的结转等。实施成本领先战略的企业不仅要能够客观分析、合理把握产品增值消耗的各项作业，而且要协调处理内部作业之间的相互关系，减少作业之间的有形损耗(产品破损、停工待料等)和无形损耗(机器闲置成本、机会成本等)，提高企业运作效率，降低产品成本。

从企业外部价值链的角度分析，实施成本领先战略的企业首先要能够与供应商保持良好的关系，因为物美价廉的原材料的及时供给、采购方式的改进、采购成本的降低等都会直接影响企业成本的高低，而且拥有良好的合作伙伴关系也会降低企业的存货成本和资金成本。此外，实施成本领先战略的企业还要培养与客户的良好关系。企业拥有优质的服务和良好的信誉既是在固守现有的市场，也是在开拓未来的市场。

成本持续改进需要不断创新，包括成本管理观念、成本管理模式和成本管理方式的创新，这对成本的持续改进是有效的保证。创新，不能照抄照搬他人的经验模式，不能禁锢在原有的模式下，而要与企业的发展、现有的管理水平相匹配，要体现为我所用的思想，还要注重各种成本管理模式的有机结合，制定并落实切实可行的成本管理措施。

(三)产品全生命周期成本

传统意义上的产品成本通常是指制造成本，而现代意义上的产品生命周期成本属于企业战略成本的一部分，面向未来并具有长期性，以保持竞争优势为目的。

全生命周期成本的建立是将成本的范围由生产领域向企业整体价值链的一种拓展。企业的价值链贯穿于企业内部价值的创造作业和企业外部价值的转移作业，即要贯彻系统成本管理的思想，不仅要注重产品生产制造过程中的成本，而且要注意价值链其他环节的成本，探求成本动因，挖掘潜力，实现产品全生命周期总成本的最低。

产品生命周期成本有狭义和广义之分。狭义的产品生命周期成本是指企业内部及关联方发生的由生产者负担的成本，包括策划、开发、设计、制造、营销、物流等过程中的成本。广义的产品生命周期成本不仅包括上述生产者及其关联方发生的成本，而且包括消费者购入后所发生的使用成本、废弃成本和处置成本等。如果从更广义的角度来看产品的全生命周期成本，还包括社会责任成本。

产品全生命周期成本的管理可以分为以下四个阶段：

1. 产品的开发设计阶段

这是指企业研究开发新产品、新技术、新工艺所发生的新产品设计费、工艺规程制定费、设备调试费、原材料和半成品试验费等。增加研究和开发成本是为了开拓市场和创新所应付出的代价。

在产品的研究开发阶段就要非常重视质量[①]与质量成本。质量成本是指企业为了保证和提高产品或服务的质量而支出的一切费用，以及因未达到既定质量标准而发生的一切损失之和，一般包括以下四个组成部分：

(1)预防成本，是指为了防止产生不合格品与质量故障而发生的各项费用，主要包括质量工作费用、产品评审费用、质量培训费用、质量奖励费用、质量改进措施费用和质

① 质量是指产品或服务满足消费者的程度，包括设计质量和一致质量。设计质量是指产品或服务的功能符合顾客需求的程度，一致质量是指根据设计和生产规格来生产产品或提供服务的程度。

量管理专职人员工薪费用。

(2)检验成本,是指为检查和评定产品质量、工作质量、工序质量、管理质量是否满足规定的要求和标准所需的费用,主要包括进货检测试制费、现场产品制造和加工检测及产品测试等费用。

(3)内部缺陷成本,是指产品交用户前由于自身的缺陷而造成的损失及处理故障所支出的费用之和,主要包括不可修复的废品损失、可修复废品的返修损失、返工或矫正后产品重复检测和试验的复验费用、由于产品质量事故引起的停工损失及产品降级损失等。

(4)外部缺陷成本,是指在产品交用户后,因产品质量缺陷而引起的一切损失费用,主要包括由于质量缺陷而支付的诉讼费用、索赔费用、退换货损失、保修费用和降价损失等。

现代质量成本观认为,每种缺陷都有其可预防的根本原因,且预防总是比较便宜的,如果增加其预防成本和检验成本并降低缺陷成本,则随后的预防成本和鉴定成本也能够得到削减。全面质量成本管理还强调顾客愿意接受并支付增加价值的作业。内部和外部缺陷作业及其相关联的成本都属于非增值作业,应予以彻底消除;预防作业可视为增值作业而予以保留;一部分检验作业是预防作业所必需的,如质量审计应视为增值对象。

在设计产品时要充分考虑由于产品质量未达到规定的标准而发生的各种损失,努力降低由于质量损失而导致的成本。因此,在产品的研究开发阶段,要将质量成本和产品全生命周期成本结合起来考虑。在追求产品全生命周期研究开发阶段的成本最小化时,要充分考虑质量成本,寻求两者的最佳结合点。在保证可以接受的质量成本的前提下,努力降低研究开发阶段的成本。

2. 产品生产制造阶段

这是指企业在生产采购过程中所发生的料、工、费以及由此所引发的环境成本等社会责任成本。

产品的生产制造阶段是产品由构想变为现实的阶段,虽然在此阶段产品成本降低的潜力已经不大,但企业仍要给自已树立标杆成本,选择通过自身的努力能够达到的成本作为控制的最佳成本,其成本管理的策略包括目标成本的设定和实施、作业成本核算、适时生产管理;还可以将目标成本和作业成本结合起来对企业日常的生产成本加以控制;同时,必须建立高效的供应链,加快存货周转效率,不断降低库存水平,并通过与全面质量管理同步实施,实现适时生产管理,降低产品成本。

3. 产品营销阶段

一种产品是逐步进入市场、逐步被人们所认识和接受的,因此,产品营销成本包括在此过程中所发生的产品试销费和广告费等。

对销售费用中的广告费用，应该针对处于不同阶段的产品有所差异地投入，对处于初创阶段的产品可以比较多地投入广告宣传费用；对处于成熟期的产品，由于已建立了一定的声誉、占有了一定的市场份额，可以适当减少广告费用的投入；而对处于衰退期的产品，要注重短期收益，对每一笔支出要考虑成本与收益原则来决定是否投入。

现代市场经济条件下的营销手段不断推陈出新，并越来越追求个性化服务。其中，包装是一种很重要的营销策略，对于质量和功能比较接近的产品，通过个性化的外观设计是有利于提高销量的。

4. 产品的使用维护阶段

这一阶段包括产品的使用成本和维护成本。例如，车辆的耗油量、电器的耗电量，高级电子产品必须经常更换的附属配件成本等。此外，还包括产品退出使用报废所发生的处置成本等。

由于考虑的是产品的全生命周期成本，因此，就必须把顾客的使用成本考虑进去。要努力降低产品售出以后，由于产品质量问题而造成的各种损失，减少索赔损失、降价处理损失，以及对废品、次品进行包修、包退、包换而发生的客户服务成本等；要考虑或有成本、机会成本和社会责任成本。

在维护阶段，应对为提高客户满意度而支出的大量维护成本进行有效管理，在提高产品质量的基础上降低维护费用的支出，并建立有效的信息反馈机制，保证客户的需求能够得到及时满足。在产品废弃或升级时，应对客户的追加成本及企业的替换成本进行核算，以保证产品全生命周期的成本能够得到全面反映，准确核算产品的盈利能力。

研究产品全生命周期成本有助于企业的定价决策，有助于企业经营管理者更加关注企业的长期收益和潜在收益，有利于企业分析所处环境、行业特点和竞争对手，有利于企业根据产品全生命周期成本各阶段的分布情况确定成本监督和控制的主要阶段与手段等。

(四)环境成本

可持续发展是在经济增长、生态环境和资源储备三者之间寻求发展的均衡，它以“既能满足当代人的需要，又不对后代人满足其需要的能力构成危害”为原则，从环境与自然资源角度提出的关于人类长期发展的战略。企业在进行经营决策时，应充分考虑环境问题，协调经济发展与环境之间的关系。随着工业生产污染的日益严重，人类赖以生存的环境也日趋恶化，环境会计应运而生。

企业要利用环境产生经济效益，应当核算出所需要的环境成本。环境成本是指企业执行环境目标和要求所付出的代价。环境成本主要包括以下两个部分：

第一，环境保护成本，包括环境预防成本（如投入资金改善生产设备、引进净化污染的科学技术等）和环境治理成本（如治理环境的材料费、务工费、交通费、水电费及环境污染补偿支出等）。

第二,环境损害成本,它存在于无形之中,可能并不需要企业来支付,但对环境的影响是巨大的。例如,“三废”的排放,使土地、水和空气都被污染了;有毒气体的过度排放形成酸雨,对植物、建筑物、古文化遗迹等都会造成损害;还有全球气候变暖、冰川融化、海平面上升等的影响。

对于环境污染损失,如农田、江湖、自然景观污染等,可根据污染后恢复或预防损害所需的成本估价。若有赔偿费及环保部门罚款时,可按历史成本直接计价。若成本确实很难核算清楚,则可采用机会成本观念或替代成本观念等创新思维进行核算,科学估量成本。

按成本与收益匹配的原则,当期发生的环境污染治理成本应在当期进行确认和计量;涉及几个期间的环境污染治理成本应进行资本化,在有效期间内合理摊销。预计未来支付的环境成本,应依据其发生的可能性合理预计,作为或有环境损失处理,或者作为环境负债处理。而对当期以前发生的环境污染进行治理的成本的当期发生额,则应对过去年度的损益项目进行相应的调整。

环境成本是一个动态拓展概念,所反映的内容与其所处的环境休戚相关,当外在环境发生变化以后,环境成本会计也要做相应的调整。传统的环境成本仅有少数核算项目,如排污费、绿化费、赔偿金和罚款等。考虑低碳经济因素,环境成本核算的内容应扩展到降低碳排放的各项成本,如降碳技术的研发成本、减碳设备的折旧成本和碳排放权的交易成本等。目前,我们正在重视环境成本,探索编制自然资源资产负债表,对领导干部实行自然资源资产的离任审计等。

(五)社会责任成本

1. 社会责任成本的内涵

社会责任成本是指在满足企业价值最大化的前提条件下,对利益相关者履行经济责任、法律责任和伦理责任所产生的成本支出,或者说是企业为承担社会责任而发生的价值牺牲或付出的经济代价。作为社会的有机组成部分,企业必须承担相应的社会责任,这样做既有助于企业实现其经营目标,也有助于其在社会中树立良好的形象,更有助于其自身和社会的发展。

1923 年,英国经济学家约翰·莫里斯·克拉克在其著作《管理成本经济学》中分析了社会成本与个别成本产生冲突的主要原因。为了将企业没有实际支付的社会成本计入企业的实际成本之中,以揭示企业应当承担的全部生产成本,从而使企业组织真正成为社会成本的主体,他建议采用“社会成本簿记”形式,记录企业的个别成本行为所导致的社会经济损失,将社会成本纳入会计核算体系。

承担社会责任的企业应当全面考量社会责任收益与其成本之间的关系。1999 年 9 月 10 日,美国通用汽车公司的雪佛牌汽车因油箱设计不合理而引发的交通事故赔偿案历经 6 年终于以通用汽车公司赔偿 10 亿美元而告终,成为美国历史上因产品设计不合理而造成人身伤害赔偿的最高额，这是一个沉痛的教训。

每类企业的社会责任成本由“底”至“顶”依次为经济责任、法律责任和道德责任。经济责任是企业在市场竞争中生存的底线，法律责任是企业履行强制性社会责任义务的底线，道德责任是自律性的社会责任底线。三个层次之间是递进关系。

2. 社会责任成本的外延

企业的社会责任实践活动一般包括生产经营、利益相关者合法权益的维护、生态环境的保护与治理、企业内部制度建设等领域，相应地，会产生经营责任成本、维权责任成本、环境责任成本和制度责任成本等。

(1)经营责任成本。经营责任成本包括企业在生产经营过程中发生的产品生产成本、期间费用及其他必要支出。企业应根据会计法、相关的会计准则与制度规定，保证其支出的合理性和合法性。

(2)维权责任成本。维权责任成本包括维护消费者权益和劳动者权益所发生的成本。前者包括保障消费者所购产品或服务的安全、优质、适用、人性化等发生的成本，以及按照《消费者权益保护法》、《产品质量法》的规定和公众传媒的舆论监督而发生的支出；后者包括为保障职工的生活福利、生产安全、职业健康、技能培训和社会保险等发生的成本，以及按照《劳动法》等规定的强制性和道义性劳动标准而发生的支出。

(3)环境责任成本。环境责任成本是企业按科学发展观、建设资源节约型与环境友好型社会的要求所发生的污染治理成本、资源环境保护成本、环境影响评价成本、排污权购置成本、环保项目投入成本、内部环保监审成本及其他环境责任成本。

(4)制度责任成本。制度责任成本包括正式规则责任成本和非正式规则责任成本。前者是在遵守国家法律法规的前提下对企业内部的责任分工、行动指南、激励与约束、业绩度量等方面的内部规则进行设计、实施、创新等发生的成本，后者是引导、培育、监督各利益相关者的爱国、和谐、诚信、忠诚等价值观而发生的成本。

企业社会责任会计要求对企业所产生的社会效益和社会成本加以计量和报告，测定企业的经营活动给社会各方面所带来的效益和损失，以利于企业决定经营方针、评价经营成果和揭示社会责任。社会责任会计的建立将是正确衡量社会效益和社会成本的重要基础。

复习思考题

1. 简述成本预测的程序、作用与方法。
2. 试说明运用高低点法和回归直线法预测成本的优缺点。
3. 简述目标成本的特点和表现形式，并说明与预算成本、实际成本的区别。

4. 目标成本管理要求人们至少关注哪些问题？

5. 举例说明与决策相关的成本和不相关的成本。

6. 哪些是可避免成本？哪些是不可避免成本？请举例说明。

7. 企业应当如何实现成本领先战略、成本持续改进和产品全生命周期成本控制？

8. 简述环境成本、社会责任成本与机会成本、经济效益之间的关系。

业务练习题

练习一

某公司某产品的有关资料如下表所示，计划2014年度生产该产品100台。

某公司成本预测资料　　金额单位：万元

年度	产量(x)	总成本(y)	xy	x^2
2009	60	6 000		
2010	30	3 600		
2011	45	6 000		
2012	40	6 300		
2013	90	7 200		
合　计				

要求：

(1)填列上表空白处。

(2)分别按高低点法和回归分析法测算产量为100台时的目标总成本和单位成本。

(3)请指出上述两种方法的共同点。

(4)讨论上述两种方法的计算结果存在差异的原因。

练习二

某公司生产的A半成品，完成初步加工后，可以马上在市场上出售，也可以进一步加工为乙产品后再出售。其成本及产量资料如下：

A半成品的单位变动成本为460元，单位售价为600元，产量为100件，固定制造费用总额为10 000元。若加工成乙产品，就需追加变动成本200元。乙产品的单位售价为900元。

该公司目前的生产能力除满足生产A半成品加工的需要外，还有一定的剩余，可用于对半成品作进一步的加工。

要求:请对A半成品是立即出售还是进一步加工后再出售作出决策分析。

练习三

在一次关于成本预测与决策的课堂讨论中,产生了以下几个有争议的观点:

A学员说:"为了扭亏为盈,凡是亏损产品都应停产。"

B学员说:"凡是单价低于按完全成本法计算的单位成本的订货,均不宜接受。"

C学员说:"产品的最佳售价应当是边际收入等于边际成本时的售价。"

要求:请对上述看法发表你的观点并说明理由。

第四章 成本性态与变动成本法

第一节　成本性态分析

成本性态(习性)是指成本的变动与业务量之间的依存关系。业务量一般是指一定生产经营期内投入或完成的工作量,如产品单位数、直接人工小时、机器工作小时等。以业务量为基础的成本分析,假设业务量是仅有的成本动因,考察不同类别的成本与业务量之间的特定数量关系,以把握业务量的变动对于各类成本变动的影响,为改善企业生产经营提供信息,便于作出正确的管理决策。

成本性态分析从单一成本动因(业务量)入手,将成本分为固定成本、变动成本和混合成本三大类,而实际工作中的成本动因却相当复杂,在以后的章节中会涉及相关内容。

一、固定成本

固定成本是指其总额在一定时期和一定业务量范围内不直接受业务量变动影响而相对固定的成本,如按使用年限法计算的折旧费、保险费、管理人员工资等。由于固定成本的总额相对固定不变,就单位产品而言,随业务量的增加,其单位产品所分摊的份额将相应减少;而随业务量的减少,单位产品分摊的份额将相应增加。也就是说,单位固定成本与业务量成反比关系。固定成本习性的模型如图 4－1 和图 4－2 所示。

例 **4－1**　甲公司生产 A 产品需要购买某种设备,该设备的每月折旧为10 000元,每月的最大生产能力为500件。当该公司每月的产量在300件、400件和500件时,其折旧额一般不会随产量的变动而变动,按月计提的折旧额都是10 000元;但每件 A 产

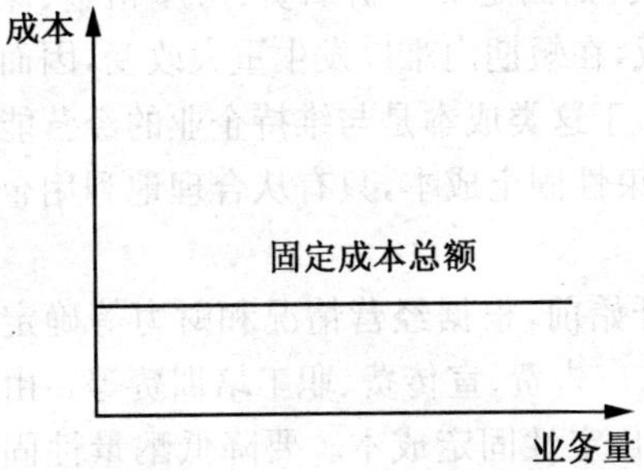

图 4—1 固定成本总额与业务量之间的关系

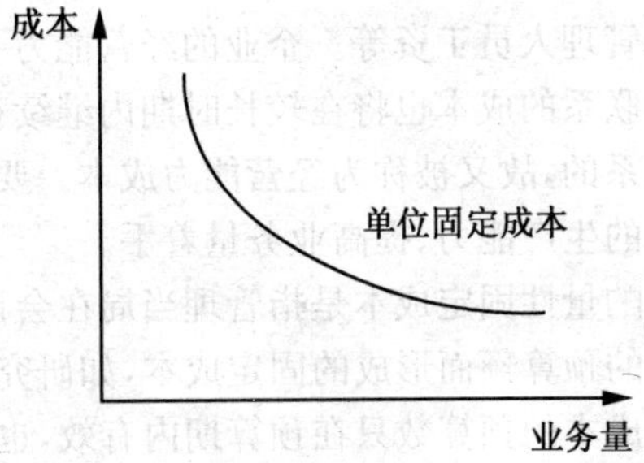

图 4—2 单位固定成本与业务量之间的关系

品因产量不同而分别承担的单位固定成本分别为 33 元、25 元和 20 元。随着产量的上升，单位产品分摊的固定成本（折旧）却下降了。

固定成本只有在一定时期和一定业务量范围内才固定不变，而不是永远不变。如果业务量超过现有生产能力，可能需要扩建厂房、添置设备、增加人员等，这时固定成本就会增加。固定成本总额受一定条件制约的“相关范围”如图 4—3 所示。

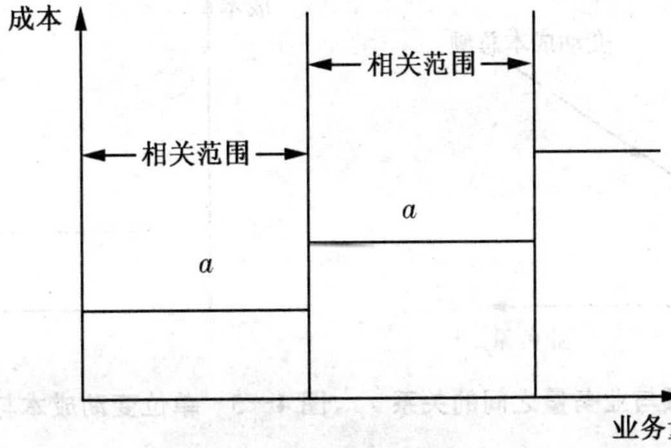

图 4—3 固定成本的相关范围

例 4—2 甲公司在例 4—1 中所购买设备的最大月生产量为 500 件，如果要求其产量超过 500 件，达到月产量1 000件，就超过了一台设备的最大生产能力，即超过了相关范围，此时必须再购买一台设备才能达到要求，按月计提的折旧额就会上升为20 000元。如果存在通货膨胀，设备买价上涨还会导致月折旧额的上升。

为了寻求降低成本的途径，固定成本可分为约束性固定成本和酌量性固定成本。

约束性固定成本是指为维持企业提供产品和服务的经营能力而支付的成本，它与整个企业经营能力的形成及其正常维护直接相关，如固定资产折旧费、房屋租金、保险费和管理人员工资等。企业的经营能力一经形成，在短期内难以发生重大改变，因而与此相联系的成本也将在较长时期内继续存在。由于这类成本是与维持企业的经营能力相联系的，故又被称为经营能力成本。要降低约束性固定成本，只有从合理地利用企业现有的生产能力、提高业务量着手。

酌量性固定成本是指管理当局在会计年度开始前，根据经营情况和财力等确定计划期的预算额而形成的固定成本，如研究开发费、广告费、宣传费、职工培训费等。由于这类成本的预算数只在预算期内有效，也被称为自定性固定成本。要降低酌量性固定成本，只有从精打细算、厉行节约、减少其绝对数着手。

二、变动成本

变动成本是指其总额会随业务量的变动而成正比例变动的成本，如直接材料、直接人工、按工作量计算的机器折旧等，都是与单位产品的生产直接相关的，其总额会随着产量的增减成正比例增减。而单位变动成本在相关范围内是一个常量，即不受业务量增减变动的影响。变动成本习性的模型如图 4－4 和图 4－5 所示。

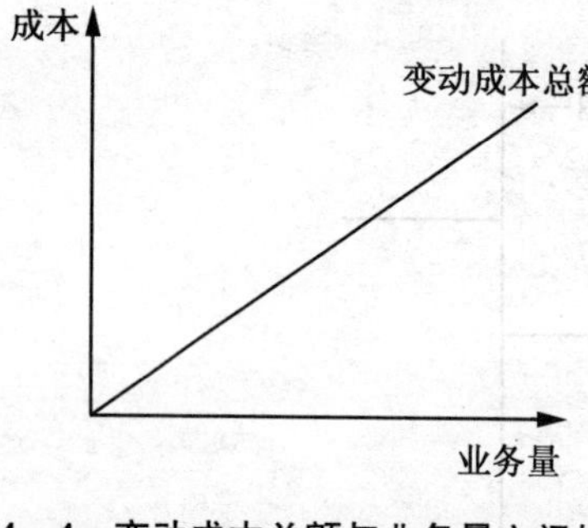

图 4－4　变动成本总额与业务量之间的关系

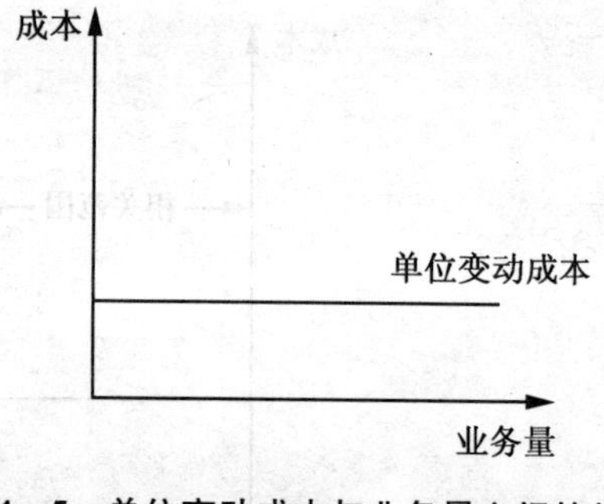

图 4－5　单位变动成本与业务量之间的关系

例 **4－3**　甲公司生产 A 产品，单位产品的变动成本为 60 元。当产量为 300 件时，变动成本总额为18 000元；当产量为 400 件时，变动成本总额为24 000元；当产量增加到 500 件时，变动成本总额为30 000元。然而，单位产品的变动成本仍保持 60 元不变。

变动成本的相关范围是指在一定范围内成本与业务量之间表现为线性关系，超过这一相关范围就可能表现为非线性关系。例如，当小批量生产某一产品时，由于处于产量增长的初级阶段，所花费的变动成本总额不一定与产量成正比，前者增长的幅度小于后者增长的幅度。当产量增长到一定范围时，变动成本与业务量之间呈现按正比例增长的趋势，此时呈完全的线性关系。如果产量继续增长超出这一范围，则可能出现一些新的不经济因素，使变动成本的增长幅度大于产量的增长幅度。变动成本的相关范围如图4－6所示。

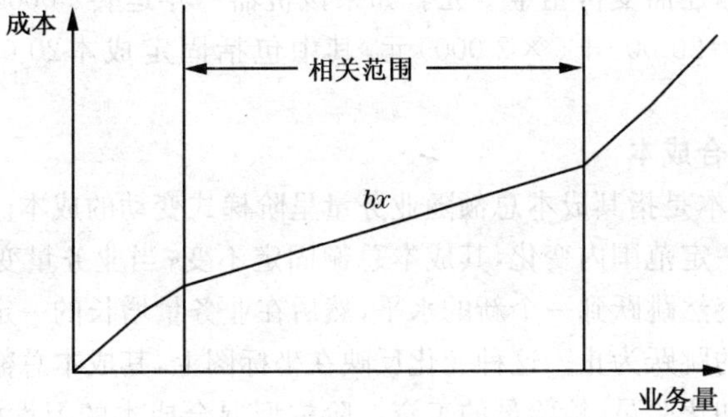

图4－6　变动成本的相关范围

三、混合成本

混合成本是指兼有变动成本和固定成本双重成本性态的成本。其基本特征是成本总额随业务量的变动而变动，但其变动幅度并不保持严格的比例关系，如直线型混合成本、阶梯型混合成本、延期型混合成本和曲线型混合成本等。

（一）直线型混合成本

直线型混合成本是指在一定初始基数的基础上随着业务量的变动而成正比例变动的成本。这类混合成本的特征是：通常以一定的初始量为基础，类似于固定成本；在这个基数上，随着业务量的增长，成本相应地成比例增长，又类似于变动成本。例如，电话费每月都有一个基本费用，然后，每打一次电话，收一次打电话的费用。再如，有些工人的工资分为两个部分：一部分为基本工资，一般保持不变，视同固定成本；另一部分是在基本工资的基础上，按每月完工数量增加，工资会随着产量的提高而上升的部分属于变动成本。直线型混合成本的习性模型如图4－7所示。

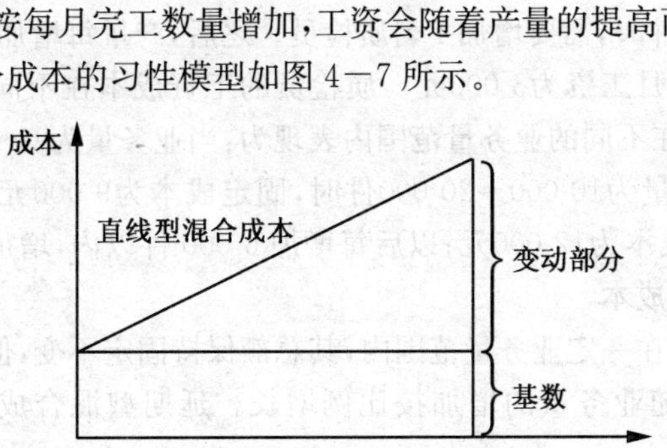

图4－7　直线型混合成本与业务量之间的关系

例 **4—4** 某公司租用一台专用设备,租约规定每月支付租金20 000元。另外,机器每运转 1 小时,还需支付租金 5 元。如果该机器一年运转2 000小时,其全年的租金总额为30 000(=20 000+5×2 000)元,其中包括固定成本20 000元和变动成本10 000元。

(二)阶梯型混合成本

阶梯型混合成本是指其成本总额随业务量呈阶梯式变动的成本。这类混合成本的特征是:业务量在一定范围内变化,其成本总额固定不变;当业务量变化超过一定限度时,其成本总额会突然跳跃到一个新的水平,然后在业务量增长的一定限度内又保持不变,直到另一个新的跳跃为止。这种变化反映在坐标图上,其成本总额随业务量总数的增长呈现阶梯状,如化验员、检验员的工资。阶梯型混合成本的习性模型如图 4—8 所示。

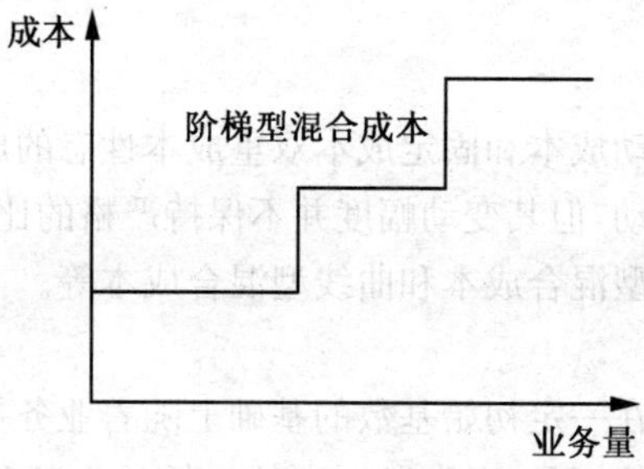

图 4—8 阶梯型混合成本与业务量之间的关系

例 **4—5** 某公司某产品的月产量在10 000件以内需要 2 名质检员,产量超过10 000件不到20 000件时,需要增加 1 名质检员。之后,产量每增加6 000件,相应增加 1 名质检员。质检员的月工资为3 000元。质检员的工资成本在不同的生产水平下将呈阶梯式上升,其成本在不同的业务量范围内表现为:当业务量为 0～10 000件时,固定成本为6 000元;当业务量为10 000～20 000件时,固定成本为9 000元;当业务量为20 000～26 000件时,固定成本为12 000元;以后每增加 6 000 件以内,增加固定成本3 000元。

(三)延期型混合成本

延期型混合成本在一定业务量范围内,其总额保持固定不变,但若突破该业务量的限度,其超额部分则随业务量的增加按比例增长。延期型混合成本的习性模型如图 4—9所示。

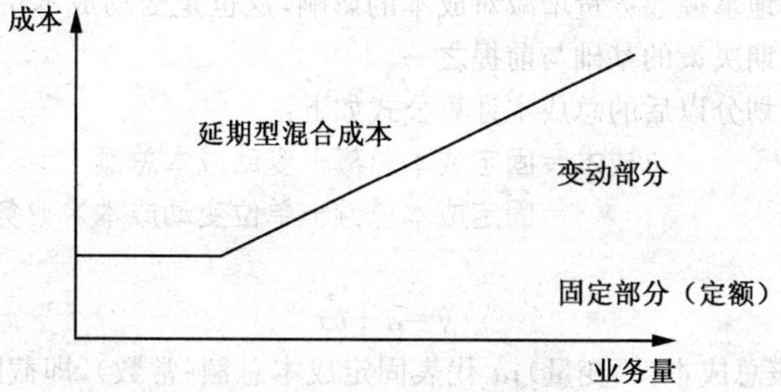

图 4—9　延期型混合成本与业务量之间的关系

例 4—6　某公司规定，在超定额计奖的工资制度下，职工在完成正常工作定额之前，只能取得基础工资；若超过定额，除了基础工资之外，还可取得按超产数额计算的超额工资和加班奖金等。

(四)曲线型混合成本

曲线型混合成本通常有一个初始量，一般固定不变，相当于固定成本；但在此基础上，成本总额会随着业务量的变动呈抛物线形变动。曲线型混合成本的习性模型如图 4—10 所示。

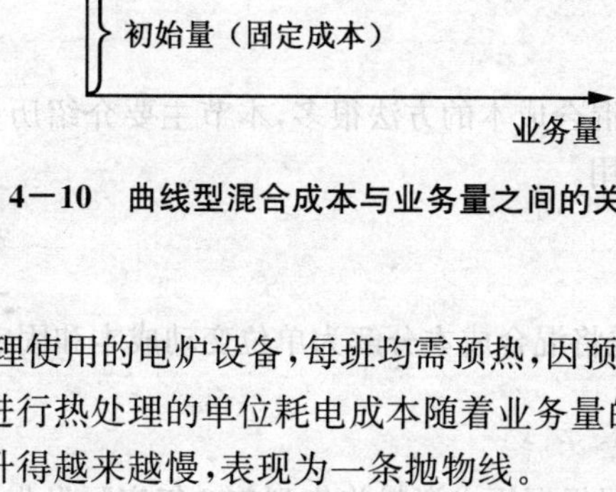

图 4—10　曲线型混合成本与业务量之间的关系

例 4—7　热处理使用的电炉设备，每班均需预热，因预热而耗用的成本属于固定成本性质，而预热后进行热处理的单位耗电成本随着业务量的增加逐步下降，总的耗电成本逐渐上升，但上升得越来越慢，表现为一条抛物线。

管理会计要求对混合成本进一步分解为固定成本和变动成本（详见本章第二节的

介绍），以便更好地掌握业务量增减对成本的影响，这也是变动成本法、本量利分析、编制弹性预算和短期决策的基础与前提之一。

按成本习性划分以后的总成本计算公式如下：

总成本＝固定成本总额＋变动成本总额

＝固定成本总额＋单位变动成本×业务量

即：

$$y=a+bx$$

其中，y 代表总成本（因变量）；a 代表固定成本总额（常数），即截距；b 代表单位变动成本，即直线的斜率；x 代表业务量（自变量）。这个单项成本动因下的总成本性态模型如图 4－11 所示，在规划和控制企业的经济活动过程中经常需要应用它来进行定量分析。

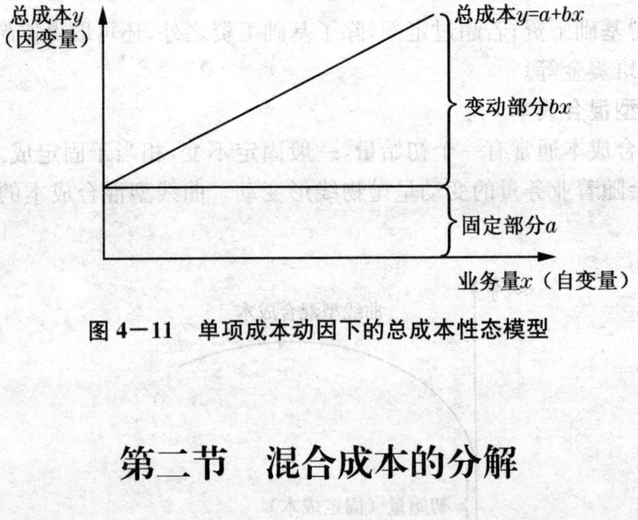

图 4－11　单项成本动因下的总成本性态模型

第二节　混合成本的分解

管理会计用以分解混合成本的方法很多，本节主要介绍历史成本法中的高低点法和回归直线法的具体应用。

一、高低点法

利用高低点法时，先将混合成本分解为单位变动成本和固定成本两个部分，然后推算出总成本。

例 4－8　丙公司根据历史资料收集到前 6 年实际发生的机器小时及维修成本数据如表 4－1 所示，要求预测 2014 年发生 180 万机器小时的维修成本。

表 4—1　**机器小时及维修成本**　金额单位:万元

年　份	机器小时(业务量)	维修成本(混合成本)
2008	120	100
2009	110	95
2010	100	90
2011	120	100
2012	130	105
2013	140	110
合　计	720	600

根据表 4—1 的数据,该企业业务量最高期和最低期的混合成本如表 4—2 所示。

表 4—2　**最高期和最低期的业务量及混合成本资料**　金额单位:万元

	机器小时	维修成本
最高期	140	110
最低期	100	90
差　额	40	20

根据表 4—2 的数据,可计算出单位变动成本和固定成本如下:

单位变动成本 $b=(110-90)\div(140-100)=0.5$(元/小时)

把处于高点的 2013 年数据代入 $a=y-bx$,得:

$a=110-140\times0.5=40$(万元)

也可以把低点的 2010 年数据代入 $a=y-bx$,得:

$a=90-100\times0.5=40$(万元)

根据上述数据,得出维修成本变动趋势的一般方程为:

$y=40+0.5x$

把预计 2014 年发生 180 万机器小时的数据代入上式可求出相应的维修成本 $y=40+0.5\times180=130$(万元)。

二、回归直线法

利用回归直线法,运用 $y=a+bx$ 的原理,可以在混合成本中分解出固定部分 a 和单位变动部分 b。

例 4—9 仍以例 4—8 的历史资料为例，说明回归直线法的具体应用方法。

(1)将表 4—1 中的历史资料按回归分析法的要求计算加工成表 4—3。

表 4—3　　回归分析法计算表

年份 n	机器小时(业务量) x_i	维修成本(混合成本) y_i	$x_i y_i$	x_i^2
1	120	100	12 000	14 400
2	110	95	10 450	12 100
3	100	90	9 000	10 000
4	120	100	12 000	14 400
5	130	105	13 650	16 900
6	140	110	15 400	19 600
$n=6$	$\sum x_i=720$	$\sum y_i=600$	$\sum x_i y_i=72\ 500$	$\sum x_i^2=87\ 400$

(2)按下列二元一次方程组求回归直线的截距(固定成本部分 a)和斜率(变动成本部分 b)。

$$\begin{cases}\sum y_i=na+b\sum x_i\\ \sum x_i y_i=a\sum x_i+b\sum x_i^2\end{cases}$$

将表 4—3 的数据代入上述方程组可以解得：

$$\begin{cases}a=40\\ b=0.5\end{cases}$$

(3)把 $a=40$、$b=0.5$ 代入 $y=a+bx$，可得反映维修成本变动趋势的一般方程：

$y=40+0.5x$

(4)把 180 万机器小时代入上式，可计算出 2014 年维修成本：

$y=40+0.5\times180=130$(万元)

此外，散布图法也是一种直观的图解估算方法，它是根据所分析的不同业务量条件下的成本资料，逐个绘入一张坐标图，然后按照这些总成本的大致变动趋势画一条使其尽量贴近上下两侧各点的成本直线，借以确定混合成本的固定部分与变动部分。

工程测定法是根据产品生产中投入与产出的关系，即各种材料、人工、制造费用的消耗与业务量之间的直接联系来合理地区分哪些耗费是变动成本、哪些耗费是固定成本。其特点是技术性要求较高，划分比较准确，但工作量较大。

账户分析法是根据财务成本核算中各成本项目的特点来分解混合成本的一种方

法，即将比较接近于变动成本的成本项目划分为变动成本，而将比较接近于固定成本的成本项目划分为固定成本。其特点是分解方法比较粗糙，但操作相对简单，且能较为清楚地反映变动成本和固定成本所包含的费用项目，便于比较分析，实用价值较高。

第三节　变动成本法原理

在不考虑其他因素的情况下，营业利润是单价、成本和销售量三个要素的函数。当单价和成本水平不变时，营业利润的变动趋势直接与销售量的变动趋势相联系。这一规律只有在变动成本法下才能得到充分体现。

变动成本法计算的基本原理是：产品成本只包括产品生产过程中所消耗的直接材料、直接人工和变动性制造费用，而把固定性制造费用作为当期的期间费用，全部列入利润表，从当期收入中直接扣除，这就是管理会计与财务会计的一个显著区别。

变动成本法起源于20世纪30年代的美国。第二次世界大战后广泛应用于美国、日本、西欧各国的企业内部管理中，成为企业进行经营决策和成本控制的有效方法。在运用这种方法计算产品生产成本和期末存货成本时，只包括直接材料、直接人工和变动制造费用，而将固定制造费用作为期间成本直接计入当期损益。由于变动成本法的产生，为了加以区别，人们就把传统的成本计算方法统称为完全（全部）成本法。企业编制的对外报表，目前还是应当采用完全成本计算法。所以，从目前来看，这两种方法并不能相互取代，而是同时使用。

管理会计在分解了混合成本、将各种成本都划分为变动成本和固定成本的基础上，就可以根据变动成本法的原理计算各种产品的变动成本。

例 **4—10**　A企业生产甲、乙两种产品，某月的有关数据如表4—4所示。

表4—4　　**A企业甲、乙两种产品的资料**　　单位：元

项　目	甲产品	乙产品	合　计
直接材料	20 400	14 000	34 400
直接人工	20 600	10 150	30 750
变动制造费用			18 450
固定制造费用			34 000
制造费用小计			52 450
销售费用			20 000

续表

项　目	甲产品	乙产品	合　计
管理费用			32 000
财务费用			16 000

假定直接人工都是计件的生产工资，不需要在甲、乙两种产品之间进行分配。变动制造费用按直接人工的比例进行分配，其分配情况如表 4－5 所示。

表 4－5　　变动制造费用分配表　　单位：元

产品名称	直接人工	分配率	分配额
甲产品	20 600		12 360
乙产品	10 150		6 090
合　计	30 750	0.6	18 450

假定甲、乙两种产品均无月初和月末在产品，根据上述资料即可计算两种产品的变动制造成本（如表 4－6 所示）。

表 4－6　　产品变动制造成本计算表　　单位：元

项　目	甲产品	乙产品	合　计
直接材料	20 400	14 000	34 400
直接人工	20 600	10 150	30 750
变动制造费用	12 360	6 090	18 450
产品变动制造成本	53 360	30 240	83 600

综上所述，变动成本法计算的基本原理可以概括为以下三个方面：

第一，变动成本构成了产品价值的直接基础。构成产品实体的直接材料、直接人工和变动性制造费用在创造产品价值的过程中是不可避免的，在产品完工之后不会再度发生，是真正用于产品的成本。

第二，固定制造费用只能作为期间费用从总收入中扣除。因为固定性的制造费用主要是为企业提供一定的生产经营条件而发生的，是一种生产能力成本。这些生产经营条件一经形成，不管其实际利用程度如何，有关费用照样发生，与产品的实际生产没有直接联系，一般不会随着产量的增减而增减。它只是与会计期间相联系，一旦期间结束，由该生产能力提供的利益也就结束了。因此，其不能计入存货成本，其效益不应当递延到下一个会计期间，而应当在费用发生的当期全额列作期间费用，从本期的销售收入中直接扣除。

第三，固定制造费用不计入成本后会影响当期利润总额。固定制造费用不计入产品成本而全部作为当期收入的减除项目，势必增加当期的费用，减少当期的利润。但从长远来看，因为固定制造费用不计入产品成本，虽然当期的费用要加大，但库存产品的成本会相应下降，当这些成本下降了的库存产品出售时，销售成本也会相应降低，利润就会相应增加，如果将各个会计期间通算起来，两种不同的成本计算方法确定的利润数额应当大体相等。

第四节 变动成本法的特点分析*

一、变动成本法与完全成本法的相关差异分析

（一）产品成本构成内容的差异分析

采用完全成本法计算的产品成本把直接材料、直接人工和制造费用，包括变动制造费用和固定制造费用全部包括在内。其理由是，固定制造费用也是生产过程必不可少的，也应计入产品成本。

采用变动成本法计算的产品成本仅由直接材料、直接人工和变动制造费用等变动成本组成，不包括固定制造费用。固定制造费用被视为期间费用，直接计入当期损益，不计入产品成本。

（二）存货估价的差异分析

采用完全成本法时，由于产品成本的计算包括变动成本和固定成本，因此，在产品、半成品和产成品等存货也按完全成本计价，既包括变动成本，也包括固定成本。

采用变动成本法时，由于产品成本的计算只包括变动成本，因此，上述存货也只按变动成本计价，不包括固定成本。

（三）盈亏计算的差异分析

采用完全成本法时，将营业收入减去按完全成本计算的营业成本后，算出毛利，再减去期间费用（销售费用、管理费用和财务费用），算出营业利润。

采用变动成本法时，将营业收入减去按变动成本计算的营业成本后，算出营业毛利，然后再减去变动的经营管理费用（即变动的销售费用、管理费用和财务费用），算出边际贡献，最后再减去全部固定成本（包括固定制造费用以及固定的销售费用、管理费用和财务费用），才算出营业利润。其中，计算边际贡献对于本量利分析和生产经营的预测和决策有着重要的意义。

(四)产销量不平衡时的差异分析

采用变动成本法时,由于产品成本只计算变动成本,固定成本不分别计入在产品、半成品、库存产成品和已销产品的成本,而直接计入当月损益,因此,算出的利润额与采用完全成本法时算出的当月利润额往往不一致。

例 4—11 B公司2014年1月、2月、3月的有关资料摘要如下:

(1)收入与成本的有关数据(单位:元):

单位产品销售价格	35.00
单位产品变动制造成本	14.60
月固定制造费用	92 000
单位销售产品变动经营管理费用	1.20
月固定经营管理费用	58 000

(2)产销情况记录(单位:件):

	1月	2月	3月
期初库存产成品	0	2 000	2 000
当月产成品产量	10 000	10 000	8 000
当月销售量	8 000	10 000	10 000
期末库存产成品	2 000	2 000	0

(3)单位产品的成本计算资料(单位:元):

变动成本法:			
单位变动制造成本	14.60	14.60	14.60
完全成本法:			
单位变动制造成本	14.60	14.60	14.60
单位固定制造成本	9.20	9.20	11.50
	23.80	23.80	26.10

在上述资料中:①变动经营管理费用均为销售费用;②固定经营管理费用均为管理费用和财务费用;③1月、2月的单位固定制造成本为9.20(=92 000÷10 000)元;④3月的单位固定制造成本为11.50(=92 000÷8 000)元。

根据上述资料,分别采用变动成本法和完全成本法计算营业利润(如表4—7和表4—8所示)。

表 4—7 完全成本法计算表 单位:元

项　目	1月	2月	3月	合　计
营业收入	280 000	350 000	350 000	980 000
营业成本				
期初库存产成品成本	0	47 600	47 600	95 200
本月生产产品成本	238 000	238 000	208 800	684 800
可供销售产品成本	238 000	285 600	256 400	780 000
期末库存产成品成本	47 600	47 600	0	95 200
营业成本	190 400	238 000	256 400	684 800
毛利	89 600	112 000	93 600	295 200
销售费用	9 600	12 000	12 000	33 600
管理费用、财务费用	58 000	58 000	58 000	174 000
营业利润	22 000	42 000	23 600	87 600

说明:

①营业收入＝当月销售量×单位产品销售价格

②期初库存产成品成本＝期初库存产成品×(单位变动制造成本＋单位固定制造成本)

＝期初库存产成品×单位变动制造成本＋期初产成品应当负担的固定成本

③本月生产产成品成本＝当月产成品产量×(单位变动制造成本＋单位固定制造成本)

④期末库存产成品成本＝期末库存产成品×(单位变动制造成本＋单位固定制造成本)

表 4—8 变动成本法计算表 单位:元

项　目	1月	2月	3月	合　计
营业收入	280 000	350 000	350 000	980 000
减:变动成本				
期初库存产成品成本	0	29 200	29 200	58 400
本期生产产品成本	146 000	146 000	116 800	408 800
可供销售产品成本	146 000	175 200	146 000	467 200
减:期末库存产成品成本	29 200	29 200	0	54 800
销售产品变动成本	116 800	146 000	146 000	408 800
营业毛利	163 200	204 000	204 000	571 200
减:变动经营管理费用	9 600	12 000	12 000	33 600
边际贡献	153 600	192 000	192 000	537 600

续表

项　目	1月	2月	3月	合　计
减:固定成本				
固定制造费用	92 000	92 000	92 000	276 000
固定经营管理费用	58 000	58 000	58 000	174 000
营业利润	3 600	42 000	42 000	87 600

说明:

①期初库存产成品成本＝期初库存产成品×单位变动制造成本

②本月生产产成品成本＝当月产成品产量×单位变动制造成本

③期末库存产成品成本＝期末库存产成品×单位变动制造成本

④营业毛利＝营业收入－销售产品变动成本

⑤边际贡献＝毛利－变动经营管理费用

⑥变动经营管理费用＝当月销售量×单位销售产品变动经营管理费用

通过表4－7和表4－8的计算分析可以看出,1月份产成品产量(10 000件)大于销量(8 000件),使期末库存产成品增加2 000件,在采用完全成本法时,由于产成品成本中包括固定制造费用,使期末库存产成品"吸收"了固定成本18 400(＝2 000×9.2)元,从而使该月的营业成本减少18 400元,使算出的营业利润比采用变动成本法时算出的营业利润增加18 400(＝22 000－3 600)元。

2月份产成品的产量与销量相等(均为10 000件),两种成本计算方法算出的营业利润也相等,都是42 000元。这是因为,在产销量相等的情况下,期初与期末的库存量也相等。采用完全成本法时,期初与期末库存产成品成本中所包括的固定成本互相抵消,对本期利润没有影响。

3月份产成品的销量(10 000件)超过产量(8 000件),使期末库存产成品减少2 000件。采用完全成本法时,由于期末减少的库存产成品所负担的固定制造费用18 400(＝2 000×9.2)元也计入本期营业成本中,使该月的营业成本增加18 400元,从而使算出的营业利润比采用变动成本法时算出的营业利润减少18 400(＝42 000－23 600)元。

以上分析表明:当产销不平衡时,两种成本计算方法算出的利润不同。产量大于销量时,完全成本法算出的利润大于变动成本法算出的利润;销量大于产量时,变动成本法算出的利润大于完全成本法算出的利润。但从较长的时期看,如果各期产销量时多时少,各期产销量的差额可以互相抵消,则两种方法算出的各期总利润可能相等或基本相等。例4－11所列3个月产销量的差额互相抵消(1月产大于销2 000件,期末库存增加2 000件;3月销大于产2 000件,期末库存减少2 000件),两种方法算出的3个月的利润总和还是87 600元。

二、变动成本法与完全成本法的优缺点比较

(一)在利润与产销量方面

采用变动成本法算出的利润的多少与销售量增减相关联,可以促使企业注重销售,根据市场需求以销定产,避免盲目增产。

采用完全成本法算出的利润的多少则更多的与生产量相联系,在生产量大、销售量不大的情况下,算出的利润仍较大,因而可能导致企业只重生产、不重销售,不根据市场需求以销定产,从而影响经济效益。

(二)在成本控制与业绩评价方面

采用变动成本法,把成本划分为变动成本和固定成本,可以针对这两种不同形态的成本分别采用不同的成本控制方法。对于随产量变动而变动的成本,可以根据产品的消耗定额进行控制;对于相对固定的成本,则应根据有关的费用计划进行控制。采用完全成本法,不分变动成本和固定成本,在成本控制方面有一定的局限性。

一般来说,变动成本的高低反映生产部门和其他业务部门的工作业绩,应由生产部门和其他业务部门负责;固定成本的高低反映管理部门的工作业绩,应由管理部门负责。因此,采用变动成本法还有利于各部门业绩的评价。完全成本法缺乏这样的功能。

(三)在产品定价、计税和对外报告方面

按照变动成本法算出的产品成本不完全,不能直接作为产品定价的依据;据此计算出的存货价值和会计损益也不符合对外报送财务会计报告的要求和所得税法对应税所得额的计算要求。而完全成本法比较符合这些要求。

变动成本法不能取代完全成本法。采用变动成本法计算产品成本的企业,可以利用财务会计信息,在财务会计账外进行计算。如果变动成本需要在账内计算的话,在月末计算营业利润和编制对外财务报表以前,必须将账面成本调整为完全成本。

(四)在决策分析方面

企业决策通常分为短期决策和长期决策。企业现有生产能力一经形成,在短期内难以变动。因此,与现有生产能力相联系的固定成本是不可避免的成本,成为一种与决策无关的成本,而变动成本却会受短期决策的影响。所以,短期生产经营决策通常借助于边际贡献进行,因为各种产品的边际贡献标志着各自的盈利能力,揭示了销售量、变动成本与盈亏之间的关系。假如某亏损产品的边际贡献大于零,其他因素不变,从变动成本决策的角度分析还是可以继续生产的。

对长期决策而言,因为企业的生产能力会发生增减变动,固定成本也会相应地发生变动,所以,长期决策应建立在补偿所有成本的基础之上。完全成本法所提供的会计信息直接有助于长期决策。

复习思考题

1. 成本费用为什么要按其成本习性进行分类？为什么要采用变动成本计算法？

2. 简述变动成本和固定成本的主要特征，并举例说明。

3. 简述混合成本的概念与特征。如何分解混合成本？

4. 变动成本法与完全成本法最根本的区别在哪里？

5. 为什么在产销平衡的情况下，即当本期生产量等于销售量时，采用变动成本法与完全成本法所确定的分期营业利润是相同的？

6. 为什么当本期生产量大于销售量时，按完全成本法所确定的营业利润会大于按变动成本法所确定的营业利润？

7. 举例并说明变动成本法与完全成本法各自的优点和缺点。

8. 怎样才能使变动成本法兼顾对外编制财务报表的需要？

业务练习题

练习一

A公司收集到前6年某产品实际发生的产量及成本资料如下表所示。经过市场调查与测算，2014年可生产700件该产品。

某产品产量及混合成本资料汇总

年　份	业务量(件)	混合成本(元)
2008	400	3 000
2009	200	2 000
2010	300	2 800
2011	500	4 000
2012	400	3 200
2013	600	4 400
合　计	2 400	19 400

要求：

(1)按照高低点法和回归分析法分别计算2014年生产700件产品的混合成本。

(2)分别说明高低点法和回归分析法各自的优缺点。

练习二

B公司为小型企业，只生产经营一种产品，2014年开始投产，预计当年的产量为500件，销售量为300件，期末存货量为200件，销售单价为100元/件。当年发生的有关成本资料如下表所示。

成本计算分析资料

单位：元

成本项目	直接材料	直接人工	制造费用	销售费用	管理费用	财务费用
变动成本	6 000	4 000	1 000	600	300	
固定成本			5 000	1 000	2 500	500
成本总额	6 000	4 000	6 000	1 600	2 800	500

要求：

(1)根据上述资料分别采用变动成本法和完全成本法计算产品成本、单位产品成本和期间成本总额。

(2)按照完全成本法计算期末存货成本、本期营业成本和营业利润。

(3)按照变动成本法计算期末存货成本、本期营业成本和营业利润。

(4)请编制两种成本法下的利润表(变动成本法使用贡献式利润表，完全成本法使用传统式利润表)，并予以对比说明。

(5)简要说明采用变动成本法和完全成本法的主要区别。

练习三

C公司组织多品种经营，对其中某一亏损产品是否继续生产产生了争议。该产品的变动成本率为80%，上年亏损了10 000元，其完全成本为110 000元。预测今年市场的销售、客户需求和成本水平均保持不变，且与该亏损产品有关的生产能力无法转移。

要求：对该亏损产品是否继续生产作出判断，并说明理由。

第五章 标准成本与成本管控

第一节 标准成本制度

一、标准成本制度的主要内容

标准成本制度是指以标准成本为核心，通过标准成本的制定、执行、核算、控制和差异分析等一系列有机结合的环节，将成本的核算、控制、分析和考核融为一体，以实现成本管理目的的一种成本管理制度，也称标准成本会计，适用于标准管理水平较高且产品的成本标准比较准确、稳定的企业。

标准成本是早期管理会计的主要内容之一。美国南北战争以后，不少工厂采用多种产品经营，但由于管理落后，劳动生产率较低。为了改进管理，一些工程技术人员和管理者进行了各种试验，努力把科学技术的最新成就应用于生产管理，以促进提高劳动生产率，并由此形成了一套标准成本制度。由于标准成本是指事先测定，以每单位产品为基础表述的在可达到的或可接受的业绩水平上的应有成本，也就是成本管理的目标值，因此，它是目标成本的一种，可作为控制成本开支、评价实际成本、衡量成本控制绩效的依据。

标准成本制度的主要内容包括：标准成本的制定、成本差异的计算和分析、成本差异的账务处理。其中，标准成本的制定是采用标准成本制度的前提和关键，据此可以达到成本事前控制的目的；成本差异的计算和分析是标准成本制度的重点，借此可以促使成本控制目标的实现，并据以进行业绩考评。标准成本制度是对成本进行计划和控制的行之有效的工具。

二、标准成本的含义与类别

(一)标准成本的含义

标准成本有两种含义。一种是指单位产品的标准成本,它是根据产品的标准消耗量和标准单价计算出来的,即:

单位产品标准成本＝单位产品标准消耗量×标准单价

另一种又被称为成本标准,是指实际产量的标准成本,它是根据实际产品产量和成本标准计算出来的,即:

标准成本＝实际产量×单位产品标准成本

(二)标准成本的类别

1. 基本标准成本

基本标准成本是以实施标准成本第一年或选定某一基本年度的实际成本作为标准成本,用以衡量以后各年度成本的高低,据以观察成本的升降趋势。基本标准成本一经制定,多年保持不变,它可以使各时期的成本以统一的标准为基础进行比较。但随着时间的推移,产品的生产技术和企业经营情况会发生变化,会使原有的基本标准日渐过时。

2. 理想标准成本

理想标准成本是以现有的技术、设备在最好的经营管理条件下所发生的成本水平作为标准成本。采用这种标准成本,意味着实际发生的成本应达到现有条件理想的最低限度,不允许任何浪费存在。理想标准成本一般难以达到。

3. 正常标准成本

正常标准成本是根据企业的正常生产能力,以有效的经营条件为基础而制定的标准成本。正常标准成本可以采用企业过去较长时期内实际数据的平均值并估计未来的变动趋势来制定。由于在制定这种标准成本时,把那些在现实条件下难以完全避免的超额耗费也计算在内,因此,这种标准成本的实现,对管理人员和工人来说,既不是轻而易举,也不是高不可攀,而是经过努力可以达到的,因而在成本管理工作中能充分发挥其应有的作用,在实际工作中被广泛应用。

第二节 标准成本的制定

制定标准成本是按生产成本中的直接材料、直接人工和制造费用三大部分分别进行的,其基本形式是以数量标准乘以价格标准求得。其中,数量标准主要由工程技术部门研究确定,价格标准由会计部门会同有关责任部门研究确定。当然,标准的制定应尽可能吸收负责执行标准的人员参与,使制定出来的标准成本尽可能符合实际,对实际具有指导和促进作用。

一、直接材料的标准成本

直接材料的标准成本是以标准数量(指耗用量)乘以标准价格得到各有关材料的标准成本。如果一种产品耗用多种材料,应分别为各种材料制定标准用量和标准价格。

直接材料的标准成本＝单位产品的材料标准用量×材料标准价格

确定直接材料的标准用量,一般由工艺部门在生产人员的协助下,通过分析测算,也可以采用现场测试的方式,即在受控制的条件下,向生产过程投入一定数量的材料来研究其结果。确定标准价格时,应当充分研究市场环境及其变化趋势、供应商的报价和最佳采购批量等因素。

二、直接人工的标准成本

产品耗用人工的成本由单位产品耗用的人工工时数乘以每小时工资率决定的。

直接人工的标准成本＝单位产品标准工时×标准小时工资率

确定标准工时需要考虑诸多影响人工的因素,如人的健康状况和疲劳状态、上下级之间的关系以及心理因素等,但主要是考察生产记录。过去的生产记录揭示了用于各种作业的工作小时,可以作为确定产品标准人工工时的基础。但应根据情况的变化,对历史记录中可能包含的无效和低效因素作必要的调整。

对动作与时间的研究也很重要。将工人的操作分解为最基本的动作要素,并通过改进操作方法尽可能消除一切不必要的动作因素,所得到的时间就是完成操作所需的必要时间,可以此作为整个操作的标准时间;再加上必不可少的追加时间,就得出生产产品所需的标准工时。

每小时人工工资率的确定首先取决于企业所采用的工资制度,是计件工资制还是固定工资制;同时,直接人工操作所需技能的差别也会影响每小时人工标准工资率,即同一项操作如需更高的技能才能完成,为该项操作制定的小时工资率也应相应提高。

三、制造费用的标准成本

制造费用是指产品生产过程中发生的除直接材料和直接人工以外的所有间接费用。由于其可区分为变动制造费用和固定制造费用,因此,其标准成本也要区分这两个方面来分别确定。

单位产品变动制造费用标准成本＝单位产品标准工时×每工时变动制造费用标准分配率

其中:

$$每工时变动制造费用标准分配率=\frac{变动制造费用预算总额}{直接人工标准总工时}$$

单位产品固定制造费用标准成本＝单位产品标准工时×每工时固定制造费用标准分配率

其中：

$$每工时固定制造费用标准分配率=\frac{固定制造费用预算总额}{直接人工标准总工时}$$

将上述三个方面的标准成本加以汇总，就可求得产品的标准成本。即：

产品标准成本＝直接材料标准成本＋直接人工标准成本＋制造费用标准成本

对于标准成本的汇总通常可用单位产品标准成本单(或计算表)予以反映。

例 **5－1**　B公司采用标准成本法进行成本管理与控制。该公司生产甲产品，其正常的生产能力为1 000件，标准工时为200小时，有关甲产品的单位产品标准资料如表5－1所示。

表5－1　　**单位产品标准成本单**

成本项目	标准数量	标准分配率	标准成本
直接材料	0.1千克	150元/千克	15元
直接人工	5小时	4元/小时	20元
变动费用	5小时	1.2元/小时	6元/件
固定费用	5小时	1元/小时	5元/件
单位产品标准成本			46元

第三节　标准成本差异分析

一、标准成本差异的构成内容

在标准成本制度下，对成本的事中控制是通过成本差异的计算和分析来进行的。在实际生产经营活动过程中，由于受市场供求变动、经营环境变化等客观因素和企业某些主观因素的影响，实际成本与标准成本往往会产生差异。这里所说的成本差异，是指实际成本与标准成本之间的差额，又称标准差异。

实际成本低于标准成本所形成的差异称为顺差，即为有利差异，表示成本节约，用负数表示。实际成本超过标准成本所形成的差异称为逆差，即为不利差异，表示成本超支，用正数表示。

成本包括直接材料、直接人工和制造费用三大部分，相应地，成本差异也包括直接材料成本差异、直接人工成本差异和制造费用差异三部分。制造费用差异还可进一步细分为变动制造费用差异和固定制造费用差异。

由于标准成本是根据标准用量和标准价格计算的，而实际成本是根据实际用量和实际价格计算的，成本差异总是由用量变动或价格变动所引起，因此，成本差异的一般模式可表述如图 5－1 所示。

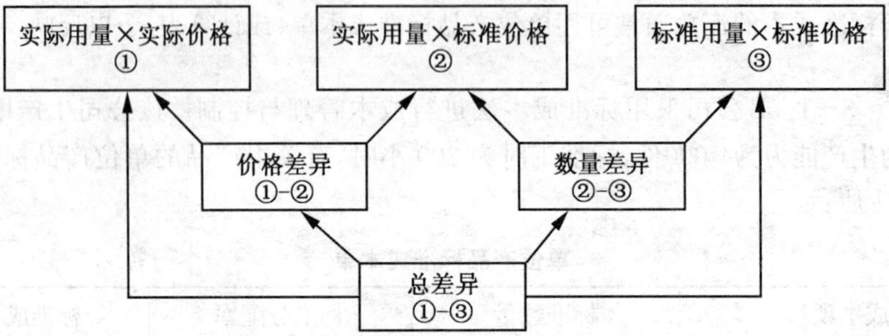

图 5－1 成本差异计算一览

二、直接材料成本差异的计算与分析

直接材料成本差异是指一定产量产品的直接材料实际成本与标准成本之间的差额。即：

直接材料成本差异＝直接材料实际成本－直接材料标准成本

＝实际价格×实际用量－标准价格×标准用量

其中：

标准用量＝实际产量×材料耗用量标准

由于直接材料成本是材料价格与材料用量之积，因此，直接材料成本差异是由材料价格差异和材料用量差异构成的。这两种差异的形成如图 5－2 所示。

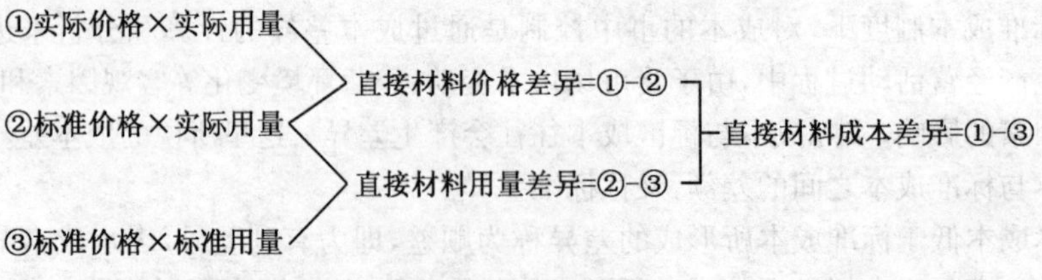

图 5－2 直接材料成本差异的构成

图 5－2 中的①就是直接材料的实际成本，③就是直接材料的标准成本。由图5－2可以导出直接材料成本差异分析的计算公式：

直接材料价格差异＝实际价格×实际用量－标准价格×实际用量
＝(实际价格－标准价格)×实际用量

直接材料用量差异＝标准价格×实际用量－标准价格×标准用量
＝标准价格×(实际用量－标准用量)

上述公式只揭示了一种材料成本差异。如果产品耗用多种材料，那么，就应该对每种材料进行成本差异分析，然后加总确定产品材料成本的数量差异和价格差异。

例 **5－2** B公司有关标准成本的资料参见例 5－1。本月实际生产甲产品 800 件，实际单位成本资料如下：

直接材料	0.11 千克×140 元/千克＝15.4(元)
直接人工	5.5 小时×3.9 元/小时＝21.45(元)
变动费用	4 000 元÷800 件＝5(元/件)
固定费用	5 000 元÷800 件＝6.25(元/件)
单位产品实际成本	15.4＋21.45＋5＋6.25＝48.10(元)

要求：分析计算各项成本的价格差异和数量差异，在验算各项成本差异正确性的基础上，简要分析各项成本差异产生的原因。

材料价格差异＝(800×0.11)×(140－150)＝－880(元)

材料数量差异＝(800×0.11－800×0.1)×150＝1 200(元)

直接材料成本差异＝(－880)＋1 200＝320(元)

验算：800×(15.4－15)＝320(元)

简要分析：由于材料实际价格低于标准价格，使材料成本下降 880 元，属于客观因素(有利因素)；由于材料实际单位用量高于标准单位用量，使材料成本上升1 200元，属于主观因素(不利因素)。两者相抵，直接材料成本净上升 320 元，为超支差异。

材料价格差异的产生可能存在以下几个方面的因素：(1)供应单位和供应价格的变化；(2)采购批量的变动；(3)运输方式和运输线路的变化；(4)替代材料的使用；(5)材料质量的变化；(6)紧急订货；等等。

材料数量差异的形成原因主要有以下几个方面：(1)产品设计和工艺的变更；(2)材料质量和规格的变化；(3)废、次品率的变动；(4)工人技术操作水平的升降和责任心强弱的变化；(5)加工设备完好程度的变化；(6)材料储存损失的变化；等等。

找出差异原因以后，要进一步落实责任归属。例如，材料的价格差异一般应由采购部门负责，但如果由于市场供求变动引起材料供应价格变动，会超出采购部门的控制范围。又如，由于生产上的临时需要而进行小批量采购或紧急采购，不能享受数量折扣或由陆运改为空运而引起价格的不利差异，也不应由采购部门负责，而应由造成这种临时需要的生产部门负责。再如，材料的数量差异一般应由负责控制用料的生产部门负责。但如因材料质量低劣而增加了废品，或因材料的规格不符合要求而大材小用等原因引起材料数量的不利差异，应由采购部门负责。所以，应划分责任归属，具体情况具体分析。

三、直接人工成本差异的计算与分析

直接人工成本差异是指一定产量产品的直接人工实际成本与标准成本之间的差额。其中：

直接人工标准＝标准工资率×标准工时

标准工时＝单位产品工时耗用标准×实际产量

直接人工成本是直接人工工资率与直接人工工时耗用量之积。因此，直接人工成本差异包括直接人工工资率差异和直接人工效率差异两个部分。直接人工工资率差异也称直接人工价格差异，与材料价格差异类似；直接人工效率差异也称直接人工用量差异，与材料用量差异类似，可用图 5－3表示。

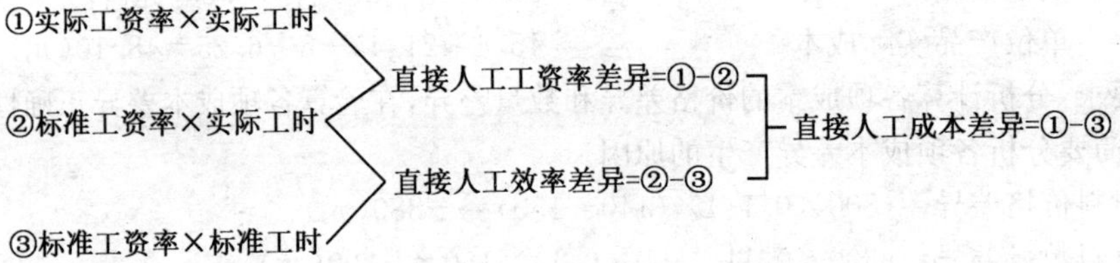

图 5－3　直接人工成本差异的构成

图 5－3 中的①就是直接人工的实际成本，③就是直接人工的标准成本。由图 5－3可以导出直接人工成本差异分析的计算公式：

直接人工工资率差异＝实际工资率×实际工时－标准工资率×实际工时
＝(实际工资率－标准工资率)×实际工时

直接人工效率差异＝标准工资率×实际工时－标准工资率×标准工时
＝标准工资率×(实际工时－标准工时)

直接人工成本差异＝实际工资－标准工资
＝直接人工工资率差异＋直接人工效率差异

例 5－3　承接例 5－1 和例 5－2，对 B 公司直接人工成本差异的分析如下：

工资率差异＝800×5.5×(3.9－4)＝－440(元)

人工效率差异＝(800×5.5－800×5)×4＝1 600(元)

直接人工成本差异＝(－440)＋1 600＝1 160(元)

验算:800×(21.45－20)＝1 160(元)

简要分析:由于实际工资率低于标准工资率,使直接人工成本下降440元;由于实际工时高于标准工时,使直接人工成本上升1 600元。两者相抵,直接人工成本净上升1 160元,为不利差异。

影响人工效率差异的因素具体有下列几个方面:(1)企业劳动组织和人员配备情况;(2)工人的技术熟练程度和责任感;(3)材料的质量、规格和供应的及时性;(4)动力供应情况;(5)工具配备情况;(6)机器设备的运转情况;等等。

影响工资率差异的原因主要有以下几个方面:(1)企业工资的调整或工资等级的变更;(2)奖金和津贴的变更;(3)对工人安排使用的变化;(4)工人的技术等级与工作要求的技术等级不符;等等。

根据差异产生的具体原因,最后应落实差异的责任归属。人工效率差异基本由生产部门负责,也可能有一部分由其他部门负责。工资率差异通常由负责安排工人工作的劳动人事部门或生产部门负责。

四、制造费用差异的计算与分析

(一)变动制造费用的差异分析

变动制造费用差异是指一定产量产品的实际变动制造费用与标准变动制造费用之间的差额。其中,标准变动制造费用等于标准分配率与标准工时之积。

由于变动制造费用等于变动制造费用分配率与直接人工工时(或机器工时)之积,因此,变动制造费用差异包括变动制造费用分配率差异(耗用差异)和变动制造费用效率差异两个部分。

变动制造费用分配率是指平均单位直接人工工时(或单位机器工时)应负担的变动制造费用。其差异分析情况如图5－4所示。

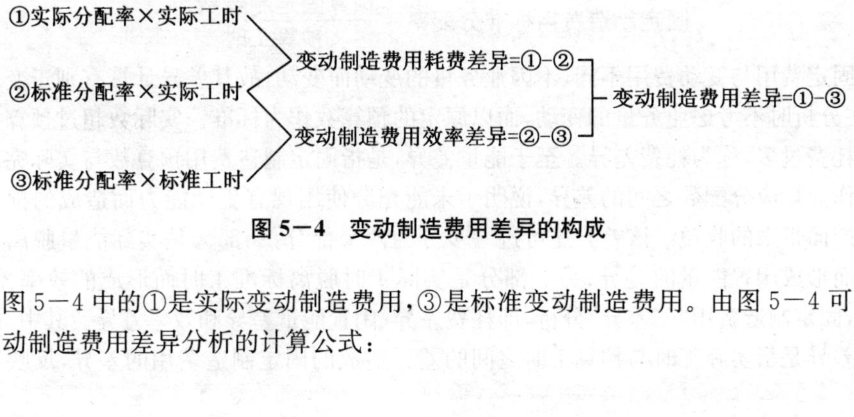

图5－4　变动制造费用差异的构成

图5－4中的①是实际变动制造费用,③是标准变动制造费用。由图5－4可以导出变动制造费用差异分析的计算公式:

变动制造费用耗费差异＝实际分配率×实际工时－标准分配率×实际工时
＝(实际分配率－标准分配率)×实际工时

变动制造费用效率差异＝标准分配率×实际工时－标准分配率×标准工时
＝标准分配率×(实际工时－标准工时)

例 5—4 承接例5－1和例5－2,对B公司变动制造费用的差异分析如下:

变动费用耗费差异＝800×5.5×[4 000÷(800×5.5)－6 000÷(1 000×5)]
＝－1 280(元)

变动费用效率差异＝(800×5.5－800×5)×1.2＝480(元)

变动制造费用差异＝(－1 280)＋480＝－800(元)

验算:800×(5－6)＝－800(元)

简要分析:由于变动费用实际分配率低于变动费用标准分配率,使变动制造费用下降1 280元;而实际工时高于标准工时,又使变动制造费用上升480元。两者相抵,变动制造费用净下降800元,为有利差异。

变动制造费用耗费差异(分配率差异)是为了完成实际产量或作业量而实际发生的变动制造费用与应耗费的变动制造费用之间的差额。该差异是部门经理的责任,他们有责任将变动制造费用控制在弹性预算的限额之内。

变动制造费用效率差异是为完成实际产量或作业量应分配的变动制造费用与已分配的变动制造费用之间的差额,是由于实际工时脱离了标准,多耗用工时导致的费用增加,其形成原因与直接人工效率差异相同。

(二)固定制造费用的差异分析

固定制造费用差异是指一定期间的实际固定制造费用与标准固定制造费用之间的差额。

$$\text{标准固定制造费用}=\text{固定制造费用标准分配率}\times\text{标准工时}$$

$$\text{固定制造费用标准分配率}=\frac{\text{预算固定制造费用}}{\text{预算工时}}$$

固定费用与变动费用不同,不因业务量的变动而变动,故其差异计算有别于变动费用,在分析时不考虑业务量的变动,而以原定的预算数作为标准。实际数超过预算数即视为耗费过多,称为耗费差异。至于能量差异,是指固定制造费用预算数与实际完成产量或作业量应分配数之间的差异,说明了未能充分使用现有生产能力而造成的损失或因超产而带来的收益。该差异还可进一步分为两个部分:一部分是实际能量脱离标准能量而形成闲置能量的差异;另一部分是实际工时脱离标准工时而形成的效率差异。所以,固定制造费用"三差异"分析,即耗费差异、闲置能量差异和效率差异。其中,闲置能量差异是指实际工时与预算工时之间的差异造成的固定制造费用的差异,反映了实际生产能力利用程度与预算规定的水平之间的差异。三种差异的形成如图5－5所示。

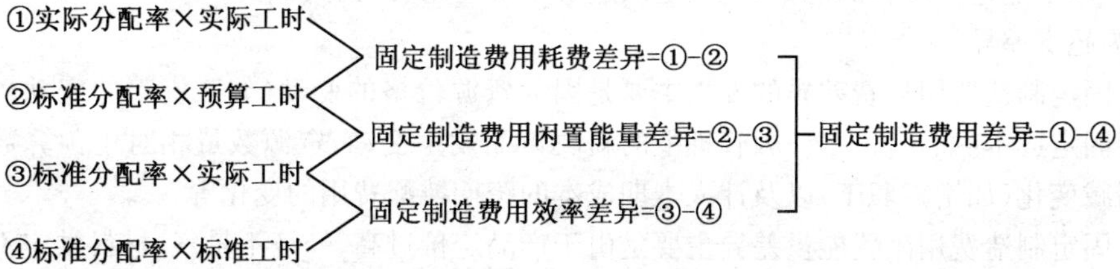

图5－5　固定制造费用差异的构成

图5－5中的①是实际固定制造费用，②是预算固定制造费用，④是标准固定制造费用。由图5－5可以导出固定制造费用差异分析所需的几个公式：

固定制造费用耗费差异＝实际分配率×实际工时－标准分配率×预算工时
＝实际固定制造费－预算固定制造费

固定制造费用闲置能量差异＝标准分配率×预算工时－标准分配率×实际工时
＝标准分配率×(预算工时－实际工时)
＝预算固定制造费用－标准分配率×实际工时

固定制造费用效率差异＝标准分配率×实际工时－标准分配×标准工时
＝标准分配率×(实际工时－标准工时)

固定制造费用差异＝耗费差异＋闲置能量差异＋效率差异

固定制造费用预算可以按各个生产部门分别编制，实际发生的固定制造费用应就各个生产部门分别记录，其差异分析也应就各个生产部门分别进行，然后将各部门的耗费差异、能量差异、效率差异分别加总进行分析比较。

例 **5－5**　承接例5－1和例5－2，对B公司固定制造费用差异的分析如下：

生产能量＝1 000×5＝5 000(工时)

固定制造费用实际数＝5 000(元)

实际产量标准工时＝800×5＝4 000(元)

固定费用标准分配率＝5 000÷5 000＝1(元/工时)

固定制造费用耗费差异＝5 000－1×5 000＝0

固定制造费用能量差异＝(5 000－800×5)×1＝1 000(元)

其中：闲置能量差异＝(5 000－800×5.5)×1＝600(元)

效率差异＝(800×5.5－800×5)×1＝400(元)

固定制造费用差异＝0＋1 000＝1 000(元)

验算：800×(6.25－5)＝1 000(元)

简要分析：由于实际固定制造费用与预算数相同，因此，未发生该项费用的耗费差异；但因未能达到应有的能量，使固定制造费用发生闲置，损失额为1 000（＝600＋400）元，为超支差异。

固定制造费用耗费差异的发生主要是因为资源价格的变动（如工资率的变动）、酌量性固定成本（如广告费等）因管理上的新决策而发生变动、资源数量相对于预算数量的增减变化（如增减职工）以及计入本期成本的跨期摊配费用的变化等。

固定制造费用闲置能量差异主要是由于产品定价过高、经济不景气、材料供应不足和停电等原因影响了产销量而造成的。

固定制造费用效率差异的原因与形成直接人工效率差异的原因基本相同。

差异是客观存在的。通过对直接材料差异、直接人工差异和制造费用差异的分析，经过汇总以后，可以揭示实际成本与材料成本不一致的具体原因，落实责任归属。

例 5－6 承接例 5－1 和例 5－2，对 B 公司全部成本差异资料汇总如下：

全部成本差异＝800×（48.10－46）＝1 680（元）

验算：320＋1 160＋（－800）＋1 000＝1 680（元）

管理人员不仅要计算、反映这些成本差异，而且要认真分析成本差异，找出差异形成的内在原因，为进一步控制成本支出提供有用信息，为降低成本指明方向。

五、标准成本差异的账户处理

标准成本制度下计算产品实际成本的关键是对于成本差异的处理。在标准成本制度下，材料、在产品、产成品的日常核算都是按标准成本计价，实际成本与标准成本的差额均应记入有关的差异账户。到了会计期末，各成本差异账户应结清。标准成本会计制度可按完全成本计算，也可按变动成本计算。

采用标准成本制度进行会计处理的特点如下：

第一，“生产成本”、“库存商品（产成品）”等账户的借方和贷方都按标准成本入账。“主营业务成本”账户的借方先按标准成本入账，本期各项成本差异则视其金额的大小分别采用分配法或直接法转入“主营业务成本”账户进行处理。

第二，为了反映和控制各项成本差异，应分别设置“材料价格差异”、“材料数量差异”、“直接人工工资率差异”、“直接人工效率差异”、“变动制造费用耗费差异”、“变动制造费用效率差异”、“固定制造费用耗费差异”、“固定制造费用闲置能量差异”和“固定制造费用效率差异”等账户。这些差异账户的借方登记不利差异，贷方登记有利差异。

第三，期末将各成本差异进行结转的方法有三种：（1）每月的成本差异按标准成本的比例在销售成本、产成品和在产品之间分摊；（2）每月将成本差异全部结转到销售成本中去，在利润表上作为“营业成本”的调整数，或作为其他收益或其他费用处理；（3）在成本差异不大的情况下，由于造成超支或节约的原因早已反馈给管理当局，因此，成本差异可以累积到年终时，再按比例分摊到销售成本、产成品和在产品成本，或全部结转到销售成本中去。

第四节　标准成本的应用价值*

一、标准成本的应用程序

在标准成本制度下，产品的成本核算与成本控制相结合，可按下列程序操作：

第一，按产品类别编制产品标准成本计算单。

第二，按产品类别设置产品成本明细账，并按标准成本登记。

第三，编制费用分配表，分别反映产品的标准成本和实际成本，分析各种差异。

第四，根据费用分配率，将标准成本记入成本明细账，计算并结转完工产品的标准成本。

第五，设置有关差异账户，将所计算的差异记入各该账户，通过差异的分配、结转后计算出产品的实际成本。

第六，进行成本差异汇总分析。管理人员一般应当对重大成本差异进行重点分析，寻求差异增减变动的原因，并落实管控措施。按照例外管理的原则，企业管理人员应突出重点，对不符合常规的关键性差异进行控制和管理，这样，既可解决成本管理中的关键问题，又可大大降低成本控制的耗费。

二、例外管理的考量

例外管理要求管理人员在经营管理过程中重点关注异常的、关键性的问题，这是日常成本控制的一项重要原则，也是成本效益原则和重要性原则在成本控制方面的体现。

(一)重要性

重要性标准要求根据实际成本偏离目标成本的金额大小确定是否属于重大差异。一般来说，只有金额大的差异才能作为“例外”加以关注。对于这个金额，重要性标准通常以差异占目标成本的百分比表示；或在此百分比之外，再用一个最低金额加以限制。例如，若以10%及最低金额5 000元作为重要性标准，那么，当成本差异占目标成本的10%以上或成本差异的绝对金额超过5 000元时，即可被视作“例外”。

(二)一贯性

有些成本差异虽未超过设定的重要性标准，但持续的时间较长，也应视作“例外”，需引起管理人员的警惕。因为这种“例外”产生的原因主要有两种：一是原目标成本制定得不合理，二是成本控制不严。对前者应及时修订目标成本，而对后者则应加强控制、迅速纠偏。

(三)特殊性

对于那些对企业的经营过程有重大影响的特殊成本项目，其差异不论是否符合重要性标准，均应视作“例外”，并需追根溯源，及时提出补救措施。

三、标准成本制度的主要作用

(一)有助于目标管理的施行

标准成本制度通过“标准”来控制成本，是目标成本控制常用的方法之一。通过实际成本与标准成本的比较，随时将其差异进行信息反馈，从而使有关部门及时采取措施，控制成本，力求使实际费用支出不超过成本目标，达到降低产品成本的目的。

(二)有助于责任会计的推行

采用标准成本制度要将目标成本的各项指标分解到各个成本中心，作为企业考核和评价各个成本中心工作质量的主要指标。通过对企业各项生产经营费用的控制和反映，提高广大职工的成本意识，分清各成本中心的责任，促使成本中心努力完成成本目标。

(三)有助于产品定价决策

标准成本反映产品的预计或期望成本，可作为定价依据，并有利于企业制定长期、稳定的价格政策。例如，依据企业的主客观条件，经过反复测算后，控制目标仍然无法达到的，应放弃该产品的生产，即所谓的“成本一票否决法”。

(四)有助于简化成本核算工作

由于标准成本在核算之前制定，核算过程中已经以金额清晰地将标准成本和成本差异分别列示，当某一产品完工时，只需对高于或低于标准的各项差异作出相应的处理，即可算出产品的实际成本。在日常账务处理中，原材料、在产品和产成品等均可按标准成本入账，大大简化了日常的账务处理工作。

运用管理会计编制的利润表的主要项目列示如图 5－6 所示。如果将标准成本与成本差异合二为一，则可便捷地将标准成本还原为实际成本。

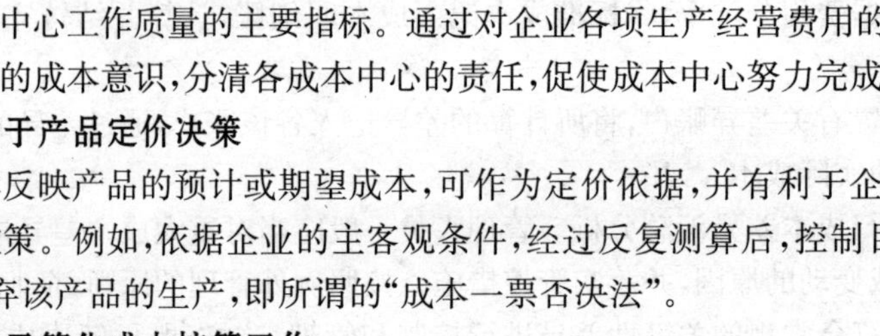

图 5－6　运用管理会计编制的利润表

综上所述，标准成本制度不仅是一种成本计算方法，而且是配合目标利润进行成本控制的一种制度。它要求在比较高的工作效率和比较良好的经营条件下，以预计应该发生的成本为基础，计算出标准成本，并根据产品的标准成本编制成本计划进行日常控制。标准成本制度作为目标成本管理的一种手段，可以与其他产品成本计算方法（如品种法、分批法和分步法）结合使用，也可以便捷地还原为实际成本，实际应用价值较大。

复习思考题

1. 什么叫标准成本？标准成本与实际成本有什么区别？
2. 简述基本标准成本、理想标准成本和正常标准成本的概念与区别。
3. 为什么说标准成本是成本控制业绩考评的依据？
4. 简述标准成本系统的内容与作用。
5. 简述引起直接材料、直接人工和制造费用产生差异的主要原因。
6. 如何进行固定制造费用“二差异”和“三差异”分析？
7. 为什么到了会计期末要对发生的各种成本差异进行账户处理？
8. 标准成本差异的直接处理法、分摊处理法和年末集中处理法之间有什么区别？

业务练习题

练习一

某公司某年度生产某产品的固定制造费用实际发生额为 21 000 元，预算数为 20 000元，生产能量为10 000小时，单位产品的实际工时为 8 小时、标准工时为 7 小时。已知该产品的固定制造费用差异为零。

要求：计算固定制造费用的耗费差异、效率差异和闲置能量差异。

练习二

某公司某月预计生产甲产品 480 件，每件产品需用 10 工时，制造费用预算为 14 400元（其中：变动制造费用预算为 9 600 元，固定制造费用预算为 4 800 元）。甲产品标准成本的资料如下：

甲产品标准成本卡

成本项目	标准分配率	标准用量	标准成本（元）
直接材料	0.60 元/千克	100 千克	60

续表

成本项目	标准分配率	标准用量	标准成本(元)
直接人工	4元/工时	10工时	40
变动制造费用	2元/工时	10工时	20
变动成本合计			120
固定制造费用	1元/工时	10工时	10
单位产品标准成本			130

本月投产甲产品500件，已全部完工入库，无期初在产品和产成品。本期销售400件，每件售价180元。本月购进材料两批，第一批为40 000千克，每千克成本为0.62元；第二批购进40 000千克，每千克成本为0.58元。全月领用材料52 000千克，采用加权平均法计价。本月实际耗用4 900工时，每小时平均工资率为4.20元。本月制造费用实际发生额为14 000元(其中：变动制造费用10 290元，固定制造费用3 710元)。

要求：

(1)计算上述产品的实际成本、标准成本和成本差异。

(2)具体分析各成本差异，并编制相关会计分录。

(3)汇总验算上述产品的实际成本、标准成本和成本差异。

(4)按照结转本期损益法将所有差异转入“主营业务成本”科目，编制标准成本差异汇总结转分录。

第六章 作业成本与作业管理

第一节　作业成本的基本原理

随着电子信息技术的飞速发展，高度自动化的先进制造企业能够及时满足客户多样化、小批量的商品需求，使传统采购与制造过程发生了深刻的变化，由此带来了管理观念和管理技术的巨大变革，原来为传统采购、制造及企业决策服务的产品成本计量与控制的会计理论和方法发生了相应变革。

本章所述作业成本法，包括作业成本计算（Activity-based Costing，ABC）和作业成本管理（Activity-based Management，ABM），是西方国家于 20 世纪 80 年代末开始研究、90 年代以来在先进制造企业首先应用起来的一种全新的管理理论和方法。

一、作业成本法对原先的成本假设提出了质疑

传统的成本计算法以产品作为成本分配的对象，把单位产品耗用某种资源（如工时）占当期该类资源消耗总额的比例假设为对所有间接费用进行分配的比例，还假定直接成本的比例较高；但在先进制造环境下，许多人工已被机器取代，直接人工成本的比例大幅下降，固定制造费用的比例却在上升。产品成本结构如此重大的变化已经使得传统的“数量基础成本计算”（如以工时、产量为基础的成本分摊方法）难以正确反映产品的消耗，难以为企业决策和控制提供有用的会计信息。

传统的管理会计假设业务量与成本相关，把成本习性划分为变动成本和固定成本，并且建立了 $y=a+bx$ 模型；但这种成本的划分和模型的相关性是立足于短期经营、业务量无显著变化的前提之上的。20 世纪 70 年代以后，企业要应对多变的市场风险，强调长远的可持续发展，突出了战略管理，企业管理部门对持续经营的要求日益增加，而

从长期经营的角度来看，绝大部分成本可能都是变动的，从而突破了模型 $y=a+bx$ 的业务量假定。随着高科技的发展，以计算机为主导的智能化、自动化日益普遍；同时，网络经济、信息经济和知识经济导致直接人工和直接材料等直接成本的投入比例大大降低，许多企业的间接成本占绝大部分，这导致模型 $y=a+bx$ 即使在短期内和一定业务量的范围内也可能失去相关性。

二、作业成本核算的基本理论依据

作业成本核算的理论依据是：成本分配的对象应该是作业，分配的依据应该是作业的耗用数量，即对每种作业都单独计算其分配率，从而把该作业的成本分配到每种产品。

作业成本法是这样描述生产过程的：生产导致作业的发生，产品耗用作业，作用耗用资源，从而导致成本的发生，最终产生如图 6－1 所示的作业成本核算的两阶段模型。

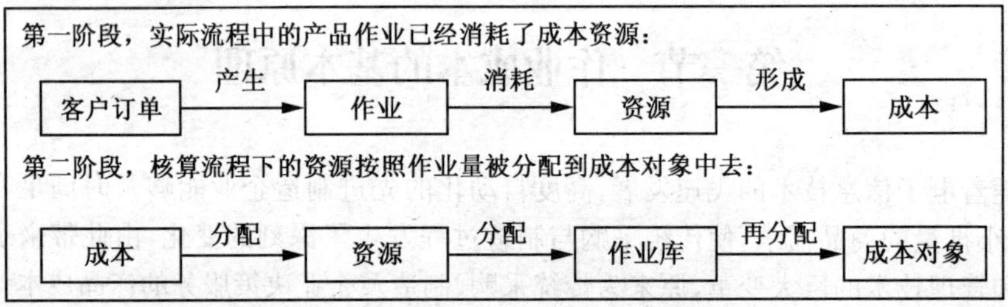

图 6－1　作业成本核算的两阶段模型

作业成本核算以作业为中心。作业是从产品设计开始，经过物料供应、生产工艺流程的各个环节、质量检验、总装，到发运、销售的全过程。通过对作业及作业成本的确认和计量，最终计算出相对真实的产品成本。同时，通过对所有与产品相关联的作业活动的追踪分析，为尽可能消除“不增值作业”、改进“增值作业”、优化作业链和价值链、增加顾客价值提供有用的信息，促使损失或浪费减少到最低限度，最终达到提高企业的市场竞争能力和盈利能力、增加企业价值的目的。

为此，作业成本核算要求追踪产品形成和成本积累的过程，对成本形成的“前因后果”进行追本溯源。从“前因”上讲，由于成本由作业引起，对成本的分析应该是对价值链的分析，而价值链贯穿于企业经营的所有环节，因此，成本分析首先从市场需求和产品设计环节开始；从“后果”上讲，要搞清作业的完成实际耗费了多少资源，这些资源是如何实现价值转移的，最终向客户（即市场）转移了多少价值、收取了多少价值，成本分析才算结束。由此出发，作业成本计算法使成本的研究更加深入，成本信息更加详细化、更具有可控性。

三、作业成本法改进了对间接费用的分配方法

作业成本法先汇集各个作业中心消耗的各种资源，再将各作业中心的成本按各自的作业动因单独计算其分配率，然后把该作业的成本分配到每一种产品。传统成本计算法则按照单位（如车间）汇集本单位发生的费用，而后按照产量（或工时、人工工资）等确定分配率（一直按照一种方式确定分配率，但每月分配率可能会不同），最后按照分配率将制造费用（间接费用）分配到各种产品。

两种不同成本计算方法对于间接制造费用分配的对比情况如图 6－2 所示。

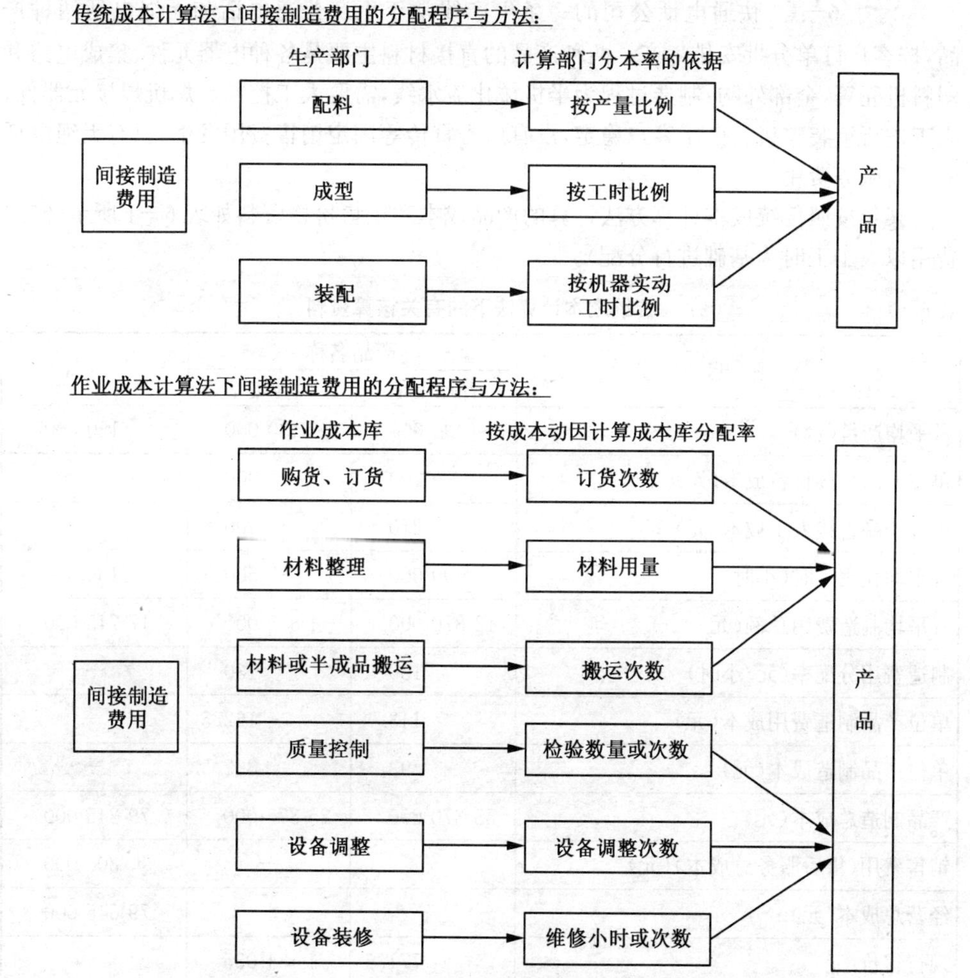

图 6－2　两种成本核算法下间接制造费用分配程序的比较

由传统的以数量为基础的成本计算发展到以作业为基础的成本计算，是成本管理会计发展的大趋势。因为面对间接费用在产品总成本中的比重日趋增大、产品品种日趋多样化和小批量生产的市场需要，继续采用早期成本会计控制大批量生产条件下产品成本的方法，用在产品成本中占有越来越小比重的直接人工去分配占有越来越大比重的制造费用、分配越来越多与工时不相关的作业费用(如质量检测、试验、物料搬运、调整准备等)，以及忽略批量不同的产品实际耗费的差异等，必将导致产品成本信息的严重失真，从而引起经营决策的失误等。

例 6—1　快通电话公司的一条生产线常年生产普通电话和无绳电话两种产品，按客户订单分批安排生产。两种产品的直接材料主要是各种电器元件、集成电路和塑料机壳等，全部外购；制造过程为半机械化流水线，需要人工控制点焊机焊接元器件，人工进行组装整机。由于客户稳定，没有广告宣传等固定销售费用发生，只有无绳电话的售后服务费用。

某年按照传统成本计算方法计算的产品成本和销售价格资料如表 6—1 所示(制造费用以人工工时为基础进行分配)。

表 6—1　　传统成本计算法下的有关核算资料

项　目	产品名称		合　计
	普通电话	无绳电话	
月平均产量(台)	90 000	30 000	120 000
单位产品直接材料成本(元)	200	300	—
单位产品直接人工成本(元)	250	400	—
月平均耗用工时(小时)	99 000	37 500	136 500
月平均制造费用总额(元)	12 870 000	4 875 000	17 745 000
制造费用分配率(元/小时)	130	130	—
单位产品制造费用成本(元)	143	162.5	—
单位产品制造成本(元)	593	862.5	—
产品制造总成本(元)	53 370 000	25 875 000	79 245 000
销售费用(售后服务总成本)(元)	—	—	300 000
经营总成本(元)	—	—	79 545 000
现行售价(元)	771.6	1 035	—

为了运用作业成本法进行分析，所收集的相关资料如表6－2和表6－3所示。

表6－2 作业成本相关资料

作业名称	作业成本库成本(元)
机器焊接	3 174 000
设备调整	4 500 000
发放材料	2 400 000
质量抽检	3 600 000
生产工艺和测试程序工程	4 071 000
售后服务	300 000
合 计	18 045 000

表6－3 作业成本动因相关资料

项 目	产品名称		合 计
	普通电话	无绳电话	
月平均产量(台)	90 000	30 000	—
月平均耗用机器焊接设备工时(小时)	45 000	24 000	69 000
月平均生产批次(次)	10	20	30
每批产品投产前的设备调整(次)	10	20	30
每批产品完工质量抽检(次)	10	20	30
工程成本分摊(%)	40	60	100
售后服务费用分摊(%)		100	100

要求：分别按传统成本计算法和作业成本计算法计算比较两种产品的单位毛利大小，并说明产生差别的主要原因。

1. 按传统成本计算法计算的结果显示，无绳电话毛利高(如表6－4所示)

表6－4 两种产品在传统成本法下的盈利分析

	普通电话	无绳电话
单价(元)	711.6	1 035
单位制造成本(元)	593	862.5
单位毛利(元)	118.6	172.5

2. 按作业成本法计算

(1)计算各项作业成本的分配率,并分配作业成本。

①焊接作业:

$$机器焊接作业成本分配率=\frac{该作业成本库成本}{月平均耗用机器工时}=\frac{3\ 174\ 000}{69\ 000}=46(元/小时)$$

普通电话应分配成本=46×45 000=2 070 000(元)

无绳电话应分配成本=46×24 000=1 104 000(元)

②设备调整作业:

$$设备调整作业成本分配率=\frac{该作业成本库成本}{设备调整次数}=\frac{4\ 500\ 000}{30}=150\ 000(元/次)$$

普通电话应分配成本=150 000×10=1 500 000(元)

无绳电话应分配成本=150 000×20=3 000 000(元)

③发放材料作业:

$$发放材料作业成本分配率=\frac{该作业成本库成本}{发放材料次数}=\frac{2\ 400\ 000}{30}=80\ 000(元/次)$$

普通电话应分配成本=80 000×10=800 000(元)

无绳电话应分配成本=80 000×20=1 600 000(元)

④质量抽检作业:

$$质量抽检作业成本分配率=\frac{该作业成本库成本}{质量抽检次数}=\frac{3\ 600\ 000}{30}=120\ 000(元/次)$$

普通电话应分配成本=120 000×10=1 200 000(元)

无绳电话应分配成本=120 000×20=2 400 000(元)

⑤工程作业:

普通电话应分配成本=4 071 000×40%=1 628 400(元)

无绳电话应分配成本=4 071 000×60%=2 442 600(元)

⑥售后服务作业:

普通电话应分配成本=0(元)

无绳电话应分配成本=300 000(元)

(2)计算产品直接材料和直接人工成本。

①直接材料成本:

普通电话=200×90 000=18 000 000(元)

无绳电话=300×30 000=9 000 000(元)

②直接人工成本:

普通电话=250×90 000=22 500 000(元)

无绳电话＝400×30 000＝12 000 000(元)

(3)编制作业成本计算表(如表 6—5 所示)。

表 6—5　　　　　　　　　　　　　　作业成本计算表

产品名称	产量(台)	直接材料成本(元)	直接人工成本(元)	作业成本(元)						成本合计(元)	单位成本(元)
				机器焊接	设备调整	发放材料	质量抽检	工程作业	售后服务		
普通电话	90 000	18 000 000	22 500 000	2 070 000	1 500 000	800 000	1 200 000	1 628 400	0	47 698 400	529.98
无绳电话	30 000	9 000 000	12 000 000	1 104 000	3 000 000	1 600 000	2 400 000	2 442 600	300 000	31 846 600	1 061.55
合计		27 000 000	34 500 000	3 174 000	4 500 000	2 400 000	3 600 000	4 071 000	300 000	79 545 000	

分析表 6—5 可知，普通电话的单位经营成本为 529.98 元/台，无绳电话的单位经营成本为1 061.55元/台。

3. 结论

在作业成本法下，普通电话的单位盈利大，无绳电话是亏损的(如表 6—6 所示)。

表 6—6　　　　　　　两种产品在作业成本法下的盈利分析

项　目	普通电话	无绳电话
单价(元)	711.6	1 035
单位制造成本(元)	529.98	1 061.55
单位毛利(元)	181.62	—26.55

同一种产品的单位成本在作业成本法下和传统成本法下计算出来的结果常有差异，甚至相差悬殊，原因主要在于两种方法对间接费用的分配不同。传统成本法把每单位产品耗用的某一项成本标准(如产品耗用的工时占总工时的比率)当成对所有费用进行分配的比例。而事实上，产品分别耗用各种费用所占各种费用总额的比例绝不是仅仅用工时比例这样的单一指标所能代表的。例如，生产工时或机器工时耗用较多的产品，其耗用的产品质量检验费用就一定多吗？显然未必，因为检验费用的多少与生产时间的长短没有直接的正比例关系。又如，某产品的工时耗用比重大，也许是由于劳动密集型产业中许多工人在较短的时间内共同在车间劳动造成的，而不是占用车间的绝对时间很多，也就不应该分摊较多的厂房折旧费用。所以，传统成本法下按照单一的工时等标准分配间接费用的做法显得草率，必然造成有些产品成本虚增、有些虚减，不符合“谁受益，谁负担；多受益，多负担”的公平配比原则和信息相关性原则，容易导致成本信息失真。

作业成本分配不是直接考虑产品成本或工时成本，而是首先确定间接费用分配的合理基础——作业，然后找出成本动因，具有相同性质的成本动因组成若干个成本库，一个成本库所汇集的成本可以按其具有代表性的成本动因来进行间接费用的分配，使之归属于各个相关产品，然后再计算出每种作业的分配率，根据每种产品消耗的某项作业量乘以相应的分配率，得出这种产品消耗的该项作业成本，再把这种产品消耗的各项作业成本加总，就是这种产品的作业总成本。

作业成本法与传统成本计算相比，不仅分配基础（成本动因）发生了量变，而且发生了质变，它不再仅限于传统成本计算所采用的单一数量分配基准，而是采用多元分配基准；它也不停留于多元分配基准，而且集财务变量与非财务变量于一体，特别强调非财务变量（产品的零部件数量、调整准备次数、运输距离和质量检测时间等）。这种量变和质变、财务变量和非财务变量相结合的分配基础，由于加强了其与产品实际消耗费用的相关性，使作业成本可以提供“相对准确”的产品成本信息。

第二节 作业成本的核算步骤

传统的成本计算一般以企业所生产的各种产品为成本计算对象，或以某一步骤（分步法）或某一批订单（分批法）为成本计算对象，从而满足提供企业财务状况和经营成果的会计信息的需要。

作业成本法实际上也不是一种完全独立于传统成本计算方法（如以产量为分配基础的品种法、分批法和分步法等）的成本计算方法，而是对传统成本计算方法的改进，使传统的成本计算方法更加科学。在教学过程中，对两种方法可以分别介绍，但实际核算时却需要将两者有机融合起来加以改造。

例 **6—2** 新潮服装有限责任公司（以下简称“新潮服装”）按逐步结转分步法进行产品成本计算，其生产分为以下三个步骤：

第一步是备料，包括对各种布匹的整理和选配等。

第二步为缝纫，包括裁剪、机器缝纫、手工锁扣眼、手工钉扣和检验等。

第三步为包装，包括熨烫、配号和包装等。

新潮服装生产夹克和西服两种产品，为了进一步改进夹克和西服的成本核算，决定实行作业成本法。有关作业成本核算的基本步骤如下：

一、确定成本对象，选择主要作业

无论采用什么方法计算成本都必须首先明确成本计算对象。作业成本法认为，企业的经营活动是由一系列作业活动组成，作业消耗资源，产品消耗作业，所以，不仅产品是成本的计算对象，而且资源、作业、作业中心和制造中心等都可能是成本计算对象，从而拓宽了成本计算对象的范围，使成本信息不仅满足反映企业财务状况和经营成果的需要，而且满足成本控制、成本分析和制定战略决策的要求。

本例以新潮服装第二生产步骤——缝纫车间加工的两种产品作为成本对象。

一个企业或一种产品或一个生产步骤的作业很多，需要对每项作业在进行分析的基础上，查明影响成本真实性的关键性作业，并将有着相同产品成本动因的作业归为一类，作为一个作业中心，其所发生的资源耗费构成一个成本集合或成本库。

作业成本的计算程序与确认关键性作业密切相关。经过分析，缝纫车间可以归纳出 6 项关键性作业，即样板制作、生产准备、机器缝纫、手工钉扣和锁眼、检验、车间管理，并将每一项关键性作业作为一个作业中心。

二、设置核算科目，将成本归集分配到作业成本中

按照作业成本的核算要求设置会计科目，既要根据作业中心设置作业账户，考虑作业成本的归集、分配和分析，又要考虑财务报表所需的成本资料，以便编制对外报送的报表。以新潮服装缝纫车间为例，应在“生产成本”科目下，以夹克和西服作为成本计算对象设置成本计算单，并按直接材料、直接人工和作业成本设置专栏。

作业成本法要求在分析作业和成本动因的基础上，建立作业中心（成本库），按照图 6—3 的核算流程进行具体操作。

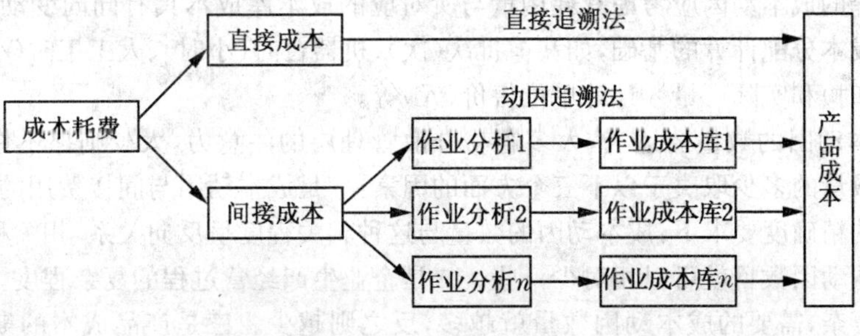

图 6—3　作业成本法的基本核算流程

在将资源分配到各作业中心时，如果某资源能分清是哪一作业所耗，则可将该资源直接分配到该作业中心，如直接材料和直接人工；如果某资源由几个作业中心共同耗费，不能分清是哪一作业所耗，则须采用一定的资源动因，将该资源在共同耗费该资源的作业中心之间进行分配。

根据该服装企业产品的特点，经过分析确定以生产夹克使用的布料及辅助材料（包括纽扣、商标等）作为直接材料成本，以生产西服使用的面料、衬里及其他辅助材料（包

括纽扣、商标等)作为直接材料成本,除此之外的其他成本作为间接成本。

图 6－3 还表明,在作业成本法下,直接成本采用直接追溯法直接计入产品成本对象中,无需进行分配。其他的作为间接成本,采用动因追溯法进行分配计算。

作业成本法还要求用“作业成本”科目取代“制造费用”科目,在该科目下按照作业成本库设置“样板制作”、“生产准备”、“机器缝纫”、“手工钉扣和锁眼”、“检验”和“车间管理”等明细科目,并开设有关费用专栏。例如,“作业成本——缝纫车间”的明细账资料如表 6－7 所示。

表 6－7　　作业成本——缝纫车间明细账

××年×月

单位:元

项　目	直接人工成本	折旧费	动力费	缝纫费	机物料消耗	合　计
……	……	……	……	……	……	……
发生额合计	120 000	328 000	95 000	3 500	2 500	549 000
本月转出	120 000	328 000	95 000	3 500	2 500	549 000
本月结余	0	0	0	0	0	0

三、选择成本动因,计算各成本库分配率

选择的成本动因应考虑其耗用量与所对应的成本库成本具有同向变动性,这是进行作业成本分配计算的基础,如裁剪批次(次)、机器台时(小时)、人工工时(小时)、检验时间(小时)和实际产量×预计单位售价(元)等。

成本动因的数量要适当,太多容易分散管理层的注意力,太少则抓不住问题的实质。其数量的多少取决于以下三个方面的因素:一是成本动因与间接费用的相关程度。在一定的精确度要求下,成本动因的数量与这种相关程度呈反向关系,相关程度高则所需的成本动因数目就可以相对少一些。二是企业生产经营过程的复杂程度。生产经营过程越复杂,需要的成本动因数量就越多,反之则越少。三是产品成本的期望精确程度。期望的精确程度越高,需要的信息来源就越多,从而需要的成本动因的数量也就越多。

在归集作业成本和确定成本动因的分配基础以后,就可以计算出实际作业成本分配率(间接成本动因率),然后用实际作业成本分配率乘以产品或批次耗用的作业量(成本动因量),即得该产品或批次所分得的该项间接成本。其计算公式如下:

$$\text{实际作业成本分配率}=\frac{\text{当期实际发生的作业成本}}{\text{当期实际作业产出}}$$

$$\text{某产品耗用的作业成本}=\sum(\text{该产品耗用的作业量}\times\text{实际作业成本分配率})$$

四、根据成本分配率把各成本库中归集的费用分配给相关产品

新潮服装按实际作业成本和实际分配基础计算实际作业成本分配率，并以实际分配率来分配作业成本，编制作业成本分配表如表 6－8 所示。

表 6－8 作业成本分配表 单位：元

项目		作业 1	作业 2	作业 3	作业 4	作业 5	作业 6	合计
本期作业成本发生额		160 000	396 000	549 000	281 600	149 600	274 800	1 811 000
分配基础	产品型号(型号数)	8						
	生产准备数(次)		11					
	机器工时(小时)			4 500				
	人工工时(小时)				14 080			
	检验时间(小时)					176		
	实际产量×预计单价						4 580 000	
分配率		20 000	36 000	122	20	850	0.06	
西服耗用作业动因		3	3	2 800	8 000	94	3 180 000	
夹克耗用作业动因		5	8	1 700	6 080	82	1 400 000	
西服应分配作业成本		60 000	108 000	341 600	160 000	79 900	190 800	940 300
夹克应分配作业成本		100 000	288 000	207 400	121 600	69 700	84 000	870 700

表 6－8 是以实际作业成本和实际分配为基础计算实际成本分配率的。在实务中，还可以选择预算成本分配率进行各项作业成本的分配。某一作业成本的预算成本分配率可根据该作业中心的预算成本和预计的分配基础计算求得。用预算成本分配率乘以实际发生的作业量(分配基础)计算应分配的各个成本对象的作业成本。

如果采用预算分配率分配作业成本，会计期末需按实际发生的作业成本减去按预算成本分配率分配的作业成本之间的差额，除以按预算分配率分配的作业成本，求出一个调整率。用这个调整率将按预算分配率分配给各产品的成本调整为实际成本。调整时，可以通过编制"已分配作业成本调整表"来进行。

假定新潮服装按照预算分配率编制缝纫车间已分配作业成本调整表并计算各项作业调整率如表 6－9 所示。

表 6－9 已分配作业成本调整表

××年×月 单位：元

项目	作业 1	作业 2	作业 3	作业 4	作业 5	作业 6	合计
本期作业成本发生额	160 000	396 000	549 000	281 600	149 600	274 800	1 811 000

续表

项目		作业1	作业2	作业3	作业4	作业5	作业6	合计
分配基础	产品型号(型号数)	8						
	生产准备数(次)		11					
	机器工时(小时)			4 500				
	人工工时(小时)				14 080			
	检验时间(小时)					176		
	实际产量×预计单价						4 580 000	
预算分配率		20 000	36 000	120	20	840	0.06	
西服耗用作业量		3	3	2 800	8 000	94	3 180 000	
夹克耗用作业量		5	8	1 700	6 080	82	1 400 000	
西服应分配作业成本		60 000	108 000	336 000	160 000	78 960	190 800	933 760
夹克应分配作业成本		100 000	288 000	204 000	121 600	68 880	84 000	866 480
已分配作业成本合计		160 000	396 000	540 000	281 600	147 840	274 800	1 800 240
作业分配调整率				0.016 7		0.011 9		
西服作业分配调整额				5 600		940		6 540
夹克作业分配调整额				3 400		820		4 220
作业分配调整额合计				9 000		1 760		10 760
调整后西服作业成本		60 000	108 000	341 600	160 000	79 900	190 800	940 300
调整后夹克作业成本		100 000	288 000	207 400	121 600	69 700	84 000	870 700

说明：$\text{作业分配调整率}=\dfrac{\text{本期实际发生成本}-\text{本期已分配成本}}{\text{本期已分配成本}}$

五、计算产品成本

某产品当期发生的成本＝当期投入该产品的直接成本＋该产品当期耗用的各项作业成本

新潮服装根据作业成本分配表等资料将各产品发生的直接生产成本和各成本库中的作业成本分别汇总，即得出产品总成本或单位成本。其中，编制西服的成本计算单如表6—10所示。

表6—10　　　　成本计算单

产品：西服　　　　××年×月　　　　单位：元

项目	产量(件)	直接成本	作业成本	合计
期初在产品成本		239 000	112 700	351 700

续表

项　目	产量(件)	直接成本	作业成本	合　计
本月生产成本		1 036 000	940 300	1 976 300
合计		1 275 000	1 053 000	2 328 000
完工产成品	1 200	1 020 000	936 000	1 956 000
单位产品成本		850	780	1 630
月末在产品成本	300	255 000	117 000	372 000

第三节　作业成本的管理要点

作业成本法由于是以作业作为分配间接费用的基础,引导管理人员将注意力集中在成本动因上,而不仅仅关注成本计算结果本身,通过对作业成本的计算和有效控制,可以较好地克服传统制造成本法中间接费用责任不清的缺点,并且使以往一些不可控的间接费用在作业成本法系统中变为可控。所以,作业成本法不仅仅是一种成本计算方法,而且是一种成本控制和企业管理手段。

作业成本核算与作业管理在流程之间的二维模型及其相互关系如图 6—4 所示。

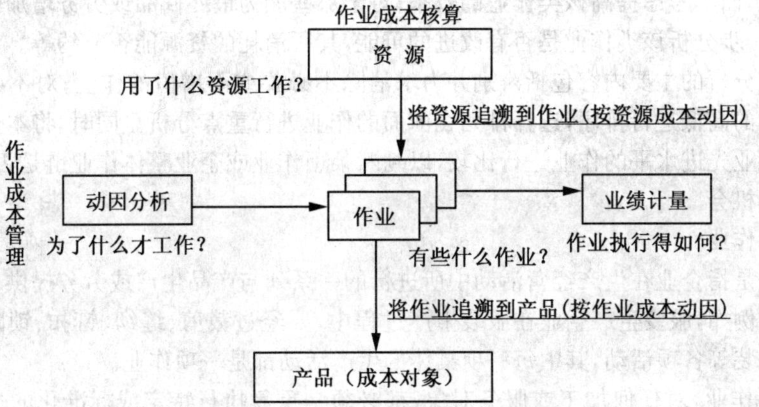

图 6—4　作业成本核算与管理模型

图 6—4 的纵轴表示成本计算过程,它反映成本计算的两个阶段,即将资源追溯到作业,再将作业追溯到产品,这一过程提供了资源、作业和产品(成本对象)的成本信息。

这一过程所提供的信息可用于成本战略及战术性分析，支持定价及产品生产决策等。

图 6—4 的横轴表示作业成本管理过程，反映的是作业产生的原因，即为什么执行该项作业、执行的是什么作业以及作业执行的结果如何（对作业的评价）等方面的情况。这一过程重在作业管理，包括动因分析、作业执行与改善以及对作业执行结果的考核等。通过作业管理使价值链得到优化，最终实现降低成本、提高客户价值、增加企业盈利的目标。

作业成本管理是基于作业成本核算的管理方法，它通常包括作业分析、成本动因分析、价值链分析和业绩分析评价等要点（步骤），并按次序组织衔接、循环进行。作业成本管理通过对作业的分析和成本的计量，开展价值链分析，指导企业有效执行作业，有助于降低成本和提高效率。

一、作业分析

作业分析是作业成本管理的基础与核心。

作业成本理论认为，成本并不是无缘无故产生的，有许多不同的因素导致了成本的产生；但并不是所有作业每天都要执行或具有相同执行频率，一些作业与产品产量直接相关，一些作业在产品产量达到一定值时才需执行，还有一些作业与生产批量有关而与产量无关等。

要实现作业成本法的基本思想，就必须借助于作业分析。要进行作业分析，成本分配就不能仅限于“产品”这一层次，而应深入每一作业。要降低成本，首要的是消除不必要的作业，而不考虑提高该类作业的效率；对于那些能为最终商品或劳务增加价值的作业，要进一步分析该类作业是否有改进的可能，其所消耗的资源能否节约等。

作业分析的主要内容包括辨别并力求消除不必要或不增值的作业；对不必要的作业按成本的高低进行排序，选择排列在前面的作业进行重点分析。同时，将本企业的作业与同行业先进水平的作业进行比较，以判断某项作业或企业整体作业链是否有效，寻求改善的机会。

（一）作业

作业是指企业在生产经营活动中所进行的一系列与产品生产或劳务提供有关的具体活动。例如，服装生产企业在服装生产过程中，要经过裁剪、缝纫、钉扣、锁眼、熨烫、检验和包装等各项活动，其中每一项具体的生产活动都是一项作业。

一项作业，对任何加工或服务对象，都必须是重复执行特定或标准化的过程和方法。例如，服装生产中的缝纫作业，无论加工的是西服、衬衣还是夹克，都同样使用缝纫机、耗用缝纫线和其他机物料等，将裁片（经过裁剪的布料）缝制在一起。

一项作业，可能是一项非常具体的活动，是某一部门各项活动中的一项，如缝纫；也可能是泛指一类活动，甚至是整个部门或过程的代名词，如有时可以把缝纫车间的活动称作一项作业——缝纫作业或者生产作业(相对于研发、设计和售后服务等来说)。

作业是组织按照一套既定的程序重复进行的活动。一些作业每生产一件或一批产品就要执行一次,还有一些作业只需在产品投放市场之前执行。有些作业的执行可能与产品无关。作业可能与客户有关,可能与设备有关,还可能与其他一些因素有关。例如,传统成本分摊方法会忽略成本发生的时间,这种忽略是导致其歪曲产品成本的主要原因之一。

作业的分类方法很多,根据作业所完成的职能可分为后勤作业、协调作业、平衡作业、质量作业和变化作业等。按照作业的执行方式和性质可分为重复作业和不重复作业、主要作业和次要作业、必须作业和酌量作业等。按照作业的受益对象还可分为单位作业、批别作业、产品作业和支持作业。其中,单位作业是使单位产品受益的作业,作业的成本与产品的数量成正比,常见的作业如生产准备、加工零件、产品检验等;批别作业是使一批产品受益的作业,作业的成本与产品的批次数量成正比,常见的如设备调试、生产准备等;产品作业是使某种产品的每个单位都受益的作业,如零件数控代码编制、产品工艺设计作业等;支持作业是为维持企业的正常生产而使所有产品都受益的作业,作业的成本与产品的数量无相关关系,如厂房维修、行政管理等。通常认为,前三项以外的其他作业均是支持作业。

(二)作业链

作业链由相互联系的一系列作业活动所组成。现代企业实际上是一个为了最终满足顾客需要而设计的一系列作业活动的组合,从产品设计到产品销售的整个生产经营过程都是由一系列前后有序的作业构成,这些作业由此及彼、由内到外相互连接,就形成了一条作业链。企业通过这条作业链,逐步使它的产品或劳务具有有用性。这条作业链的主要内容包括产品的研究与开发、设计、生产、推销、配送和售后服务等职能。每一项作业的完成都需要消耗一定的资源,同时又有一定的产出和价值量转移到下一项作业。

企业的流程是一组作业。将作业按一定顺序整合成业务流程,可以为企业提供一个检查和降低成本的平台。善于检查业务流程的公司经常能发现一些可以省去的生产环节,通过合并或删减作业以达到降低成本的目的。时间也是有价值的,研究作业的执行顺序可能使企业找到提高产出速度的方法,从而减少占地空间、利息以及存货的持有成本等。

(三)作业成本

作业的执行是有成本的。作业成本法强调了成本产生的根本原因。成本随执行作业数量的增多而增加,随其减少而降低。一些作业的执行成本很高,而另外一些则很低。有时候,生产一种产品的方法有多种,如果公司删除了一项非增值作业,就能通过重新配置用于执行该项作业的资源来减少成本。分析为满足顾客需要而执行的作业将大大提高定价决策正确的可能性，降低定价偏低的可能性。

作业成本法要求按作业进行成本分配，先将资源成本分摊到作业，再将作业成本分摊到产品成本对象。或者说，成本对象要求执行相关作业，而执行这些作业需要消耗相关资源。

二、成本动因分析

最明显的成本动因是那些消耗资源的作业，所以，成本应当与相应的作业匹配。分析成本动因，通过识别各种不增值作业、高成本和无效工序等，力求摆脱无效或低效的成本动因，同时指出企业应采取什么方法来控制这些因素，以尽力寻求在不提高售价的前提下获得更多利润的新方法。

成本动因理论的关键是要确认产生作业的动因，并使产出与投入之间建立因果关系。在计算产品成本时，作业成本法将着眼点从传统的“产品”转移到“作业”上，因而作业成本法应用于成本计算的基本流程为：以作业为核算对象，首先根据资源动因将资源费用分配到作业，再由作业动因追踪到产品，最终得出产品成本。

每项成本费用的发生都有动因，因为每个企业都有作业。例如，内勤、运营、外勤、营销和服务等是每个企业组织的主要作业，而基础设施建设、人力资源管理、技术开发和采购等是每个企业组织的支持作业。

成本动因包括资源动因和作业动因。作业成本法重点研究的是作业动因，它是将作业成本分配到产品中的分配基础。作业动因有三种不同的表现形式：

1. 执行性成本动因

执行性成本动因一般以执行的次数来体现，如材料采购的批次、设备的调整次数等。为生产某种产品而进行的原材料采购越频繁，该种产品应承担的采购费用就越多；为生产某种产品而进行的设备调整次数越多，该产品应承担的设备调整人工成本和机物料消耗等成本就越多。

2. 时间性成本动因

时间性成本动因一般是以使用时间来体现的。例如，产品加工使用设备的时间越长，应承担的设备台时成本（设备折旧、操作工人的薪酬、动力成本等）就越多。

3. 实际成本动因

实际成本动因以实际消耗资源的多少来体现。例如，某种产品消耗材料的数量或重量越多，应分配给该种产品的材料采购费用就越多。

成本动因还可以分为单一动因和复合动因。单一动因是指以成本动因作为分配基础时，使用单一的数量、次数或者时间等指标。复合动因是指以成本动因作为分配基础时，使用两种或两种以上的数量指标，如按人工工时乘以小时工资、设备工时乘以人工工时、产品售价乘以产量、数量乘以体积、数量乘以重量等。

一个企业在整个生产经营过程中可能涉及几十项甚至上百项作业。因此,需要对每项作业进行分析,查明影响成本真实性的关键性作业,并将有着相同产品成本动因的作业归为一类,把它们发生的成本归集在一起,以便能够以相同的成本分配基础将这一类成本分配到各种产品的成本中去。每一类作业称为一个作业中心,每一类作业所发生的资源耗费称为一个成本集合或成本库。

三、价值链分析

每一个企业都是在设计、供应、生产和销售等生产过程中进行各种活动的集合体,这些互不相同但又相互关联的生产经营活动构成了一个创造价值的动态过程,即价值链。价值链有三个含义:第一,企业各项活动之间有密切联系,如原材料供应的计划性、及时性和协调性与企业的生产制造密切相关;第二,每项活动都能给企业带来有形或无形的价值,如售后服务,如果企业密切注意顾客所需或做好售后服务,则可以提高企业的信誉,从而带来无形价值;第三,价值链包括企业内外部的各项活动。内部价值链分析要求关注生产之前和之后的作业,以找出它们之间的内在联系;外部价值链分析即与供应商和顾客之间的关系分析。供应商不仅生产企业用于价值链的一种产品或服务,而且在其他方面影响着企业,如供应商发货频繁可以降低企业的库存需求。顾客也有其价值链,如订货量少、事先不确定的顾客的成本比订货量大、事先确定的顾客的成本要高等。

企业与企业之间的竞争不只是某个环节的竞争,而是整个价值链的竞争。整个价值链的综合竞争力决定了企业的竞争力。价值链的视角重点是流程而不是部门。“管理会计师追踪每一类价值链产生的成本。他们的目标是减少每一类成本,提高效率。”[①]能够产生和增加顾客价值的作业是需要加强的有效作业,对于不增加价值的维持作业或无效作业需要严格控制。当然,无效作业并不等于无用作业。例如,修复残次品和管理活动等都可能不增加价值,但却是维持企业正常运营的有用作业。

作业成本法将成本看做“增值作业”和“不增值作业”的函数,并以“顾客价值”作为衡量增值与否的最高标准。一方面要将顾客的需求与企业的作业发生、资源消耗和成本形成等联系起来,另一方面要通过顾客价值将企业的收入与顾客的需求联系起来,从而有利于从作业的角度权衡成本和顾客价值,保证企业的经营决策与企业价值最大化目标一致。

价值链需要不断优化组合。例如,努力减少各环节的无效作业,使之逼近于零;在各环节的有效作业中,提高其产出比例;等等。优化价值链组合更需要进行科学的分析。分析价值链应该体现市场营销意识,尤其在买方市场中,要从顾客着手,分析顾客

① 查尔斯·T.亨格瑞等著:《成本与管理会计》(第13版),中国人民大学出版社2012年版。

支付的价格与其受益的比例、与竞争对手产品的比较，逐步延伸到厂商的内部价值链组合情况。控制价值链应该从产品设计环节开始，尽力改善价值链的组合，提高其投入产出比例。

进行作业分析与价值链分析以后，至少要达到以下目的：

（一）区分增值作业和非增值作业，尽力消除非增值成本

增值作业是能增加顾客价值的作业。企业生产的目的是为用户提供产品和服务，同时获得利润。因而增值作业是指那些有必要保留在企业中的作业，应尽量使增值作业达到最优效率。增值作业一般应同时满足以下三个条件：(1)该作业将带来状态的改变；(2)状态的变化不能由先前的作业来完成；(3)该作业使其他作业得以执行。

非增值作业不能创造顾客价值，是无效的作业，是不必要的。不能满足前述三个条件的任何一个，就可以断定它是非增值作业。

非增值作业可能存在于任何地方或环节。例如，在制造环节中，下列作业可能被认为是浪费的或非必要的，因为这些作业不一定能为顾客增加价值：(1)调度，一种耗费时间和资源来决定何时生产各种产品（或何时进行生产准备，需做多少次生产准备）及生产多少的作业；(2)搬运，一种耗费时间和资源将原材料、在产品和产成品从一个部门搬到另一个部门的作业；(3)待工，一种原材料或在产品在等待下一个工序时耗费时间和资源的作业；(4)检验，一种耗费时间和资源来确保产品符合规定标准的作业；(5)仓储，一种在产品或原材料处于存货形态时耗费时间和资源的作业。

要实现消除或减少非增值作业，就要计量增值成本和非增值成本。增值成本是一个组织应发生的唯一成本。非增值作业的成本可通过比较实际作业成本和增值作业成本而得，可以反映无效作业（作业低效率）的水平及改善的潜力。

确认和计算增值成本和非增值成本的关键是确认每个作业的产出计量。一旦确认了作业产出计量，就可以界定每种作业的增值标准量(SQ)。将增值标准量乘以每单位作业产出计量的标准价格(SP)就可以得到增值成本。非增值成本可由实际作业产出耗用量(AQ)与增值水平的差额乘以标准单位成本得出。其计算公式如下：

$$\text{增值成本} = SQ \times SP$$

$$\text{非增值成本} = (AQ - SQ) \times SP$$

作业成本管理通过对作业及作业成本的确认和计量，最终计算出产品成本，同时对企业所有作业活动进行追踪（动因分析）并动态反映，指导企业有效地执行必要的作业，消除和精简不能创造价值的作业，从而达到降低成本、提高效率的目的。所以，作业成本管理的核心是尽可能消除不增值作业，改进增值作业，并通过优化作业链和价值链，提高高效增值作业，最终增加顾客价值和企业价值。

作业成本法确实可以提供创造价值的信息。为了提高企业的经济效益，管理者总希望能从成本动因中找出增值作业和不增值作业，从而从价值链中消除不增值活动而不增加过多的成本。这种利用分析作业成本动因从而能够减少或消除非增值活动的过程,被称为是尽力寻找在不提高售价前提下获取更多利润的新方法,即作业成本管理。

(二)降低成本是作业分析后持续改善的目标

不断的竞争要求企业尽可能降低成本。而作业分析旨在找出成本节约的关键点。作业成本管理可以通过作业消除、作业选择、作业减低和作业分享等措施来降低成本,提高效益。

1. 作业消除

作业消除主要是针对非增值作业而言。一旦断定某些作业是非增值的,就必须采取措施予以消除。例如,检验外购零件作业看起来是必要的,它确保使用合格的零件生产产品,但只有当供应商的产品质量较差时,该作业才是必要的。选择能够提供高质量零件的供应商,或选择愿改善质量控制以提供高质量零件的供应商将会消除企业外购零件检验作业,成本节约随之实现。

2. 作业选择

作业选择是指在由相互竞争的策略决定的不同作业组之间作出选择。不同的策略产生不同的作业。例如,不同的产品设计策略可能需要截然不同的作业,作业又会引起成本。每一产品设计策略都有相应的一组作业及相关成本。在其他条件相同的情况下,应选择成本最低的设计策略。作业选择对成本节约有重大的影响。

3. 作业减低

作业减低是指降低作业所需的时间和资源。这种成本节约方法主要用于改善必要作业的效率,或作为短期策略以改善非增值作业直至能够将其消除。

4. 作业分享

作业分享是通过达到经济规模来提高必要作业的效率,即在不增加作业本身总成本的情况下增加该成本动因的数量,于是,成本动因的单位成本降低,耗用作业的产品的可追溯成本也随之降低。例如,设计新产品时尽可能考虑利用其他产品的现有元件。通过使用现有元件,企业就可避免创建一组全新的作业,因为与这些元件相关的作业已经存在。

通过资源分享来降低成本是切实可行的方法。资源可以分为共用资源和非共用资源两类。对于共用资源,产品的成本与分摊资源费用的产品数量有关,分享这类资源的产品数量越多,分摊到单位产品中的成本就越低。例如,固定资产就是典型的共用资源,还有产品的研究开发费用、资源的采购费用、资讯的传播费用、建立和使用销售渠道的费用、交易费用、市场开发费用和经验的共用等。增加使用这些共用资源的规模和频率,可以降低产品成本。

(三)进行作业流程再造

作业流程再造是企业内部流程作业成本管理的目的。作业流程再造可以通过剔除非增值作业、作业重组、作业改进和作业共享等途径实现。

改进内部流程的第一步是将每一项作业划分为增值作业和非增值作业，确定如何将非增值作业减至最少。从顾客的视角来看，增值作业会增加产品或服务的价值，非增值作业不会增加产品或服务的价值。由于非增值作业既消耗时间，又消耗资源，因此，持续改进和流程再造的目标就是寻找非增值作业并将其减至最少。

报告某一时期的增值和非增值成本可以使作业管理更有效。对浪费数量的清楚了解将有助于管理人员寻找缩减、选择、分享和消除作业的途径以节约成本。报告这些成本还有助于管理人员改善计划、预算的编制及定价决策。例如，如果管理人员认为非增值成本的节约潜力可以消除降价的影响，那么，为与竞争对手的价格相适应，降价就是可行的。

四、业绩分析评价

作业成本法是一个以作业为基础的信息管理系统，它以作业为中心，作业的划分从产品设计开始，经过物料供应、工艺流程的各个环节，到总装、质检、发运等全过程，通过对作业及作业成本的确认和计量，最终计算出相对准确的产品成本。同时，经过对所有与产品相关联作业的跟踪，为消除不增值作业、优化作业链和价值链、增加需求者价值提供有用信息，有助于促进最大限度的节约和增加企业的价值。

作业成本法注重过程管理，对业绩考核不局限于经济业务成果，而是深入作业的过程，要求在作业分析和成本动因分析的基础上建立相应的业绩评价体系，以便对作业成本管理的执行效果进行考核和评价，然后通过这种作业成本管理绩效的信息反馈，重新进行下一循环的更高层次的作业分析、成本动因分析和价值链分析。

作业成本法引入了非财务指标，通过对增值作业和非增值作业的分析，区分增值高效作业和增值低效作业等，计算出增值作业率和增值高效作业率等指标，从而有助于具体考核管理者的业绩，推进作业成本管理。

$$\text{增值作业率}=\frac{\text{增值作业}}{\text{增值作业}+\text{非增值作业}}\times 100\%$$

$$\text{增值高效作业率}=\frac{\text{增值高效作业}}{\text{增值高效作业}+\text{增值低效作业}}\times 100\%$$

实施作业成本管理以后：一是通过区分增值作业和非增值作业、增值高效作业和增值低效作业等，从而更有效地管理成本；二是关注关键活动过程和作业的有效性，并寻找降低成本、增加顾客价值的途径；三是通过将资源分配给关键的增值作业、关键顾客和关键产品，并通过持续改进，提高企业的竞争优势，实现企业持续低成本、高效益的目标。

第四节　作业成本的特点分析*

一、传统成本法与作业成本法的区别

首先,传统成本计算法以"产品"为核心,对于直接费用,一般直接归集到相关产品的成本中;而对于制造费用,则以部门为成本库,然后再将它分摊到产品成本中。在传统成本计算中,通常隐含一个假设:随着产量的增加,投入生产过程中的资源也相应增加。基于这种假设,成本计算中普遍采用与产量相关联的分摊基础,如直接人工工时、机器小时和材料耗用额等。这就是"数量基础成本计算"的由来。但由于产品差异的存在,各产品在消耗制造费用时有着不同的比例。各产品不同比例消耗制造费用的原因很多,如产品规模、产品复杂程度、生产准备时间和批量生产等方面的差异。另外,由于存在制造费用与产量不成比例的现象,导致了传统成本管理方法对于成本信息的扭曲。

其次,在传统成本管理模式下,成本核算和成本分类是为了满足财务会计报告服务的,而不是为了成本管理的目的描述每一产品消耗资源的情况,忽略了各种不同目的下的不同成本。

再次,传统成本割裂了成本与其产生原因之间的关系,导致成本分析和控制的失效。相比之下,作业成本法一方面克服了传统成本计算中间接成本集合较少且缺乏同质性的缺点,另一方面改变了以产量(或与产量有密切关系的人工工时、人工成本等)为单一分配基础的间接成本分配方法。作业管理把管理的重心深入作业层面,以"作业"作为企业管理的起点和核心比传统的以"产品"作为企业管理的起点和核心在层次上大大深化了,它将对企业管理的理论和实践产生深远的影响。

从核算的角度看,作业成本法与传统成本法的主要区别可归纳如表 6－11 所示。

表 6－11　　传统成本法与作业成本法的区别

传统成本法	作业成本法
每个部门或整个工厂只有一个或很少几个间接成本库,这些成本库通常缺乏同质性	存在较多的同质间接成本库
间接生产费用的分配基础不一定是成本动因	间接生产费用的分配基础极可能是成本动因
间接生产费用的分配基础通常是财务变量,如直接人工成本或直接材料成本	间接生产费用的分配基础通常为财务变量和非财务变量
间接生产费用的分配仅满足了与产出量相关的费用分配	间接生产费用的分配兼顾了与非产出量相关的费用分配

续表

传统成本法	作业成本法
不精确的成本信息，与成本决策的相关性较弱	较精确的成本信息，与成本决策的相关性较强

二、作业成本法的特点

（一）作业成本法将着眼点放在作业与相应的作业成本上

作业成本法根据“产品消耗作业、作业消耗资源”的思想对传统的成本计算方法进行了重大变革，它将对成本费用分配的着眼点放在作业上。采用作业成本法，首先要依据作业资源的消耗情况（资源动因）将资源的成本分配到作业，再依据作业对最终产品的贡献方式（作业动因）将作业成本追溯到产品。

作业成本核算的核心集中在生产对资源一步步消耗的各个具体环节。例如，在电器开关制造企业中，作业成本法使管理者准确把握如备料、液压、喷漆、加盐、检查和直接人工等作业活动，从而控制了成本的形成和累积过程。作业成本法把管理者的注意力引向了资源消耗的动因上，有利于分析成本增减变动的原因和分清经济责任。在作业中心的基础上建立责任中心，以及采用作业预算方法和作业管理法，能够更有效地实现责任会计目标。

（二）作业成本分配更趋精细化和科学化

作业成本法与传统成本计算方法相比，其创新点是在成本分配方法上引入了成本动因概念，将传统的单一数量分配基准改为财务变量与非财务变量相结合的多元分配基准，排除了人为设定分配标准的不合理性对成本计算的影响，提高了成本计算的透明度和准确性，因而使得管理者更倾向于采用作业成本法提供的成本信息。例如，材料采购费用的分配应当考虑采购过程中使用的采购作业量（如按采购批次、运输距离、体积、重量等）的大小，而不是材料的买价；但在传统的成本计算方法下，有些企业的材料采购费用是按照材料的买价来分配的，容易造成使用高价格材料的产品成本不合理地升高，如一块集成电路的价格可能是一个普通电器开关价格的若干倍，但两者实际的采购费用可能相差无几。作业成本法通过成本动因分析，可以分清材料采购费用发生的动因，并根据材料在采购过程中耗用“采购作业”的多少来分配采购费用，有效地避免了上述问题的出现，使材料采购成本更加合理，从而正确评价有关人员的功过。同时，将材料采购作为一个作业中心，可以促进采购人员认真研究如何在保证生产需要的前提下采用减少采购批次、就近采购以缩短运输距离等降低采购费用的措施，实现有效控制采购成本的目的。

作业成本法针对生产过程中的每种作业选取属于自己的分配率，按各产品消耗成本的动因或作业的数量将成本库的成本逐一分配到产品总成本中，这样，成本核算的核心就集中在了生产对资源一步步消耗的各个具体环节，抓住了许多动态变量。与传统成本法相比，作业成本法一方面缩小了间接费用的分配范围，由全车间统一分配改为由若干成本库进行分配；另一方面增加了分配标准，由传统的按单一标准分配改为按多种标准分配，且每种作业选取属于自己的合理的分配率，使成本核算更准确，更具有相关性和配比性。

在实际操作时，作业成本法的计量和分配也可能带有一定的主观性，因为对于作业的划分和成本动因的选择等还没有给出严谨的判断方法，需要靠执行者对作业的理解和经验判断加以确定，所以，总结经验教训、避免主观臆断是很重要的。

(三)作业成本法有助于分清经济责任，落实成本控制

在传统成本计算法下，产品成本是指制造成本，就其经济内容来看，只包括制造产品的过程中与生产产品相关的直接费用和制造费用，而用于管理和组织生产的费用支出作为期间费用处理。在作业成本计算法下，产品成本属于"完全消耗成本"，所有费用只要对作业是合理的、有效的，就都是对最终产出有益的费用，因而都应计入产品成本，但并不等同于传统的"完全成本法"的概念，即作业成本法强调的是"消耗"的成本，未必包括全部生产能力成本，即不一定等于"投入成本"。例如，一台机器每月的正常产量是1 000件(代表了生产能力和投入成本)，但是，如果企业只投产800件，就存在着200件产品所对应的"未利用生产能力成本"，而作业成本法下的产品成本就不应当包括"未利用生产能力成本"，只指全部投入成本的80%。"未利用生产能力成本"一般作为期间成本处理，这是因为，未利用生产能力成本不属于产品生产过程中发生的成本，而属于企业管理和营销管理部门应控制的成本。所以，作业成本法更能真实地反映产品的实际成本，同时，更有利于分清经济责任。而"完全成本法"核算的是经济学意义上的全部投入成本，包括生产、管理和理财费用等的全部支出项目，涵盖了"已利用"和"未利用"生产能力成本。

作业成本核算有助于分清作业及其作业成本，每一个作业中心可以单独核算相关费用，较好地克服了传统制造成本法中间接费用责任不清的问题，并且使以往一些不可控的间接费用在作业成本系统中变为可控。

由于实施作业成本法要有明确的管理目的，能够正确地分析成本动因，在合理确定作用中心的基础上正确计算作业成本，因此，与传统的成本核算方法相比，作业成本法具有明显的优越性。

三、作业成本管理的重要意义

(一)作业成本管理对企业内部管理的意义

从成本管理的角度分析，作业成本管理把着眼点放在成本发生的前因后果上，通过对所有作业活动进行跟踪反映，可以更好地发挥决策、计量和控制作用，以促进作业管理水平的不断提高。

从作业管理的实质分析，作业管理的主要目标有两个：一是从外部顾客的角度出发，尽量通过作业为顾客提供更多的价值；二是从企业自身的角度出发，尽量从为顾客提供的价值中获取更多的利润。为实现上述两个目标，企业管理必须深入作业领域，进行作业分析。

从价值增值的角度分析，作业成本管理是通过对作业的识别和管理，选择作业价值最大化而客户成本最小化的活动，旨在提高顾客价值，进而增强企业的竞争能力。

从流程再造的角度分析，通过作业成本管理进行内部流程的持续改进要求考虑企业内部价值链的组成部分，识别价值链中的各项作业，认清它们之间的关系，并利用这些联系降低成本、增加价值，具体步骤包括确定关键作业、消除或减少不增值作业、提高增值作业的效率和进行作业流程再造等。

(二)作业成本管理对企业战略成本管理的意义

传统的管理会计根据传统的成本信息，把成本习性划分为变动成本和固定成本，并建立模型 $y=a+bx$（a 为固定成本，bx 为变动成本）。这一模型的有效性立足于短期内经营和业务量无显著变化的基础上。然而，随着规模化和全球化经营的日益普遍，企业的业务量急剧上升，从长期来看，绝大部分成本都是变动的，传统的成本信息失真程度不断增加，传统的模型 $y=a+bx$ 所提供的管理信息很大程度上也失去了相关性。

基于作业成本管理的会计分析，不把成本简单地划分为变动成本和固定成本，而是以作业这一流量作为划分成本习性的依据，进行动态的价值链分析，根据这种比较准确的成本信息所进行的动态分析和管理活动，从战略经营的角度看，具有更大的相关性。以作业成本法为基础的战略管理是立足于经营全过程的作业链和价值链管理，把握了市场需求动向、企业生产过程和售后服务等经营的全过程，能够使企业的经营战略更及时地应对市场风险、适应环境变化。由于作业成本管理将成本控制延伸到市场需求和设计阶段，注重优化作业链和增加顾客价值，提升了企业的管理层次。

(三)作业成本管理对企业优化资源配置的意义

实施作业成本管理还有利于通过对资源如何一步一步消耗的过程的细致而具体的分析和控制来优化作业链、价值链、产品种类与生产数量的组合，从而优化资源配置，发挥企业内部各部门之间、各工艺和生产环节之间的协同作用，充分利用资源，实现“$1+1>2$”的规模效益目标。

当然，推行作业成本法也应实事求是、量力而行，并通过成本效益分析来考量是否能为企业增效。作业成本法需要对大量的作业进行分析、确认、记录和计量，增加了成本动因的确定、作业成本库的选择和作业成本的分配等“额外”工作，其实施成本是比较高的。如果一个企业的制造费用只占一小部分，或者收集和处理信息需要付出很大代价，或者同时生产多种产品时按照生产线来安排而不是按照作业中心来安排，作业成本法可能并不比传统成本法的价值更大。也就是说，并非所有企业都适用作业成本法，但作业成本法的创新思维的确比“数量基础成本计算”更先进、更有效。

复习思考题

1. 为什么说企业的生产过程既是作业消耗资源、产品消耗作业的过程，又是产品价值的形成过程？

2. 简述作业、作业中心、作业链、价值链和作业成本之间的关系。

3. 为什么说作业分析是作业成本管理的基础与核心？请举例说明。

4. 如何区分增值作业和非增值作业？如何加强作业管理？

5. 由于作业成本法以成本动因作为分配成本的基础，因此，它能提供比传统成本法更为精确的成本信息。这句话对吗？为什么？

6. 作业成本法强调产品消耗作业，未必包括全部生产能力成本，即不一定等于投入成本，对于未利用生产能力的成本一般作为期间成本处理，属于企业管理和营销管理部门应控制的成本。你认为这样的做法有什么积极意义？

7. 请举例说明作业成本管理与流程再造之间的关系。

8. 请归纳说明传统成本法与作业成本法的主要区别，并指出作业成本核算与作业成本管理的特点。

业务练习题

练习一

某企业本月生产甲、乙两种产品，共发生制造费用45 000元，其中，装配费12 000元（成本动因为工时）、质量检验费22 000元（成本动因为生产批次）、设备调试费11 000元（成本动因为生产批次）。本月有关生产资料如下表所示：

成本核算资料

项　目	甲产品	乙产品
产品产量(件)	100	100
生产批次(次)	10	1
机器小时(小时)	1 200	800

要求：根据以上资料，分别采用传统成本法（按机器工时比例分配）和作业成本法分配制造费用，并说明两者之间的主要区别。

练习二

某公司生产激光打印机，某年初制定的全年间接费用的成本动因预算资料如下：

作业成本集合	成本动因	间接成本预算额(元)	成本动因作业水平预算
质量控制	检查次数	500 000	10 000次
机器设置	设置次数	1 000 000	10 000次
账款登记	发票数	6 500	250张
车间管理成本	直接工时	300 000	30 000小时
合　计		1 806 500	

公司按分批法计算A客户一份500台激光打印机的订单，其订单的生产要求为：

检查次数(次)	设置次数(次)	发票数(张)	直接工时(小时)
25	200	5	1 000

为A客户加工的产品全部完工，本月根据材料分配表，该批产品所耗费的直接材料的实际成本为125 000元。根据工薪分配表、固定资产折旧计算表、燃料和动力分配表、材料分配表及其他间接费用的原始凭证等归集的间接费用实际发生额如下表所示：

作业成本集合	间接成本(元)
质量控制	550 000
机器设置	1 050 000
账款登记	2 500
车间管理成本	405 000
合　计	2 010 200

要求：

(1)公司按预算作业成本分配率分配作业成本，A客户的500台打印机应分配的作业成本是多少？

(2)若公司年末采用调整法分配作业成本差异，计算调整后A客户500台打印机的实际产品成本为多少，并进行年末差异调整的相应账务处理。

练习三

某服装公司经分析归纳出裁剪、机器缝纫、手工锁眼和钉扣、熨烫、检验、车间管理

6 项关键性作业作为 6 个作业中心。有关作业成本分配等资料如下：

作业成本分配表

××年×月

项目		作业 1	作业 2	作业 3	作业 4	作业 5	作业 6	合计
本期成本发生额		132 000	549 000	281 600	212 000	149 600	275 400	1 599 600
分配基础	裁剪批次(次)	11						
	机器工时(小时)		4 500					
	人工工时(小时)			14 080				
	熨烫工时(小时)				4 000			
	检验时间(小时)					176		
	实际产量×预计单位售价(元)						4 590 000	
西服耗用作业量		5	2 800	8 000	2 400	82	3 180 000	
衬衣耗用作业量		6	1 700	6 080	1 600	94	1 410 000	
预算分配率(元/小时)		12 050	125	18	55	846	0.062	

要求：

(1)根据上述资料，按实际作业成本和实际分配基础计算实际成本分配率，并以实际分配率来分配作业成本，编制作业成本分配表。

(2)按照预算分配率编制已分配作业成本调整表，并计算各项作业调整率。

第七章　销售预测与定价决策

第一节　市场营销与销售管理

一、销售预测与市场营销策略

(一)销售预测

销售预测是在对市场进行充分调查的基础上,通过对有关因素的分析研究,对特定产品在未来一定时期内的市场销售水平及其变化趋势进行预计和测算,进而估计出产品在计划期间的销售量和销售额,为企业制订营销计划提供依据。在当前激烈的市场竞争中,销售预测非常重要。

销售预测要面对市场。市场营销是通过交易行为实现双赢或多赢的过程,应当遵循诚实守信、义利兼顾、互惠互利、理性和谐等原则。

(二)市场营销策略

市场营销策略就是以顾客需要为出发点,通过有计划地组织各项经营活动,为顾客提供满意的商品和服务从而实现企业目标的过程,包括价格策略、产品策略、渠道策略、促销策略和新闻宣传策略等。

价格策略是指企业考虑成本、市场和竞争等情况对产品进行定价。

产品策略是指产品的包装、设计、颜色、款式和商标等,赋予产品特色,使其在消费者心目中留下深刻的印象。

渠道策略是指企业选用何种渠道使产品流通到顾客手中,如直销、分销、经销和代理等,企业可以根据不同的情况选用不同的渠道。

促销策略是指企业采用一定的促销手段来达到销售产品、增加销售额的目的,如折扣、返现和抽奖等。

新闻宣传策略是指通过媒体的新闻报道等形式，迅速曝光，扩大企业和产品的正面影响力，实现提升企业品牌影响力、提升信任度、提升业绩的效果。

无差异营销、差异营销、集中营销也是市场营销策略，企业要择优用之，通常应考虑以下因素：

第一，企业的资源能力。当企业的资源能力有限、无法占领较大的市场时，比较切实可行的选择就是采用集中营销策略，即针对一部分特定消费群的需求进行专业化生产，将力量集中在一个或少数几个目标市场，以在小市场中取得较大的市场份额。

第二，产品的同质性。这是指购买者对产品特征感觉相似的程度。若企业投放市场的是同质的或相似的产品，可采取无差异营销策略，以通过大批量生产、大量营销来迎合市场上最大多数人的需求，从中获得利润。

第三，市场的同质性。这是指各细分市场中消费者的需求、偏好、消费习惯、购买行为及各种特征相似的程度。若市场的同质性较高，各市场的购买数量相同或相似，对营销刺激的反应也大致相同，则最好采用无差异营销策略。

第四，产品在生命周期中所处的阶段。产品生命周期是指产品从投放市场到退出市场的全过程，一般可分为推广期、成长期、饱和期和衰退期。当企业推出的一种新产品处于导入期时，广告宣传应针对消费者对该产品一无所知的状况大造声势，偏重于介绍其产品的基本性能、用途和特点等，以逐步消除消费者对产品的陌生感，并不断加深消费者对产品的良好印象，宜全力以赴投入某目标市场，采用集中营销策略。当产品进入成长期时，广告宣传的重点就要转移到诱导消费者对产品的兴趣和偏好上来，以激发消费者的购买欲望，并进而变为购买行动。而当产品进入成熟期后，鉴于产品已在消费者中享有一定的声誉，加之市场上已有不少同类产品参与竞争，为使消费者不喜新厌旧，应在广告宣传中突出宣传该产品的独到之处，有差别化优势，可运用差异营销策略，使消费者通过比较，对该产品仍有信赖感，以激发其购买欲，使其生命周期得以延长。

第五，竞争者的营销策略。当竞争者使用差异营销时，本企业仍采用无差异营销策略势必败北；若竞争者采用无差异营销策略，且某些其他因素对自己有利，则可采用差异营销策略与之竞争。

第六，竞争者的数目。若市场上的竞争对手寥寥无几或企业推出的产品不愁销路，就不必采用成本较高的差异营销策略。反之，当市场上同类产品的竞争对手众多时，企业为突出其产品与同类产品的差别，强化购买者对该产品的印象，使不同的消费群都对本企业产品一见钟情，以扩大其市场覆盖面，自然应以差异营销为上策。

总之，企业在选择目标市场营销策略时，必须根据主客观条件进行通盘考虑，充分权衡利弊，做出明智的选择。

二、销售预测与销售预算

由于产品需求并不稳定，加上竞争激烈，准确预测销售绝非易事。销售预测通常是根据历史销售资料或市场上对产品需求的变化情况，对未来一定时期内有关产品的销售发展变化趋向所进行的科学预计和推测。

影响销售预测的外部因素主要有：(1)当前市场的情况；(2)企业过去的销售业绩；(3)经济发展趋势；(4)竞争对手的情况；等等。

影响销售预测的内部因素主要有：(1)产品的价格；(2)产品的功能和质量；(3)企业提供的配套服务；(4)企业的生产能力；(5)各种广告手段的应用；(6)推销的方法；等等。

销售预测从产品的角度来看，可以对经营的产品进行全面预测，也可以对部分产品或主要产品进行预测；从时期的角度来看，可分为长期预测和短期预测。长期预测是指3年、5年乃至10年的预测，是企业经营战略决策的重要依据之一。短期预测是指年度、季度和月度的预测。

销售预测既是正确编制销售预算的依据，也是经营决策的重要依据。销售预测在企业预测系统中处于先导地位，对于利润预测、资金与经营计划、组织生产经营活动等起着积极的指导作用。通过销售预测，对市场需求的变化趋向及竞争情况作出判断，有助于决策者按照经营战略和目标的要求，对产品的经营作出最佳决策。

企业以销定产，销售预算是编制财务预算和全面预算的出发点，是全面预算的主要内容之一，还是订购材料、安排人工、规划生产和处理财务相关事项的基础。良好的销售预测是企业规划未来的先决条件，必须认真做好。

三、销售目标管理

企业在制定了销售目标(包括销售额目标、毛利目标、增加销售网点目标和货款回收目标等)后，实现这一目标的关键在于以下两个方面：

一是销售经理要具体细致地将各项目标分解给业务员、经销商，再配合各项销售与推广计划，协助业务员、经销商完成月别、季别、年度别或产品别、地区别的销售目标。

二是要对销售过程进行追踪和控制，了解日常销售工作的进度，及早发现销售活动中所出现的异常现象及问题，立即解决。也就是说，销售过程管理的主要目的就是重视目标与业绩之间的关系，通过对销售过程的追踪和监控，确保销售目标的实现。

第二节 销售预测分析

一、销售定性预测

定性预测分析法是由具有丰富实践经验和广泛专业知识的预测人员凭借其对事物的分析和判断能力对预测对象的发展趋势作出推断的预测方法，如判断分析法和调查分析法等，一般适用于预测对象的历史资料不完备或无法进行定量分析的情况。

（一）判断分析法

判断分析法是由具有丰富经验的专家、推销人员或相关管理人员、销售人员等对预测期产品的销售状况进行共同研究，得出推测和判断结果的方法的统称。根据参与预测人员的构成状况的不同，判断分析法可具体分为专家意见判断法、推销员意见判断法和经理意见判断法（如表 7—1 所示）。

表 7—1　　销售定性预测中的判断分析法

专家意见判断法	归纳意见法	先向各专家分别征求意见，然后把各种不同的意见加以综合归纳，形成一个预计数
	座谈会法	把专家分成若干预测小组，并召开各种形式的座谈会共同商讨，然后把各个小组的意见加以汇总，形成一个集体估计
	模拟比较法	先请各专家模拟成各种类型的顾客，通过比较本企业与竞争对手的产品的质量、销售条件和售后服务来形成预计结果
	特尔斐法	采用函询的方式征求各方面专家的意见，各专家在互不通气的情况下，根据自己的观点和方法进行预测，然后把各专家的意见汇集在一起，通过不记名方式反馈给各位专家，请他们参考别人的意见修正自己原来的判断。如此反复多次，最终确定预测结果
推销员意见判断法		由本企业的推销人员根据主观判断，把销售预测值填入卡片或表格，然后由销售部门经理加以综合来预测企业产品在计划期的销售量或销售额。推销员直接负责产品的销售，因为他们最接近市场、最了解顾客的意向
经理意见判断法		由熟悉和掌握销售业务、懂得预测发展趋势的经营管理人员或由各地产品经销商们集思广益，根据各自的经验，对预测期产品的销售状况作出判断

例 **7—1** 某企业拟生产一种新产品，在没有该产品销售记录的情况下，企业聘请有关专家预测该产品的营业收入。企业有关人员将产品的样品、特点、用途、成本费用以及同类产品的售价和市场需求情况向 9 位专家作了详细介绍，并向专家发放书面

意见书，由专家提出个人判断，并计算出各种可能情况下的平均营业收入。专家的判断结果如表7—2所示。

表7—2　专家对某产品营业收入的预测　单位：万元

专家序号	第一次判断			第二次判断			第三次判断		
	最低营业收入	最可能营业收入	最高营业收入	最低营业收入	最可能营业收入	最高营业收入	最低营业收入	最可能营业收入	最高营业收入
1	1 200	1 500	1 800	1 000	1 500	1 800	1 100	1 500	1 800
2	600	1 000	1 300	400	900	1 200	800	1 000	1 300
3	100	1 400	1 600	800	1 200	1 600	1 000	1 400	1 600
4	1 200	1 500	3 000	1 500	1 800	3 000	1 000	1 200	2 500
5	400	800	1 000	200	400	700	600	1 000	1 200
6	600	1 000	1 500	600	1 000	1 500	600	1 200	1 500
7	500	800	1 200	500	600	800	800	1 000	1 200
8	700	800	200	500	1 000	1 000	700	800	1 200
9	1 000	1 100	1 600	800	1 000	1 900	600	800	1 200
平均数	700	1 100	1 467	700	1 044	1 500	800	1 100	1 500

1. 采用简单算术平均法预测

根据上述9位专家第三次（最后一次）判断的最低值、最可能值和最高值，采用简单算术平均法来计算新产品营业收入的预测值如下：

$$\text{营业收入预测值}=\frac{800+1\,100+1\,500}{3}=1\,133(\text{万元})$$

2. 采用加权算术平均法预测

根据上述9位专家第三次判断的最低值、最可能值和最高值的平均数，分别赋予权数0.2、0.5和0.3，可利用加权算术平均法来预测营业收入如下：

营业收入预测值＝0.2×800＋0.5×1 100＋0.3×1 500＝1 160（万元）

3. 采用中位数加权平均法预测

根据上述9位专家第三次判断的中位数的加权平均数来预测营业收入。

最低值：600，700，800，1 000，1 100

最可能值：800，1 000，1 200，1 400，1 500

最高值：1 200，1 300，1 500，1 600，1 800，2 500

最低值的中位数为800

最可能值的中位数为1 200

最高值的中位数为(1 500＋1 600)÷2＝1 550

对上述三个中位数分别赋予权数0.2、0.5和0.3，以其加权平均数作为营业收入的预测值。

营业收入预测值＝0.2×800＋0.5×1 200＋0.3×1 550＝1 225(万元)

利用专家意见等判断分析法的优点是预测迅速、成本低廉，适合在资料不全、不可测因素较多的情况下采用，但由于受主观因素影响较大、预测所依据的资料较少，预测值的可靠性较差。

(二)调查分析法

调查分析法是通过对某种产品在市场上的供需情况和消费者购买意向的详细调查来预测其销售量或销售额的一种分析方法。

1. 对产品的分析调查

任何一种产品都有其生命周期，在生命周期各阶段产品销售量的发展趋势是不同的。在推广期，产品的销售量不大，但有发展潜力；在成长期，产品的销售量迅速增加；在饱和期，产品的销售量增长缓慢、趋于下降；在衰退期，产品的销售量急剧下降、趋于淘汰。通过对产品的调查，判断产品所处生命周期的阶段，确定销售增长比率，有利于销售预测、把握销售前景。从目前的发展趋势看，产品的生命周期不断缩短，应注意用适当的增长率和适当的方法进行预测。

2. 对顾客意向的分析调查

市场的需求是顾客意愿的真实体现，顾客是销售预测最有价值的信息来源。公司利用专门的调查机构了解消费人群的条件、消费心理、消费习惯和个人喜好，可以得到反映产品销售的潜在能量。凡是顾客数量有限、调查成本较低、顾客意向容易摸清而且不会轻易改变的产品，采用顾客意向调查法进行销售预测的准确性较高。

二、销售定量预测

定量预测分析法主要是根据有关的历史资料，运用数学方法对历史资料进行加工处理，并通过建立预测模型对产品的市场销售趋势进行研究，作出推测的方法的统称，主要包括趋势预测分析法、时间序列预测法和因果预测分析法等。

(一)趋势预测分析法

1. 算术平均法

算术平均法是根据过去若干期的销售量计算简单算术平均数，作为未来的销售预测数。其计算公式为：

$$计划期销售预测数=\frac{各期销售量总和}{期数}$$

生产和销售受季节性因素影响的产品的企业，可以根据历史同期实际销售资料，用计算平均数的方法预测本年度某月份的销售量。历史资料的期数应视情况选定，一般以 3～5 个为宜，数目太少易受偶然性因素的影响。

例 **7—2** 某公司某产品近年来 2 月份都是销售旺季。现需要预测本年 2 月份的销售量，可取前 5 年每年 2 月份的实际销售量进行算术平均。假定前 5 年每年 2 月份该产品的销售量分别为 198 千克、197 千克、205 千克、206 千克和 204 千克，则 5 年的算术平均数(Q)为：

$$Q=\frac{198+197+205+206+204}{5}=202(\text{千克})$$

根据计算出来的平均数，再考虑预测期内各种增减变动因素，经过调整后，即可作为预测期的销售量。

这种方法的优点是计算简单，但缺点是把各个月份之间的差异平均化，没有考虑到近期的发展趋势，因而所测出的预计数量与实际数量会有较大的误差。因此，这种方法一般只适用于销售额基本稳定的产品。

2. 加权平均法

加权平均法是在已经掌握若干期实际销售量的基础上，对不同时期的销售量赋予不同的权数来预测销售量的一种方法。权数的确定一般可以采取自然权数法和饱和权数法两种。

自然权数法是按自然数的顺序确定各期权数(W)的方法，如 $W_1=1, W_2=2, \cdots, W_n=n$，预测期销售量的公式表示为：

$$\text{预测期销售量}=\frac{\sum(\text{某期实际销售量}\times\text{预期权数})}{\text{各期权数之和}}$$

饱和权数法是按概率方法设置各期的权数并使各期权数之和为 1。例如，已知期数为 3 期时，可设 $W_1=0.1, W_2=0.3, W_3=0.6$；已知期数为 5 期时，可设 $W_1=0.04, W_2=0.08, W_3=0.13, W_4=0.25, W_5=0.5$；如此等等。

不论是自然权数法，还是饱和权数法，在设定各期权数时，应遵循近大远小的原则：离预测期越近，权数越大；离预测期越远，权数越小。

3. 移动平均法

移动平均法是指随着时间的推移，预测中的历史时期销售资料也随之向后顺延，按预定的期数分段计算每段的算术平均数，并以最后一段的算术平均数作为下期销售预测值的一种方法。至于如何分段可根据情况确定，但应至少保持两段以上。其计算公式表示为：

$$\text{销售预测值}=\text{计算期销售业务量的算术平均数}$$

该方法由于考虑对预测期销量影响较大的是离预测期较近的月份，因此，它未将过去的全部时期进行简单平均，而是以离预测期最近的若干时期作为计算基础，较简单平均法更能突出近期数据对未来的影响。

(二)时间序列预测法

时间序列预测法是将企业的营业收入按照时间先后次序排成一列构成一个时间序列，然后根据时间序列资料对企业未来营业收入的发展趋势进行预测的方法。

时间序列法主要是应用连续性原则来预测事物的发展，其虽然没有直接考虑影响营业收入的各种因素，但由于时间序列中每一数据都是各种相关因素综合作用的结果，因此，预测对象随时间变化的规律能反映出各种相关因素综合作用的变化趋势。

例 **7—3**　某公司 2013 年 1～12 月的营业收入情况如表 7—3 所示。

表 7—3　　**某公司 2013 年 1～12 月营业收入**　　单位：万元

月份	1	2	3	4	5	6	7	8	9	10	11	12
营业收入	10	11	12	15	18	20	25	30	24	26	25	24

1. 简单算术平均法

简单算术平均法是把若干期历史数据的简单算术平均数作为下一期预测值的方法。其计算公式为：

$$X=\frac{X_1+X_2+\cdots+X_n}{n}$$

在例 7—3 中，平均数 $X=(10+11+\cdots+24)\div12=20$(万元)。

简单算术平均法容易掌握，一般适用于短期销售预测，尤其是对销量比较稳定的产品的预测结果更佳。但是，这种预测法把每一期数据都视为同等重要，没能体现近期数据对预测值影响较大的现实；同时，简单算术平均数易受极端值的影响。

2. 加权算术平均法

加权算术平均法是将每一数据与各自的权数之积加总，然后除以权数之和，所得商为加权平均数，用此平均数作为预测值。其计算公式为：

$$X=\frac{X_1f_1+X_2f_2+\cdots+X_nf_n}{f_1+f_2+\cdots+f_n}$$

式中，f_1、$f_2\cdots f_n$ 为每一数据的权数。

一般来讲，越靠近预测期，数据资料对预测结果的影响就越大，所选择的权数应越大；而越远离预测期，数据资料对预测结果的影响就越小，所选择的权数应越小。例如，根据表 7—3 中的最后 5 期数据，假设确定其权数分别为 1、2、3、4、5，则预测值为：

$$X=\frac{1\times30+2\times24+3\times26+4\times25+5\times24}{1+2+3+4+5}=25.1\text{（万元）}$$

若权数分别为1、3、5、7、9，则预测值为：

$$X=\frac{1\times30+3\times24+5\times26+7\times25+9\times24}{1+3+5+7+9}=24.9\text{（万元）}$$

采用加权算术平均法进行预测时，由于加大了近期数据的权数，其预测结果较符合实际，如果权数选择得当，常可获得比简单算术平均法更好的预测结果。然而，权数的确定是十分困难的，并常常带有一定的主观性。

3. 移动平均法

移动平均法是把计算平均数的时期不断向后推移，依次计算包含一定项数的平均数。仍以表7—3为例，计算期数为3期和6期的移动平均数如表7—4所示。

表7—4 3期和6期移动平均数预测

月份	营业收入	$n=3$	$n=6$
1	10		
2	11		
3	12	(10+11+12)÷3=11	
4	15	(11+12+15)÷3=12.7	
5	18	(12+15+18)÷3=15	
6	20	(15+18+20)÷3=17.7	(10+11+12+15+18+20)÷6=14.3
7	25	(18+20+25)÷3=21	(11+12+15+18+20+25)÷6=16.8
8	30	(20+25+30)÷3=25	(12+15+18+20+25+30)÷6=20
9	24	(25+30+24)÷3=26.3	(15+18+20+25+30+24)÷6=22
10	26	(30+24+26)÷3=26.7	(18+20+25+30+24+26)÷6=23.8
11	25	(24+26+25)÷3=25	(20+25+30+24+26+25)÷6=25
12	24	(26+25+24)÷3=25	(25+30+24+26+25+24)÷6=25.7

从表7—4的计算结果中可以看出：项数多，敏感性弱；项数少，敏感性强。当营业收入变化趋势较稳定时，采用移动平均法，特别是加权移动平均法既简便易行，预测结果又比较符合实际；当营业收入变化较大时，移动平均法就不能迅速反映其变化，总会产生一定的滞后和偏差。

4. 几何平均法

如果时间序列的逐期发展速度大致相同，就可以用逐期发展速度的几何平均数作为平均发展速度，并据此推算将来各期的预测值。其计算公式为：

$$\text{平均发展速度}=\sqrt[\text{时间间隔}]{\frac{\text{期末水平}}{\text{期初水平}}}$$

仍以表 7－3 为例计算平均发展速度如下：

$$\text{平均发展速度}=\sqrt[11]{\frac{24}{10}}=108.3\%$$

预测明年 1 月份的营业收入为 24×108.3％＝26(万元)。

几何平均数只利用了期初和期末数据，中间数据没有起作用，它适用于各期发展速度较均匀的情况。当营业收入较稳定时可采用这一方法进行中、长期预测。

(三)因果预测分析法

因果预测分析法是依据已知的历史资料，根据事物之间的内在联系，找出所要预测的变量与其他变量之间的关系，从而建立起相应的预测模型，根据未来有关变量的变动情况，预测销售量的一种预测方法。

采用因果预测分析法，首先应找出影响销售预测的主要因素。一般来说，考虑的因素越多、越充分，预测的结果就可能越接近实际；但伴随的问题是由于影响因素过多，使定量分析模型的确定变得很复杂，因而一般只采纳若干个重要的定量因素加以分析利用。

产品销售收入是由产品销售数量和销售单价组成的。企业在正确确定产品价格的同时，必须科学地预测产品销售量，以便正确编制产品销售计划。

因果预测分析法在销售预测中常用的具体方法主要包括线性回归分析法、生产量预测法、日标利润预测法和销售比例推算法等。

1. 生产量预测法

企业一定时期的产销量之间存在着如下的勾稽关系，在一些产销量比较稳定的企业中，可以根据产销量之间的关系求出计划期的销售量。

$$\text{计划期产品销售量}=\text{计划期期初产品结存量}+\text{计划期产品生产量}-\text{计划期期末产品结存量}$$

对于一些生产正常，产量均衡，期初、期末产品结存量差异不大的企业，也可直接以计划期产量作为计划期销售量。

2. 销售比例推算法

销售比例推算法是指在基年实际销售量的基础上，以销售发展速度为比例来预测计划期销售量的一种方法。其计算公式如下：

$$\text{计划年度销售量}=\text{基年度销售量}\times\frac{\text{基年度销售量}}{\text{基年度前一年的销售量}}$$

例 **7—4** 某产品基年度销售量为8 100千克，基年度前一年的销售量为7 200千克，预测计划年度的销售量为：

$$Q=8\,100\times\frac{8\,100}{7\,200}=9\,112.5(\text{千克})$$

从上述计算结果来看，计划年度销售量完全受基年度发展变化的影响，局限性较大。因此，也可以用历年销售平均增长率进行推算。

如该企业该产品历年平均销售增长率为10%，则计划年度预测销售量应为：

$$Q=8\,100\times(1+10\%)=8\,910(\text{千克})$$

显然，以上两种计算方式存在着一定的误差。因此，销售比例推算法一般只适用于销售量稳定增长、历年销售增长率波动不大的产品预测或用于销售量的匡算。

此外，采用线性回归分析法，根据直线方程 $y=a+bx$，可以进行销售值的预测；根据量本利分析原理，按照"$E=PQ-PQT-VQ-F$"公式可推导出目标利润下的销售数量 Q 或盈亏临界点的销售量 Q（详见第八章的介绍）。

在实际工作中，可以结合使用定性与定量方法来进行销售预测。例如，萌芽期历史资料缺乏，可以运用定性分析法进行预测；成长期可运用回归分析法进行预测；成熟期的销售量比较稳定，适用趋势预测分析法；等等。

第三节　价格决策分析

一、影响定价决策的因素

如何进行产品定价是企业一项重要的经营管理决策。在完全竞争的市场经济体制下，产品的销售定价是由市场自发形成的，应当按照市场的供需规律进行调节。当供不应求时，供应者会乘机抬价、谋取暴利，但竞争的结果会使利润趋于平衡；当供大于求时，供给者急于将商品脱手，往往会削价抛售，商品的价格会大幅下降。从理论上讲，商品的价格应当围绕其价值上下波动，这是市场定价的一般规律。在非完全竞争的市场条件下，商品的价格会受特定市场、计划干预和政府指导等的影响。

销售定价管理是指在调查分析的基础上，选用合适的产品定价方法，为销售的产品制定最为恰当的售价。其影响因素一般包括：(1)价值因素；(2)成本因素；(3)市场供求因素；(4)竞争因素；(5)政策法规因素；等等。

企业进行定价目标管理时，还应当考虑的因素包括：(1)实现利润最大化；(2)保持或提高市场占有率；(3)稳定价格；(4)应付和避免竞争；(5)树立企业形象及产品品牌；

等等。

价格决策分析就是研究如何采用合理、有效的定价方法，是企业为实现其定价目标所采取的具体手段，一般可以归纳为成本导向、需求导向和竞争导向三类。

二、成本导向定价法

（一）完全成本定价法

完全成本定价法是指按照产品的完全成本，加上一定百分比的销售利润，作为制定产品销售价格的依据，所以又被称为成本加成定价法。其计算公式是：

产品单位销售价格＝产品预计单位完全成本×(1＋利润加成率)

例 7—5　某公司计划生产销售某产品10 000件，该产品预计单位变动成本为：直接材料 40 元、直接人工 20 元、变动性制造费用 24 元，固定成本总额为60 000元，预计利润总额按完全成本总额的 10%予以加成。计算该产品的单位销售价格。

产品单位销售价格＝(40＋20＋24＋60 000÷10 000)×(1＋10%)＝99(元)

采用完全成本定价法不仅简便易行，而且可以使全部成本获得补偿，并为企业提供一定的利润。

（二）变动成本定价法

变动成本定价法是指按照产品的变动成本加上一定数额的贡献毛益，作为制定产品销售价格的依据。也就是说，只要产品的销售价格能够补偿其变动成本，并可提供一定数额的边际贡献，该价格就可以接受。其计算公式为：

$$产品单位销售价格=\frac{产品单位变动成本}{1-边际贡献率}$$

$$或=\frac{产品单位变动成本}{变动成本率}$$

例 7—6　某公司生产甲种产品，其单位成本资料如下：直接材料 50 元、直接人工工资 20 元、变动性制造费用 30 元、固定性制造费用 20 元。甲产品预定的边际贡献率为 15%，则该产品的单位售价应为多少？

甲产品单位销售价格＝(50＋20＋30)÷(1－15%)＝117.65(元)

这种方法一般在企业利用剩余生产能力接受追加订货时采用，所以未考虑固定成本。

（三）边际效益分析法

产品售价的高低受很多因素的影响，如产品的销售量、销售成本和最终利润等都与销售价格的高低有着密切的联系。所以，为了确定产品的最优售价，必须综合考虑各有关因素之间的关系。考虑边际收入与边际成本及其关系是其中的一种有效方法。

对某些产品来说，销售量不可能无限量增长，市场总会有饱和的时候。边际收入不但不会无限上升，而且具有递减规律，也就是说，在超过一定的销售量以后，边际收入将随着销售量的不断增加而逐步下降。边际成本也有可能会随着产量的上升而有所提高。例如，机器设备的超负荷运行将增加维修保养费用，增加固定资产投入将增加折旧费用等。所以，只有当边际收入等于边际成本时，产品销售才能为企业提供最大的利润，而这时的销售价格和销售数量就是最佳的。

例 7—7 某公司生产一种产品的售价为 30 元，目前销售1 000台，单位变动成本为 15 元，固定成本总额为5 000元。如果公司试图不断扩大产销量，预计其销售量变为1 200、1 400、1 600、1 800、1 900和2 000台时，其销售单价应逐步下降，分别为 29、28、27、26、25 和 24 元。预计产销量增加到1 800台以后（含1 800台），每增加 100 台销售量需要增加固定成本 600 元。达到2 000台时市场可能会出现一定程度的饱和。那么，该产品的销售价格应定为多少元，才能使公司获得最佳的边际效益？

根据上述资料，可编制分析计算表如表 7—5 所示。

表 7—5　　销售单价、销售量与边际关系分析　　金额单位：元

销售单价	预计销售量	销售收入	边际收入	变动成本	固定成本	成本合计	边际成本	边际利润	营业利润
30	1 000	30 000	0	15 000	5 000	20 000	0	0	10 000
29	1 200	34 800	4 800	18 000	5 000	23 000	3 000	1 800	11 800
28	1 400	39 200	4 400	21 000	5 000	26 000	3 000	1 400	13 200
27	1 600	43 200	4 000	24 000	5 000	29 000	3 000	1 000	14 200
26	1 800	46 800	3 600	27 000	5 600	32 600	3 600	0	14 200
25	1 900	47 500	700	28 500	6 200	34 700	2 100	－1 400	12 800
24	2 000	48 000	500	30 000	6 800	36 800	2 100	－1 600	11 200

表 7—5 中的边际收入是指价格下降后由于增加销售量所预计增加的收入。边际成本是指价格下降后由于增加销售量所预计增加的成本。边际利润即边际贡献净增加额，是指边际收入减去边际成本后的差额。此差额为正数，表示价格变动后由于增加销售量而净增加的利润数；此差额为负数，表示由于增加销售量而净减少的利润数。

表 7—5 的计算结果表明：当销售价格下降时，如果边际收入大于边际成本，且边际贡献毛益净增额为正数时，说明降价是有利的。例如，当单价从 30 元下降到 29 元、28

元、27 元，都属于有利情况。如果边际收入小于边际成本，利润净增额等于负数，即表示降价对企业不利。如例 7－7 中产品单价从 26 元下降到 25 元、24 元就属于不利情况。如果边际收入等于边际成本，则边际利润净增额为零，表 7－5 中销售价格定为 26 元时的销售量是最佳的，或者说，当销售量为1 800台时销售价格定在 26 元是最佳的。

从上面的分析中可以进一步看出：边际收入呈递减状态，边际成本呈递增状态，而产品单位售价下降的最大限度就是边际收入等于边际成本时的售价状态；或者说，在实际测算时，应当以边际收入接近于边际成本作为最佳销售价格的标准。

三、需求导向定价法

需求导向定价法是指根据市场需求状况和消费者对产品的感觉差异来确定价格的定价方法，包括以下三种：

(一)认知导向定价法

认知导向定价法是根据消费者对企业提供的产品的价值的主观评判来制定价格的一种定价方法。

(二)逆向定价法

逆向定价法是指依据消费者能够接受的最终销售价格，考虑中间商的成本及正常利润后，逆向推算出出厂价格，可通过如下公式计算：

出厂价格＝市场可零售价格×(1－批零差率)×(1－进销差率)

(三)习惯定价法

习惯定价法是按照市场长期以来形成的习惯价格定价。

四、竞争导向定价法

在竞争激烈的市场上，企业通过研究竞争对手的生产条件、服务状况和价格水平等因素，依据自身的竞争实力，参考成本和供求状况来确定商品价格的定价方法就是竞争导向定价法。

(一)随行就市定价法

在完全竞争的市场结构条件下，任何一家企业都无法凭借自己的实力在市场上取得绝对的优势，为了避免竞争特别是价格竞争带来的损失，大多数企业都会采用随行就市定价法，即将本企业某产品的价格保持在市场平均价格水平上，以获得平均报酬。

(二)产品差别定价法

企业通过不同的营销努力，使同种、同质的产品在消费者心目中树立起不同的产品形象，进而根据自身特点，选取低于或高于竞争者的价格作为本企业产品的价格。产品差别定价法是一种进攻性的定价方法。

(三)密封投标定价法

许多大宗商品、原材料、成套设备和建筑工程项目承包等往往采用发包人招标、承包人投标的方式来选择承包者,确定最终承包价格。一般来说,招标方只有一个,处于相对垄断地位;而投标方有多个,处于相互竞争地位。标的物的价格由参与投标的各个企业在相互独立的条件下确定。在买方招标的所有投标者中,报价最低的投标者通常容易中标。

第四节 产品定价策略*

一、价格运用策略

价格通常是影响交易成败的重要因素,同时又是市场营销中最难以确定的因素。企业定价的目标是促进销售,获取利润。这要求企业既考虑成本的补偿,又考虑消费者对价格的接受能力,从而使定价策略具有买卖双方双向决策的特征;同时,价格还是市场营销组合中最灵活的因素,它可以对市场作出灵敏的反映。

价格运用策略可以有以下几种:

(一)折让定价策略

折让定价策略是指在一定的条件下,以降低产品的销售价格来刺激购买者,从而达到扩大产品销售量的目的。价格折让的主要表现是折扣,如单价折扣、数量折扣、现金折扣、推广折扣和季节折扣等。单价折扣,是指给予所有购买者价格折扣,而不管其购买数量的多少。数量折扣,即按照购买者购买数量的多少给予价格折扣。购买数量越多,折扣越大;反之,则越小。现金折扣,即按照购买者付款期限的长短给予的价格折扣,其目的是鼓励购买者尽早支付货款,以加速资金周转。推广折扣,是指企业为了鼓励中间商帮助推销本企业的产品而给予的价格优惠。季节折扣,即企业为鼓励购买者购买季节性商品所给予的价格优惠,这样可以鼓励购买者提早采购,减轻企业的仓储压力,加速资金周转。

(二)心理定价策略

心理定价策略是指针对购买者的心理特点而采取的一种定价策略,主要有声望定价、尾数定价、双位定价和高位定价等。声望定价,是指企业按照其产品在市场上的知名度和在消费者心目中的信任程度来制定产品价格的一种方法。一般来说,声望越高,价格就越高,这就是产品的"名牌效应"。尾数定价,即在制定产品价格时,价格的尾数取接近整数的小数(如 199.9 元)或带有一定谐音的数(如 158 元)等。它一般只适用于价值较小的中低档日用消费品的定价。双位定价,是指在向市场以挂牌价格销售时,采用两种不同的标价来促销的一种定价方法。例如，某产品标明“原价 158 元，现促销价 99 元”。这种策略适用于市场接受程度较低或销路不太好的产品。高位定价，即根据消费者“价高质优”的心理特点实行高标价促销的方法。但采用高位定价的必须是优质产品，不能弄虚作假。

(三)组合定价策略

组合定价策略是针对相关产品组合所采取的一种方法。它根据相关产品在市场竞争中的不同情况，使互补产品的价格有高有低，或采用组合售价优惠。对于具有互补关系的相关产品，可以采取降低部分产品的价格而提高互补产品的价格以促进销售、提高整体利润。

(四)生命周期定价策略

生命周期定价策略是根据产品从进入市场到退出市场的生命周期，分阶段确定不同价格的定价策略。处于推广期的产品需要获得消费者的认同，进一步占有市场，应采用低价促销策略；处于成长期的产品有了一定的知名度，销售量稳步上升，可以采用中等价格；处于成熟期的产品的市场知名度处于最佳状态，可以采用高价促销，但由于市场需求接近饱和、竞争激烈，定价时必须考虑竞争者的情况，以保持现有市场的销售量；处于衰退期的产品的市场竞争力下降，销售量下滑，应该降价促销或维持现价并辅之以折扣等其他手段，同时，积极开发新产品以保持企业的市场竞争优势。

二、特殊订货策略

特殊订货定价是指订单的价格低于一般正常销售产品的售价，甚至低于产品的制造成本。企业是否接受特殊订货的决策标准是：当特殊订货能给企业带来边际贡献，即边际贡献大于 0，且企业有剩余的生产能力时，就可以接受该项特殊订货。例如，当企业存在闲置生产能力，而闲置生产能力又无法转移、没有其他用途时，只要企业制定的产品价格略高于单位变动成本，便可以为企业带来边际贡献，弥补部分固定成本，增加企业的整体利润。又如，当市场需求变化导致对某种产品的需求量突然减少时，企业不得不削价销售。此时，只要企业制定的产品价格略高于单位变动成本，就能弥补部分固定成本，比停产后固定成本完全得不到弥补要好。

当然，企业进行特殊订货决策时，应该考虑接受较低价的特殊订货是否会影响企业正常渠道的销售，是否会招致其他客户的不满，是否会失去潜在客户等，综合考虑相关因素后才能作出最优的决策。

三、薄利多销策略

当面临激烈的市场竞争时，企业定价不应以完全成本为基础，为了战胜竞争对手，企业应以单位变动成本为价格下限，采取薄利多销策略，从扩大销售中获得较多利润。

所谓薄利多销，就是采取主动降低价格的措施，通过扩大产品的销售量来争取实现更多的利润。薄利多销不是目的，而是手段。“薄利”是对单位产品而言，“多销”是对整个企业而言，其最终目的是使企业实现更多利润。薄利多销的实质应当是降价、多销、增利。

例 7—8 某公司上年度销售D产品2 000件，每件产品的单位售价为50元，单位变动成本为40元，全年的固定成本为20 000元。先计算该公司处于不盈不亏状态的营业利润如下：

营业利润＝2 000×(50－40)－20 000＝0(元)

该公司本年度估计还有剩余的生产能力，但由于售价较高的原因，销路受到一定的限制。为了打开销路，经营者拟降价5%，并争取实现营业利润10 000元。请计算销量应达到多少时才能实现这一降价目标？

$$目标销售量=\frac{固定成本+目标营业利润}{降价后的单位边际贡献}$$

$$=(20\ 000+10\ 000)\div[(50\times(1-5\%)-40)]=4\ 000(件)$$

上述计算结果表明，在降价5%的情况下，如果通过市场预测，销售量可达到4 000件，这一降价决策应当是可行的。

企业要想使薄利多销能够取得好的效果，除了应该慎重考虑其产品品质和市场前景之外，还必须掌握降价的时机和降价的幅度等关键环节，适时、有效地薄利多销。

复习思考题

1. 简述销售预测与销售规划、销售预算之间的关系。
2. 判断分析法和调查分析法有什么区别？请举例说明。
3. 定量销售预测最常用的方法有哪几种？请结合实例说明各种方法是怎样进行预测的。
4. 简述简单算术平均法、加权平均法、移动加权平均法和几何平均法的优缺点。
5. 简述边际收入、边际成本和边际利润的含义及作用，并说明边际效益分析在销售定价上的应用。
6. 举例说明如何进行特殊订货定价决策。
7. 薄利多销的目的是什么？如何进行定价决策？
8. 理论联系实际谈谈如何灵活地运用价格策略。

业务练习题

练习一

1. A公司计划生产销售某产品20 000件，该产品预计单位变动成本为：直接材料20元、直接人工15元、变动性制造费用11元，固定成本总额为80 000元，预计利润总额按完全成本总额的10%予以加成。

要求：

(1)如采用完全成本定价法，该产品的单位销售价格应为多少？

(2)如果该产品的价格定在60元，在其他条件不变的情况下，利润额预计是多少？

2. B公司生产甲种产品，财务科测算出单位成本为：直接材料40元、直接人工工资30元、变动性制造费用26元、固定性制造费用20元。甲产品预计的边际贡献率为20%。

要求：

(1)采用变动成本定价法计算该产品的单位售价应为多少？

(2)如果经营者认为，该产品的边际贡献率只有在10%的情况下才有竞争力，在其他条件不变的情况下，该产品的定价预计是多少？

练习二

C公司生产C种产品，年产销量为4 000台，固定成本为80 000元，该产品的单位成本为：直接材料40元、直接人工工资30元、变动性制造费用26元。

要求：

(1)假定预计利润总额按完全成本总额的10%予以加成，该产品的单位销售价格应为多少？

(2)如果C产品预定的边际贡献率为22%，按变动成本定价法计算，该产品的单位售价应为多少？

练习三

D公司某月份生产D产品4 000件，每件的单位售价为30元，单位变动成本为21元，全部固定成本为36 000元。

要求：

(1)该公司处于不盈不亏状态的营业利润是多少？

(2)该公司董事会认为由于售价原因，销路受到限制，但该公司还有剩余的生产能力，应当打开销路，扩大销售，拟降价8%，并争取实现营业利润10 000元。那么，销售量要提高到多少，这一降价决策才是可行的，目标利润才能得以实现？

练习四

E公司目前生产一种产品售价为30元，每月销售1 000台，单位变动成本为10元，固定成本总额为10 000元。如果销售单价逐步下降，分别为28、26、24、22和20元时，预计其销售量将变为1 200、1 400、1 600、1 800和2 000台，以上销售量在企业的生产能力范围内。预计产销量增加到1 800台以后(含1 800台)，每增加200台销售量需要增加固定成本500元。

要求：列出表格，计算并说明该产品销售价格下降到多少时对企业有利或对企业不利，以及该公司边际收入、边际成本和边际利润的含义及其意义。

第八章 本量利分析与利润决策

第一节 盈利能力与竞争优势

一、利润管理的重要意义

大部分管理人员都想知道当市场、产品、销量和价格等发生变化时，利润是如何变化的。因为利润指标不仅能反映一定时期内经营效果的好坏，而且能衡量企业内部不同部门管理工作的质量与效益，所以，利润管理可能是管理当局最关心的事。利润管理的最终目的应当是有助于企业价值最大化。具有竞争优势的企业往往具有获利高于行业平均利润率的能力。

仅靠资源优势、生产能力和垄断地位并不能确保长期的竞争优势，处于竞争环境中的企业要想持续获得利润，难度是很大的，“研究结果显示，具有超常高盈利能力的企业，随着时间流逝，盈利能力趋向于降低……如果威胁利润的可持续性的因素到处存在，那么大部分行业的经济利润会迅速趋于零”①。市场波动、成本上升、价格竞争与竞争对手等不利因素会给企业带来更大的威胁，如何有计划地进行生产经营活动、取得预期的经营效果，对利润的科学预测与有效决策就显得更为重要。

二、利润规划的主要内容

利润规划一般是运用数理统计的方法争取在规定的时间内达到预期的经营效果的一种经营规划，其内容主要可以分为两个方面：一是对计划期内可能获得的利润进行科

① 贝赞可、德雷诺夫、尚利、谢弗著：《战略经济学》（第3版），中国人民大学出版社2006年版。

学的预测；二是在预测的基础上进行正确的决策，并确定企业的利润规划。

利润规划根据其规划时间的长短，可以分为长期利润规划和短期利润规划。长期利润规划的着眼点是企业未来获得经营效果的最优化，它可以暂时放弃眼前利益，而以确保未来长期稳定和适当的利润率为目标。短期利润规划应当以长期利润规划为依据，在保证完成长期利润规划的前提下，结合现实条件制订的计划年度内应达到的利润水平，以及为实现年度目标利润所要采取的有关措施，如企业内部应当制订什么样的目标？完成的措施是什么？怎样考核和评价？等等。

三、确定目标利润的一般原则

目标利润是在销售预测的基础上，根据现有生产经营条件和未来经济发展所确定的必须达到的利润水平。它反映了一定时期财务和经营状况的好坏以及经济效益的高低，是经过努力应该达到的最优化控制目标，是未来经营必须考虑的重要战略方向之一。

确定目标利润就是确定奋斗目标，所以，制定目标利润一般应当考虑以下原则：

（一）目标利润必须具有可行性

目标利润必须能反映企业未来能实现的最佳利润水平，既不能过高也不能过低，既先进又合理。目标利润制定得过低，难以激发企业的潜力，容易给企业带来大量无效成本，不能创造出最佳的经济效益；而目标利润制定得过高，又会使执行者觉得高不可攀，望而却步，失去实现目标利润的信心。

（二）目标利润规划必须具有客观性

目标利润必须以客观存在的企业实际状况、技术条件和市场环境为基础，必须以实际参数为依据，不能脱离现实，不能凭空想象。

（三）目标利润规划必须具有指导性

目标利润一经确定不能随意更改，因为它是经过反复测算确定的，对以后的工作具有指导意义，对未来的发展起规定和约束作用。企业应根据确定的目标利润及时组织落实，为实现目标利润在产量、成本和价格等方面必须达到各项指标提供条件，并认真实施以确保实现目标利润。

目标利润制定得适当与否直接关系到实施效果。因为确定合理的目标利润是实施以目标利润为导向的企业预算管理的一项至关重要的工作，目标利润一旦被确定就成为管理的导向，并对执行预算的全过程产生制约作用。

四、利润规划的基本步骤

企业确定目标利润时，应对企业所处的市场环境和自身的战略能力进行分析，明确企业在市场中的定位，合理地预测出预算期内的销售额以及与确定目标利润相关的目标利润率，如销售利润率、资本净利率和成本利润率等。企业有了这些预测数据，就可以确定目标利润。

确定目标利润的基本步骤如下：

第一，对本企业历史上的利润水平进行认真分析，取得预测分析所需的信息资料。

第二，综合分析计划期内的市场动态和企业预计的产销数量等情况，合理安排和协调各环节之间的工作，充分挖掘企业的内部潜力、制定出改善企业经营管理的措施。

第三，采用恰当的预测方法对利润进行预测分析。

第四，在预测的基础上进行利润决策，确定目标利润。

第五，进行利润规划，编制计划期利润预算。

第二节　目标利润测算

一、本量利分析法

本量利分析法是根据有关产品的产销数量、销售价格、变动成本和固定成本等因素与利润之间的相互关系，通过分析计量而确定企业目标利润的一种方法。运用本量利分析法应建立在对市场进行充分调查研究的基础上，通过对市场的调查分析，首先对产品的销售量或销售额作出科学预测，然后再分析预测企业的固定成本、变动成本和边际贡献等，最后确定目标利润。

例 **8－1**　A公司计划年销售甲产品3 000件，每件单位售价50元，单位产品变动成本30元，全年固定成本总额40 000元。根据所提供的资料，可计算该企业在计划期间预计的目标利润。

预计目标利润＝销售量×销售单价－销售量×单位变动成本－固定成本总额

＝3 000×(50－30)－40 000＝20 000(元)

沿用例8－1的资料，假设预计的目标利润要达到30 000元，我们可以根据上述公式测算预计的目标销售量。

$$\text{预计目标销售量}=\frac{\text{固定成本}+\text{目标利润}}{\text{单位售价}-\text{单位变动成本}}=\frac{\text{固定成本}+\text{目标利润}}{\text{单位边际贡献}}$$

$$=(40\ 000+30\ 000)\div(50-30)=3\ 500(\text{件})$$

上述计算说明，企业的预计目标销售量要达到3 500件才能保证目标利润的实现。

二、标杆瞄准法

标杆瞄准法是以最强的竞争企业或同行业中领先的、最有名望的企业为基准，将本企业产品、服务和管理措施等方面的实际状况与基准进行定量化评价和比较，分析基准企业的绩效达到优秀水平的原因，在此基础上选择改进的最优策略，并在企业内连续不断地反复进行，以改进和提高企业绩效的一种管理方法。其应用的范围十分广泛，企业可以全方位、全过程、多层面地进行标杆管理，也可以就企业的某一项经济活动进行标杆管理。

三、简单利润增长比率测算法

简单利润增长比率测算法主要适用于稳定发展的企业。该方法确定目标利润，即根据企业历史上最好的利润水平、上年度达到的利润水平及过去连续若干年特别是近两年利润增长率的变动趋势与幅度，结合预测期可能发生的变动情况来确定预计利润增长率，然后测算出目标利润。其一般计算公式如下：

目标利润＝上年度利润×(1＋预计利润增长率)

四、相关比率法

相关比率法是建立在上年利润水平基础上的预测，优点是比较简单，但没有通盘考虑整体经营情况。因为市场不是完全按照企业的要求变化的，不少企业在前几年确定的利润递增百分比目标较容易达到，到了后期，因为基数越来越大，难度也越来越大。

相关比率法常见的计算公式如下：

目标利润＝预计销售收入×销售利润率

或＝预计营业成本费用×成本费用利润率

或＝预计投资资本平均总额×资本净利润率(或资产利润率等)

管理者可根据需要，选择与目标利润相关的比率，先对这些比率进行预测，然后根据预测来确定目标利润。选择利润率的标准时应当注意从以下三个方面通盘考虑：

第一，确定利润率的计算口径。从可供选择的利润率的计算口径来看，主要有销售利润率、成本费用利润率、资本净利润率(对应投资资本)和资产利润率(对应资产总额)等，也可按损益的基本方程式进行计算。

第二，确定利润率指标的时间特征。从可供选择的利润率指标的时间特征来看，主要有近期平均利润率、历史最高水平利润率和上级指令(指定)性利润率等。

第三，确定利润率的空间特征。从可供选择的利润率指标的空间特征来看，主要有国际的、全国的、同行业的、本地区的和本企业的利润率等。

由于目标利润是企业计划期要求达到的利润目标，因此，要综合考虑方方面面的问题。目标利润的制定过程往往也是不断修正和完善的过程。目标利润的修正就是对目标利润基数的调整，一般可按以下程序确定：(1)根据事先预计的销售量、成本和价格水平测算可望实现的利润额，将之与目标利润基数进行比较；(2)按本量利分析的原理分项测算为实现目标利润基数而应采取的各项措施，即分别计算各因素的期望值，并分析其可能性；(3)若期望与可能相差较大，应适当修改目标利润，确定目标利润修正值；(4)确定最终目标利润或目标利润率。

例 8－2 B公司预计总资产占用额为170 000元，只经营一种产品，经初步测算，单价为10元，单位变动成本为6元，固定成本总额为12 000元，2013年已实现销售10 000件、利润28 000元。要求企业按同行业平均资产利润率20％预测2014年企业的目标利润。

(1)初步测定2014年的目标利润基数＝170 000×20％＝34 000(元)

(2)按本量利分析原理计算2014年为实现34 000元利润应采取的各种单项措施如下(即在考虑某一因素变动时，假定其他因素不变)：

①实现目标利润的销售量$=\dfrac{\text{固定成本总额}+\text{目标利润}}{\text{单价}-\text{单位变动成本}}$

$=(12\ 000+34\ 000)\div(10-6)=11\ 500$(件)

实现目标利润需增加的销售量＝11 500－10 000＝1 500(件)

销售量增长率＝1 500÷10 000×100％＝15％

目标销售利润率＝34 000÷(11 500×10)×100％＝29.56％

②实现目标利润的单位变动成本$=\text{单价}-\dfrac{(\text{固定成本总额}+\text{目标利润})}{\text{销售量}}$

$=10-(12\ 000+34\ 000)\div 10\ 000=5.4$(元/件)

实现目标利润需降低的单位变动成本＝6－5.4＝0.6(元)

单位变动成本降低率＝0.6÷6×100％＝10％

③实现目标利润的固定成本＝(单价－单位变动成本)×销售量－目标利润

$=(10-6)\times 10\ 000-34\ 000=6\ 000$(元)

固定成本降低额＝12 000－6 000＝6 000(元)

固定成本降低率＝6 000÷12 000×100％＝50％

④实现目标利润的单价$=\dfrac{\text{固定成本总额}+\text{目标利润}}{\text{销售量}}+\text{单位变动成本}$

$=(12\ 000+34\ 000)\div 10\ 000+6=10.6$(元/件)

实现目标利润需提高单价＝10.6－10＝0.6(元)

单价增长率＝0.6÷10×100％＝6％

(3)在上述各单项措施中，只要有一项能够实现，就可以完成目标利润。但由于种种原因，假定该企业无法实现上述任何一项单项措施，那么，企业就必须考虑采取综合措施。假设有管理人员提出以下措施，应进行分析计算如下：

①为提高产品质量，需追加 3%的单位变动成本投入，可使售价提高 4%，则销售量应为：

$$\text{实现目标利润销售量期望值}=\frac{12\ 000+34\ 000}{10\times(1+4\%)-6\times(1+3\%)}\approx 10\ 901(\text{件})$$

实现目标利润需增加销售量＝10 901－10 000＝901(件)

销售量增长率＝901÷10 000×100%＝9.01%

②假定该产品的价格弹性较大，如降低价格 8%，可使市场容量迅速增长 15%，而企业生产能力尚有潜力，完全可以满足市场需要，则此时的销售量应为：

$$\text{实现目标利润销售量期望值}=\frac{12\ 000+34\ 000}{10\times(1-8\%)-6}=14\ 375(\text{件})$$

实现目标利润销售量需增加的销售量＝14 375－10 000＝4 375(件)

销售量增长率＝4 375÷10 000×100%＝43.75%

③如果在市场容量维持不变的情况下追加2 000元固定资产(专用设备)的投入可以提高自动化水平、提高人工效率、降低材料消耗，则实现目标利润的单位变动成本为：

$$\text{实现目标利润的单位变动成本期望值}=10-\frac{(12\ 000+2\ 000)+34\ 000}{10\ 000}=5.2(\text{元/件})$$

实现目标利润单位变动成本需降低的销售量＝6－5.2＝0.8(元)

单位变动成本降低率＝0.8÷6×100%＝13.33%

(4)经营者在分析以后认为，上述过程确定的目标利润与要求实现的利润数之间有差距，假定可以上调3 400元，建议目标利润修正值如下：

目标利润修正值＝34 000＋3 400＝37 400(元)

(5)董事会经过研究后认为，达到同行业平均资产利润率 20%水平的发展速度太慢，要求能够超过同行业平均资产利润率 2 个百分点，即达到 22%的目标要求，目标利润应定为37 400(＝170 000×22%)元，为此，上述测算过程可以根据具体情况的变化重新进行。

目标利润确定以后要保持相对稳定，只有执行过程中出现了新问题，遇到了出乎预料的新情况，如国家经济政策的调整、市场环境的变化、重大灾害的影响等，并且这些新问题、新情况对目标利润的影响程度较大，使目标利润变得不甚合理，才对目标利润进行修正。目标利润的修正事关企业全局，必须严格按照程序进行。

目标利润一经确定就应立即纳入预算执行体系，层层分解落实，以此作为采取相应措施的依据。

第三节　本量利分析

一、本量利分析的前提条件

本量利是成本—产量(或销售量)—利润依存关系分析(Cost-Volume-Profit Analysis)的简称,也称为CVP分析,是指在变动成本计算模式的基础上,以数学化的会计模型与图文来揭示固定成本、变动成本、销售量、单价、销售额和利润等变量之间的内在规律性联系,为会计预测、决策和规划提供必要的财务信息的一种定量分析方法。它所提供的原理和方法在管理会计中有着广泛的用途,同时它又是企业进行决策、计划和控制的重要工具。

进行本量利分析的前提条件是:(1)假定所有成本都可以划分为固定成本和变动成本两部分,成本习性模型已经存在;(2)假定在一定时期内,业务量总是在相关范围内变动,它的变动不会改变固定成本和变动成本的所有特征;(3)假定在多数情况下企业只生产和销售一种产品;若企业组织多种产品的生产经营,则假定其品种结构不变;(4)假定计算期内产品的生产量和销售量一致,企业能够自动实现产销平衡;(5)假定企业按照变动成本法计算产品成本和按照贡献式程序确定损益;(6)假定利润口径等于营业利润。以上基本假设在实际工作中不可能长期保持不变,所以,必须分别计量它们对有关指标的影响程度。如果发现上述假设与实际情况有出入,分析结果应予修正。

二、本量利分析的基本方法

(一)方程式法

根据贡献式利润表的相关内容,人们可以把成本、业务量与利润三者之间的关系用公式列示如下:

销售收入－销售成本＝利润

或　销售收入－(变动成本总额＋固定成本总额)＝利润

移项　销售收入＝变动成本总额＋固定成本总额＋利润

或　销售单价×销售量＝单位变动成本×销售量＋固定成本总额＋利润

设销售单价为P,销售量为X,单位变动成本为b,固定成本总额为a。现在为了保本,即意味着不盈不亏,那么,利润＝0,把这些因素代入上述公式,即:

$$PX=bX+a+0$$

$$\text{保本销售量}=\frac{a}{p-b}$$

保本销售额＝保本销售量×销售单价

例 **8－3** 科发设备制造有限公司开发出一种新的甲产品，根据设计部门的有关资料计算，每件产品的变动成本为 2.6 元，为制造该产品新购置的一条产品生产线需分配固定成本10 800元。甲产品的销售单价为 5 元，那么，该公司必须售出多少数量的产品才能保本？

$X=10\ 800\div(5-2.6)=4\ 500$(件)(保本销售量)

$PX=5\times4\ 500=22\ 500$(元)(保本销售额)

(二)边际贡献法

1. 边际贡献的基本原理

企业只有通过销售产品或提供劳务才能获得利润，但利润的取得是以营业收入首先弥补全部成本为前提的。如果企业的营业收入不足以补偿其成本，那么，未得到补偿的那部分成本就形成亏损。

由于构成成本总额的变动成本与固定成本有不同的习性，因此，其作用也不同。变动成本是随着业务量的增减而成正比例变化，故变动成本被补偿是理所当然的。而固定成本由于不随业务量的变化而变化，即使业务量为零，固定成本照样发生，因此，固定成本能否得到补偿就成为经营管理中必须首先解决的问题。

在管理会计中，把营业收入扣除变动成本后的余额称为边际贡献，也称贡献毛益。边际贡献首先应该用于补偿固定成本，补偿固定成本之后还有余额，才能为企业提供利润。如果边际贡献不足以补偿固定成本，则企业将发生亏损；边际贡献总额等于固定成本总额，则正好不盈不亏，即达到保本点(或称盈亏临界点)。

边际贡献法是指利用边际贡献与业务量、利润之间的关系，确定盈亏临界点的销售量或销售额的一种方法。

2. 边际贡献的计算方法

边际贡献有绝对数和相对数两种表现形式。绝对数又有单位边际贡献和边际贡献总额之分。

单位边际贡献＝每种产品的销售单价－各该产品的单位变动成本

边际贡献总额＝各种产品的销售收入总额－各种产品的变动成本总额

用相对数表示的边际贡献率是以单位边际贡献除以单位售价或者以边际贡献总额除以销售收入总额求得。其计算公式如下：

$$边际贡献率=\frac{边际贡献}{销售收入}$$

$$或=\frac{单位边际贡献}{单位售价}$$

例 8—4　某公司某月份生产和销售乙产品1 000件(产销平衡),每件单价 200 元,变动成本 150 元,固定成本总额30 000元,假定其他资料忽略不计。根据上述资料计算如下:

单位边际贡献=200-150=50(元)

边际贡献总额=1 000×50=50 000(元)

或=(1 000×200)-(1 000×150)=50 000(元)

边际贡献率=50÷200=25%

或=50 000÷200 000=25%

根据边际贡献率指标可以测算销售数额的变动对损益的影响。沿用例 8—4,假定该公司下个月预算增加销售收入10 000元,则边际贡献总额可增加2 500(=10 000×25%)元。如果固定成本保持不变,仍然是30 000元,则营业利润也将增加同样的数额。

利用边际贡献率还可以推出保本销售额。

$$保本销售额=\frac{固定成本总额}{边际贡献率}=30\ 000\div25\%=120\ 000(元)$$

(三)图示法

本量利分析亦可采用绘图的方式进行,依据例 8—3,采用图示法如图 8—1 所示。

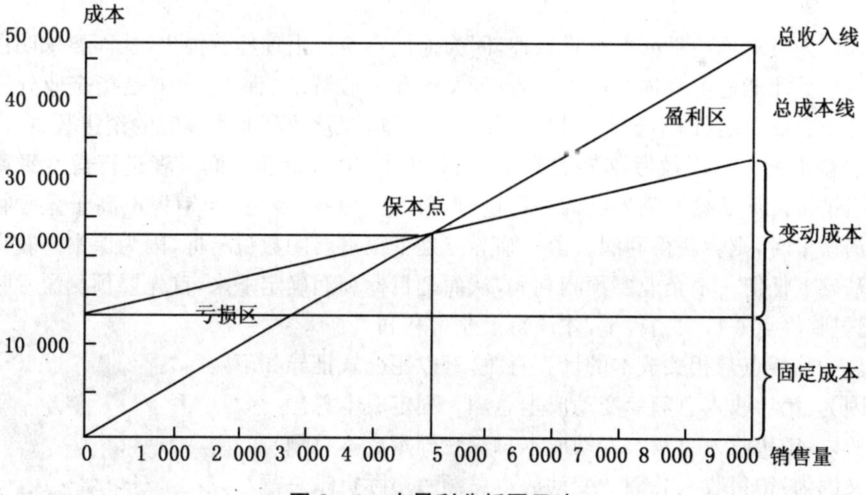

图 8—1　本量利分析图示法

图示法的绘制程序与方法如下:

第一,在销售量横轴上选择一个整数,如9 000件,标出该数量及其销售收入总金额

[5×9 000=45 000(元)]那一点，然后将原点与该点用一条直线相连接，即总收入线。

第二，画一条反映固定成本10 800元的水平线，与竖轴相交在10 800处。

第三，选择销售量的一个整数，如9 000，算出它的总成本[10 800+2.60×9 000=34 200(元)]，标出9 000件与34 200元的那一点，然后用一条直线连接该点与固定成本10 800在竖轴上的截点，这条线就是总成本线。

第四，总成本线与总收入线相交的点就是保本点，即保本销售量4 500件或保本销售额22 500元。

第五，在保本点左侧介于总收入线与总成本线之间的是亏损区；相反方向，在保本点右侧两线之间的是盈利区。如在这两个区域内任取一点向总收入线和总成本线各引垂直线，测量它们的垂直长度，即可得出利润或亏损的数额。

由此可见，图示法不仅能与前两种方法获得同样的结果，而且可把成本、业务量与利润之间的关系描绘得更为直观、生动。

第四节　损益平衡分析

一、寻找损益平衡点

管理人员对损益平衡点很感兴趣，因为他们不希望出现经营损失，从而要求明白销售多少产品才能避免亏损。损益平衡点(又称盈亏临界点、保本点)就是指企业处于总收入等于总成本时(即不盈不亏状态下)的销售量，即营业利润为零时的销售数量。

损益平衡分析以盈亏临界点为基础，对成本、销售量和利润三者进行盈亏平衡分析。当销售量低于盈亏临界点的销售量时，将发生亏损；反之，当销售量高于盈亏临界点的销售量时，则会获得利润。盈亏临界点是个很重要的数量指标，因为保本是获得利润的基础。任何一个企业要预测利润，从而把目标利润确定下来，首先要预测盈亏临界点，超过临界点并扩大销售量，才谈得上获得利润。

盈亏临界点与相关成本的计算有关，可以用公式推导如下：

因为：销售收入总额=变动成本总额+固定成本总额

所以：销售收入总额-变动成本总额=固定成本总额

又因为：销售收入总额-变动成本总额=边际贡献总额

所以：边际贡献总额=固定成本总额

以上公式表示：当企业销售产品所获得的边际贡献总额等于固定成本总额时，提供这一边际贡献的销售量或销售额就是企业的盈亏临界点，即当边际贡献等于固定成本时，企业正处于既不盈利又不亏损的状态。

盈亏临界分析是本量利分析的一项基本内容。它主要研究如何确定盈亏临界点以及有关因素变动对盈亏临界点的影响等问题，并可以为决策提供在何种业务量下企业将盈利、在何种业务量下企业会亏损等信息。

二、单一产品盈亏临界分析

当企业只生产一种产品时，盈亏临界点可以用销售额表示，也可以用销售量表示。

由于利润的计算公式可以表述为：

$$利润＝销售量×单价－销售量×单位变动成本－固定成本$$

而盈亏临界点是企业利润等于零时的销售量，即：

$$盈亏临界点销售量×单价－盈亏临界点销售量×单位变动成本－固定成本＝0$$

（一）按实物单位计算

$$盈亏临界点的销售量＝\frac{固定成本}{单价－单位变动成本}＝\frac{固定成本}{单位边际贡献}$$

例 8－5　某公司 A 产品的单位售价为 20 元，单位产品的变动成本为 12 元，固定成本总额为4 000元，则：

盈亏临界点的销售量＝4 000÷(20－12)＝500(件)

计算结果表明，该企业的销售量要达到 500 件才能不盈不亏。

（二）按金额计算

$$\begin{aligned}盈亏临界点销售额&＝固定成本÷[(单价－单位变动成本)÷单价]\\&＝固定成本÷(单位边际贡献÷单价)\\&＝固定成本÷边际贡献率\end{aligned}$$

例 8－5 若计算用金额表示的盈亏临界点，则：

盈亏临界点的销售额＝4 000÷[(20－12)÷20]＝10 000(元)

采用金额表示的盈亏临界点也可用以下公式计算：

$$盈亏临界点销售额＝盈亏临界点销售量×单位售价$$

例 8－5 的计算结果为：

盈亏临界点销售额＝500×20＝10 000(元)

上述计算表明，该企业的销售收入要达到 10 000 元才能不盈不亏。

三、多种产品盈亏临界分析

单一产品企业在现代经济中只占少数，大部分企业产销多种产品。若企业生产多种产品，则保本的计算就不能用销售实物量，而只能用销售金额来反映。

由于利润的计算公式为：

$$利润=销售额\times边际贡献率-固定成本$$

令利润等于0，此时的销售额即盈亏临界点销售额：

$$0=盈亏临界点销售额\times边际贡献率-固定成本$$

在多种产品情况下：

$$盈亏临界点销售额=\frac{固定成本}{平均边际贡献率}$$

$$平均边际贡献率=各产品的边际贡献率\times各产品的销售比重$$

$$或=\frac{边际贡献总额}{预计销售总收入}$$

例 **8－6** A公司在某计划期内预计固定成本总额为10 000元，计划生产甲、乙、丙三种产品，三种产品的产量、售价和成本数据如表8－1所示。

表8－1　产品产量、售价和成本资料

摘　要	甲产品	乙产品	丙产品
产量	1 000件	2 000件	3 000件
单位售价	20元	16元	10元
单位变动成本	14元	12元	8元
单位边际贡献	6元	4元	2元
边际贡献率	30%	25%	20%

根据以上资料，首先计算上述企业三种产品的平均边际贡献率，可编制计算表如表8－2所示。

表8－2　边际贡献计算

摘　要	甲产品	乙产品	丙产品	合　计
销售收入	20 000元	32 000元	30 000元	82 000元
变动成本总额	14 000元	24 000元	24 000元	62 000元
边际贡献总额	6 000元	8 000元	6 000元	20 000元
边际贡献率	30%	25%	20%	24.39%

盈亏临界点销售额＝固定成本总额÷平均边际贡献率

＝10 000÷24.39%＝41 000(元)

预期利润＝超过盈亏临界点的销售金额×平均边际贡献率

＝(销售收入总额－盈亏临界点销售额)×平均边际贡献率

=(82 000－41 000)×24.39%=10 000(元)

从以上计算过程来看,平均边际贡献率(也称综合贡献毛益率)的计算与确定是一个关键条件。平均边际贡献率可以采用总额法、比重法和历史资料法等多种方法计算。

四、盈亏临界点作业率分析

盈亏临界点作业率,是指盈亏临界点销售量占企业正常销售量的比重。所谓正常销售量,是指正常市场和正常开工情况下的销售数量,也可以用销售金额表示。盈亏临界点作业率的计算公式如下:

$$盈亏临界点作业率=\frac{盈亏临界点销售量}{正常销售量}\times 100\%$$

这个比率表明企业保本的业务量在正常业务量中所占的比重。由于多数企业的生产经营能力是按正常销售量来规划的,生产经营能力与正常销售量基本相同,因此,盈亏临界点作业率还表明保本状态下生产经营能力的利用程度。

在例8－6中,A公司的正常销售额为82 000元,盈亏临界点销售额为41 000元,则:

盈亏临界点作业率=41 000÷82 000×100%=50%

计算表明,该企业的作业率必须达到正常作业的50%以上才能取得盈利,否则就会发生亏损。

五、安全边际和安全边际率分析

安全边际,是指正常销售额超过盈亏临界点销售额的差额,它表明销售额下降多少企业仍不致亏损。安全边际的计算公式如下:

安全边际=正常销售额－盈亏临界点销售额

根据例8－6中A公司的有关数据计算安全边际如下:

安全边际=82 000－41 000=41 000(元)

有时,企业为了考察当年的生产经营安全情况,还可以用本年实际订货额代替正常销售额来计算安全边际。

企业生产经营的安全性还可以用安全边际率来表示,即安全边际与正常销售额(或当年实际订货额)的比值。安全边际率的计算公式如下:

$$安全边际率=\frac{安全边际}{正常销售额(或实际订货额)}\times 100\%$$

根据例8－6A公司的有关资料计算安全边际率如下:

安全边际率=41 000÷82 000×100%=50%

安全边际和安全边际率的数值越大,企业发生亏损的可能性就越小,企业越安全。安全边际率是相对指标,便于不同企业和不同行业的比较。评价企业安全性的检验标准的经验数据(根据行业性质的不同会有变化)如表8—3所示。

表8—3 安全性检验标准

安全边际率	40%以上	30%～40%	20%～30%	10%～20%	10%以下
安全等级	很安全	安全	较安全	值得注意	危险

盈亏临界点分析是把正常销售分为两个部分:一部分是盈亏临界点销售额,另一部分是安全边际。即:

正常销售额=盈亏临界点销售额+安全边际

上述公式两端同时除以正常销售额可得公式如下:

1=盈亏临界点作业率+安全边际率

根据例8—6的有关数据计算:

盈亏临界点作业率+安全边际率=50%+50%=1

盈亏临界点分析表明:只有安全边际才能为企业提供利润,而盈亏临界点销售额扣除变动成本后只能为企业收回固定成本。安全边际部分的销售额减去其自身的变动成本后成为企业利润,即安全边际中的边际贡献等于企业利润。这个结论也可以通过下列分析予以证明:

因为:利润=销售收入−变动成本−固定成本

=边际贡献−固定成本

=销售收入×边际贡献率−固定成本

=销售收入×边际贡献率−盈亏临界点销售收入×边际贡献率

=(销售收入−盈亏临界点销售收入)×边际贡献率

所以:利润=安全边际×边际贡献率

如果将上述公式的两端同时除以销售收入,得:

$$\frac{利润}{销售收入}=\frac{安全边际}{销售收入}\times 边际贡献率$$

销售利润率=安全边际率×边际贡献率

这个公式为我们提供了一种计算销售利润率的新方法,并且表明,企业要提高销售利润率,就必须提高安全边际率(即降低盈亏临界点作业率),或提高边际贡献率(即降低变动成本率)。

例 **8—7** 大宇公司经营丙产品,上年的单位售价为100元,单位直接材料费为25元,单位直接人工费为15元,单位变动制造费用为15元,全年固定性制造费用为60 000元,单位变动性销售及管理费用为5元,全年固定性销售及管理费用为40 000

元，安全边际率为60%。该公司适用的所得税税率为25%。

销售部门预计本年度广告费将增加20 000元，单位变动销售及管理费用将降低2元，要求提前知晓丙产品上年的盈亏临界点销售量、税前利润额，以及今年税后目标利润为130 500元所需实现的销售量。

分管财务的经理认为，计划期税前销售利润率能达到27%，在单位售价可提高5%、安全边际率仍维持60%不变的情况下，要求财务部门计算产品的单位变动成本。

现根据本量利分析原理计算分析指标如下：

(1)该产品上年单位产品变动成本＝25＋15＋15＋5＝60(元)

上年盈亏临界点销售量＝(60 000＋40 000)÷(100－60)＝2 500(件)

(2)上年实际销量＝2 500÷(1－60%)＝6 250(件)

上年税前利润额＝(100－60)×6 250－(60 000＋40 000)＝150 000(元)

或＝(6 250－2 500)×(100－60)＝150 000(元)

(3)实现目标利润所需的销售量＝[(60 000＋40 000＋20 000)＋130 500÷(1－25%)]÷[100－(60－2)]＝7 000(件)

(4)根据：销售利润率＝安全边际率×边际贡献率

则：边际贡献率＝27%÷60%＝45%

变动成本率＝1－边际贡献率＝55%

由于：变动成本率＝单位变动成本÷销售单价

则：单位变动成本＝销售单价×变动成本率

＝100×(1＋5%)×55%＝57.75(元)

第五节　影响利润的因素分析

影响利润的各因素变动分析是指本量利发生变动时相互影响的定量分析。变动分析主要研究两个问题：一个是产销量、成本和价格发生变动时，测定其对利润的影响；另一个是目标利润发生变动时，分析实现目标利润所需的产销量、收入和支出等。有时以影响利润的诸因素为已知数，利润是待求的未知数；有时会出现相反的情况，即利润是已知数，而其他因素是待求的未知数。

一、预测有关因素的变动，分析对利润的影响程度

在决定任何生产经营问题时，都应事先分析拟采取的行动对利润有何影响。如果该行动产生的收益大于它所引起的支出，可以增加企业的盈利，则这项行动在经济上是可取的。虽然企业在决策时需要考虑各种非经济因素，但经济分析总是最基本的。

影响利润诸因素变动分析的主要方法是将变化了的参数代入本量利方程，测定其造成的利润变动。

例 8-8 K公司生产甲产品，预计销售数量为1 000件，每件 100 元，销售收入为100 000元；变动成本每件为 60 元，变动成本总额为60 000元；固定成本为20 000元；全部固定销售和管理费为10 000元。在上述因素中，如果销量、单价、单位变动成本、固定成本诸因素中的一项或多项同时变动，都会对利润产生影响。

(一)单一因素发生变化的分析

当外界某一因素发生变化时，企业需要测定其对利润的影响，预计未来期间的利润。例如，由于原材料涨价，使单位变动成本上升到 7 元，利润将变为：

(变动前)利润＝销售收入－变动成本－固定成本

＝1 000×100－1 000×60－(20 000＋10 000)＝10 000(元)

(变动后)利润＝1 000×100－1 000×70－(20 000＋10 000)＝0(元)

由于单位变动成本上升 10(＝70－60)元，使企业最终利润减少10 000(＝10 000－0)元。企业应根据这种预见到的变化，采取措施，设法抵消这种影响。

如果价格、固定成本或销量发生变动，也可以用同样的方法测定其对利润的影响。

假设 K 公司拟采取更有效的广告方式，从而使销量增加 10%，利润将因此变为：

利润＝1 000×(1＋10%)×100－1 000×(1＋10%)×60－(20 000＋10 000)

＝14 000(元)

这项措施将使企业的利润增加4 000(＝14 000－10 000)元，它是增加广告开支的上限。如果广告宣传的支出超过4 000元，就可能得不偿失。

如果 K 公司通过实施一项技术培训计划以提高工作效率，使单位变动成本由目前的 60 元降至 57.5 元，利润将因此变为：

利润＝10 000×10－1 000×57.5－(20 000＋10 000)＝12 500(元)

这项措施的实施将使企业利润增加2 500(＝12 500－10 000)元，它是培训计划开支的上限。如果培训计划的开支不超过2 500元，则可从当年新增利润中得到补偿，并可获得长期收益；如果培训计划的开支超过2 500元，则要慎重考虑这项计划是否真的具有实际意义。

(二)多项因素发生关联变化的分析

由于外界因素的变化或企业拟采取某项行动，有关因素发生相互关联的影响，企业需要分析其引起的利润变动，以便选择较好的方案。

假设 K 公司预计增加职工工资，使单位变动成本增加 4%；此外，预计固定成本增加 1%，结果将会导致利润下降。有关部门提出了抵消以上两个影响因素的应对方案：一是提高售价 5%，而提价会使销量减少 10%；二是增加产量 20%，为使这些产品能销售出去，需要追加5 000元广告费。

调整工资后不采取任何措施的利润为：

利润＝1 000×[100－60×(1＋4%)]－(20 000＋10 000)×(1＋1%)＝7 300(元)

采取第一种方案的预计利润：

利润＝1 000×(1－10%)×[100×(1＋5%)－60×(1＋4%)]－(20 000＋10 000)×(1＋1%)＝8 040(元)

采取第二种方案的预计利润：

利润＝1 000×(1＋20%)×[100－60×(1＋4%)]－[(20 000＋10 000)×(1＋1%)＋5 000]＝9 820(元)

根据以上分析比较可知，第二种方案较好。

二、确定目标利润，分析实现有关因素的变动条件

(一)采取单项措施分析目标利润的变动条件

假设例8－8中K公司要求目标利润增加50%，即达到15 000元，可以从以下几个方面着手，采取相应的措施：

1. 减少固定成本

减少固定成本可使利润相应增加。现在的问题是确定需减少多少固定成本，才能使原来的利润增加50%，达到15 000元。

现将固定成本(F)作为未知数，目标利润15 000元作为已知数，其他因素不变，代入本量利关系方程式：

$15\ 000=1\ 000\times100-1\ 000\times60-F$

$F=25\ 000$(元)

计算分析表明，如其他条件不变，固定成本从30 000元减少到25 000元，即降低16.7%，可保证实现目标利润。

2. 减少变动成本

按同样的方法，可以将单位变动成本(VC)作为未知数代入本量利关系方程式：

$15\ 000=1\ 000\times100-1\ 000\times VC-30\ 000$

$VC=55$(元)

计算分析表明，如其他条件不变，单位变动成本从60元降低到55元，即减少8.3%，可保证实现目标利润。

3. 提高售价

按同样的方法，将单位产品的售价(P)作为未知数代入本量利关系方程式：

$15\ 000=1\ 000\times P-1\ 000\times60-30\ 000$

$P=105$(元)

计算分析表明，如其他条件不变，单位产品的售价从100元提高到105元，即提高5%，可保证实现目标利润。

4.增加产销量

按同样的方法，将产销数量(X)作为未知数代入本量利关系方程式：

$15\,000 = X \times 100 - X \times 60 - 30\,000$

$X = 1\,125$(件)

如其他条件不变，产销量从1 000件增加到1 125件，增加12.5%，可保证实现目标利润。

(二)采取多项措施分析实现目标利润的变动条件

从经济生活中可以发现，影响利润的诸因素是相互关联的。为了提高产量，往往需要增加固定成本；与此同时，为了把它们顺利地销售出去，有时又需要降低售价或增加广告费等固定成本。因此，企业很少采取单项措施来提高利润，而大多采取多项或综合措施以实现利润目标，这就需要进行综合计算分析和平衡。

假设例8－8中K公司有剩余的生产能力，可以进一步增加产量，但由于售价偏高，使销路受到限制。为了打开销路，企业拟降价10%，采取薄利多销的方针，争取实现利润15 000元。要求计算分析降价后实现目标利润所需的销售量。

$$销售量 = \frac{固定成本 + 目标利润}{单位边际贡献} = \frac{20\,000 + 10\,000 + 15\,000}{100 \times (1 - 10\%) - 60} = 1\,500(件)$$

假设销售部门认为，上述1 500件的销量是达不到的，降价10%后只能使销量增至1 300件。为此，需要在降低单位变动成本上挖掘潜力。

$$单位变动成本 = \frac{单价 \times 销量 - (固定成本 + 目标利润)}{销量}$$

$$= [100 \times (1 - 10\%) \times 1\,300 - (30\,000 + 15\,000)] \div 1\,300 = 55.38(元)$$

如果生产部门认为，通过降低原材料和人工成本，这个目标是可以实现的，则预定的利润目标可以落实；否则，还需寻找进一步增收节支的办法，重新分析计算并分别落实，或者考虑修改目标利润。

第六节　敏感性分析*

一、本量利关系的敏感性分析

敏感性分析是在求得某个模型的最优解后，研究模型中某个或若干个参数允许变化的程度以使原最优解的条件保持不变；或者当参数变化超出允许范围，原最优解已不能保持最优时，提供一套简洁的计算方法，重新求得最优解。

本量利关系的敏感分析主要研究与分析有关的参数发生多大变化会使盈利转为亏损，各参数变化对利润变化的影响程度，以及各因素变动时如何调整销量以保证原目标利润的实现等问题。

例 8－9　某企业只生产一种产品，单价为 20 元，单位变动成本为 12 元，预计明年的固定成本为40 000元，产销量计划达10 000件。

预计明年的利润＝10 000×(20－12)－40 000＝40 000(元)

单价、单位变动成本、产销量和固定成本的变化会影响利润的高低，属于盈亏临界点的影响因素。这种变化达到一定程度，会使企业利润消失，进入盈亏临界状态，使企业的经营状况发生质变。敏感性分析的目的之一，就是提供能引起目标发生质变的各参数变化的界限，其方法也称为最大最小法。

最大最小法就是分析有关参数发生多大变化会使盈利转为亏损。

(一)单价的最小允许值

单价下降会使利润下降，下降到一定程度，利润将变为零，它是企业能忍受的单价最小值。

沿用例 8－9，设单价为 P：

$10\ 000\times(P-12)-40\ 000=0$

$P=16$(元)

单价降至 16 元，即降低 20%时企业由盈利转为亏损。

(二)单位变动成本的最大允许值

单位变动成本的上升会使利润下降，并逐渐趋近于零，此时的单位变动成本是企业能忍受的最大值。

沿用例 8－9，设单位变动成本为 VC：

$10\ 000\times(20-VC)-40\ 000=0$

$VC=16$(元)

单位变动成本由 12 元上升至 16 元时，企业利润由40 000元降至零。此时，单位变动成本上升了 33%。

(三)固定成本的最大允许值

固定成本的上升也会使利润下降并趋近于零。

沿用例 8－9，设固定成本为 F：

$10\ 000\times(20-12)-F=0$

$F=80\ 000$(元)

固定成本增至 80 000 元时，企业由盈利转为亏损，此时固定成本增加了 100%。

(四)销售量的最小允许值

销售量最小值，是指使企业利润为零的销售量，它就是盈亏临界点销售量。

沿用例 8—9，设销售量为 X：

X=40 000÷(20—12)=5 000(件)

销售计划如果只完成 50%，那么，企业利润为零。

二、利润敏感性分析

利润敏感性分析是研究制约利润的有关因素发生某种变化时，利润变化程度的一种分析方法。影响利润的因素很多，如售价、单位变动成本、销量和固定成本等。在现实经济环境中，这些因素是经常发生变动的。有些因素的增长会导致利润增长（如单价）；有些因素的降低则会使利润增长（如单位变动成本）；还有些因素略有变化就会使利润发生很大的变化（如单价）。

敏感系数用来分析各参数变化（简称参量值）对利润变化（简称目标值）的影响程度，即敏感程度。有的参数发生微小变化就会使利润发生很大的变动，利润对这些参数的变化十分敏感，称这类参数为敏感因素。与此相反，有些参数发生变化后，利润的变化不大，称之为不敏感因素。反映敏感程度的指标是敏感系数，其计算公式如下：

$$\text{某因素的敏感系数}=\frac{\text{目标值变动百分比(利润变化百分比)}}{\text{参量值变动百分比(该因素变化百分比)}}$$

敏感程度一般的判别标准如下：

当敏感系数的绝对值>1，即当某影响因素发生变化时，利润发生更大程度的变化时，该影响因素为敏感因素。

当敏感系数的绝对值<1，即利润变化的幅度小于影响因素变化的幅度时，该因素为弱敏感因素。

当敏感系数的绝对值=1，即影响因素变化导致利润相同程度的变化时，该因素为非敏感因素。

现仍以例 8—9 为例进行敏感程度分析如下：

(一)单价敏感程度分析

设单价增长 10%：

单价=20×(1+10%)=22(元)

利润=10 000×(22—12)—40 000=60 000(元)

利润变动百分比=(60 000—40 000)÷40 000×100%=50%

$$\text{单价敏感系数}=\frac{50\%}{10\%}=5$$

通过单价敏感系数的计算可知，利润将以5倍的速度随单价变化，单价每上涨1%，将导致利润增加5%；反之，单价每下降1%，将导致利润减少5%。单价对利润的影响是最大的，应当格外予以关注。

（二）单位变动成本敏感程度分析

设单位变动成本增长10%：

单位变动成本＝12×(1＋10%)＝13.2(元)

利润＝10 000×(20－13.2)－40 000＝28 000(元)

利润变动百分比＝(28 000－40 000)÷40 000×100%＝－30%

单位变动成本敏感系数$=\frac{-30\%}{10\%}=-3$

通过单位变动成本敏感系数的计算可知，利润将以3倍的速度随单位变动成本变化，单位变动成本每上涨1%，将导致利润下降3%；反之，单位变动成本每下降1%，将导致利润增加3%。单位变动成本与利润呈反向变动关系，应当予以注意。

（三）固定成本敏感程度分析

设固定成本增长10%：

固定成本＝40 000×(1＋10%)＝44 000(元)

利润＝10 000×(20－12)－44 000＝36 000(元)

利润变动百分比＝(36 000－40 000)÷40 000×100%＝－10%

固定成本敏感系数$=\frac{-10\%}{10\%}=-1$

该固定成本敏感系数表明，固定成本每上涨1%，将导致利润减少1%；反之，固定成本每下降1%，将导致利润增加1%。由此可见，利润对固定成本的变动不敏感。

（四）销售量敏感程度分析

设销售量增长10%：

销售量＝10 000×(1＋10%)＝11 000(件)

利润＝11 000×(20－12)－40 000＝48 000(元)

利润变动百分比＝(48 000－40 000)÷40 000×100%＝20%

销售量敏感系数$=\frac{20\%}{10\%}=2$

通过销售量敏感系数的计算可知，利润将以2倍的速度随销售量变化，销售量每上涨1%，将导致利润增加2%；反之，销售量每下降1%，将导致利润减少2%。销售量的变动对利润是有影响的。

按照上述4个因素变动计算结果的绝对值大小排列，可以看出每个参量值对目标值的影响程度，明确哪个参量值更敏感。就例8－9而言，影响利润的参量值中，单价最敏感(敏感系数为5),其次是单位变动成本(敏感系数为－3),再次是销售量(敏感系数为2),最后是固定成本(敏感系数为－1)。其中,敏感系数为正值的,表明它与利润同向增减;敏感系数为负值的,表明它与利润反向增减。

企业在算出盈亏临界点以后,通常要进行敏感性分析,以把握和控制实际经营过程中销售单价、单位变动成本、固定成本、销售量等参量值的变化范围与临界状态。明确了各参量值的敏感程度,控制了各因素的变化范围允许值,在利润规划与管理过程中分清主次,有助于采取合理的措施,努力保证目标利润的实现。

在激烈的市场竞争中,各参量值发生增减变动是正常现象,但由于销售单价、单位变动成本、固定成本和销售量等因素在实际经营过程中一旦发生不利变化达到某种程度,就有可能导致企业亏损,因此,通过上述敏感程度分析有助于管理人员增强对利润变动的敏感性,增强对各参量值进行调控的主动性。

复习思考题

1. 简述利润指标与目标利润规划的现实意义。

2. 简述利润预测规划的主要内容与主要步骤。

3.“安全边际部分的销售减去其自身变动成本后成为企业利润,即安全边际中的边际贡献等于企业利润。”这句话对吗? 为什么?

4. 什么是安全边际? 什么是安全边际率? 计算这两种指标的作用是什么?

5. 影响利润增减变动的因素有哪些? 哪些是同向变动因素? 哪些是反向变动因素? 如何确定各变动因素的最大最小值和敏感程度?

6. 举例说明盈亏临界图的绘制方法,并说明盈亏临界图的特点。

7. 举例说明如何测算有关因素的变动对盈亏临界点的影响。

8. 理论联系实际,谈谈本量利分析的现实作用。

业务练习题

练习一

A公司正考虑投产一种新产品,经预测每年可销售该新产品30 000件,预计销售单价为50元,单位变动成本为30元,固定成本总额为120 000元。

要求:

(1)A公司达到多少销售量或销售额时才能保本?

(2)A公司若想实现营业利润24 000元,新产品需要销售多少件?

(3)A公司超过盈亏临界点的销售量应当是多少件? 此时,A公司单位产品的超额边际贡献是多少?

练习二

B公司上年度某产品的有关资料如下表所示:

B公司利润表

项　目	金额(元)
销售收入(500×8)	4 000
变动成本总额(500×3.6)	1 800
边际贡献	2 200
单位边际贡献	4.40
固定成本总额	2 200
税前净利润	0

要求:

(1)计划年度该公司预期要求该产品实现利润1 000元,根据上表数据,通过计算边际贡献率来确定销售量。

(2)根据市场预测,计划年度的销售量只能从500件增至600件,固定成本、售价和单位成本不变,计算边际贡献率和目标利润。

(3)假定B公司确定的目标利润为2 000元,其他有关资料如下表所示,根据目标利润确定销售单价和销售收入。

预计利润表

项　目	金额(元)
销售收入	?
单位产品售价	?
变动成本总额(600×6)	3 600
边际贡献	4 800
固定成本总额	2 800
目标利润	2 000

练习三

C公司某年度提出两个销售方案。

方案1:单位产品售价38元,单位变动成本14元,固定成本10 000元,销售产品1 000件。

方案2:单位产品售价25元,单位变动成本14元,固定成本10 000元,销售产品3 000件。

利润测算相关资料(一)

项　目	金额(元)
销售收入	38 000
变动成本	14 000
边际贡献	24 000
固定成本总额	10 000
利润	14 000
销售利润率	36.84%

利润测算相关资料(二)

项　目	金额(元)
销售收入	75 000
变动成本	42 000
边际贡献	33 000
固定成本总额	10 000
利润	23 000
销售利润率	30.67%

要求:测算两个方案的销售利润率,并说明增减变动的原因。

练习四

D公司产销一种产品,单价为100元,单位变动制造成本为55元,单位变动销售费用为10元,单位变动管理费用为5元,每月固定生产成本为20万元,固定销售费用为15万元,固定管理费用为10万元,平均所得税税率为30%,平均价内流转税税率为10%。

要求:

(1)计算D公司的保本销售量、保本销售额和边际贡献率。

(2)计算销量为5万件时的安全边际率和保本点作业率。

(3)分析说明影响利润增减变动各因素的敏感系数。

(4)假如要使税后利润达到35万元,销量应为多少?此时盈亏临界点作业率为多少?公司的安全等级处于什么状态?

(5)假如要使公司的销售利润率达到10%,固定生产成本将上升30%,固定销售费用将上升20%,固定管理费用将上升10%,为保证目标利润的实现,销售要达到什么水平?此时的盈亏临界点作业率为多少?公司的安全等级又处于什么状态?

第九章 项目分析与投资决策

第一节　资本支出与项目投资评价

一、资本支出与长期经营决策的特点

资本支出是指用于各种长期资产的支出。该支出的发生不仅与本期收入有关，而且与其他会计期间的收入有关，主要是为以后各期的收入取得而发生，包括购建固定资产、无形资产和对外长期投资等。资本支出将随着每期对资产的耗费，按照受益原则和耗费比例通过折旧和摊销等方法，分期转化为费用。资本支出中的重大工程项目往往体现企业发展战略和中长期发展规划，对于提高企业的再生产能力和支撑保障能力、促进企业的可持续发展具有重要作用。

长期经营决策是指拟定长期投资方案，用科学的方法对投资方案进行分析、评价，并选择最佳投资方案的过程。长期经营决策涉及企业重大财务资源的投资，具有投资金额大、周转时间长、变现能力差、投资风险大和要求的报酬率高等特点，其决策充满着不确定性。影响项目投资的因素包括投资风险、投资报酬、投资时机和投资结构等。在投资决策评价过程中，还涉及现金流量、资金的时间价值、必要的投资报酬率等，故在投资决策过程中必须全面考虑、统筹兼顾、权衡利弊得失，因为任何一个项目投资决策一旦作出将难以改变，即使有能力进行调整，也可能要付出很大的代价，并会在较长时期内对企业的经济效益乃至企业的命运产生影响。长期经营决策是涉及企业生产经营全面性和战略性问题的决策，其最终目的是为了提高企业总体的经营能力和获利能力。正确进行长期经营决策有助于企业生产经营长远规划的实现。

企业应当根据发展战略和投资计划，提出项目建议书，编制可行性研究报告，并组

织内部相关机构的专业人员进行充分论证和评审，在此基础上，按照规定的权限和程序进行决策。重大工程项目应当报经董事会或类似决策机构集体审议批准，任何个人不得单独决策或擅自改变集体决策意见。

企业必须强化对项目建设全过程的监控，制定和完善工程项目的各项管理制度，明确相关机构和岗位的职责权限，规范工程项目立项、招标、造价、建设和验收等环节的工作流程及控制措施，保证工程项目的质量和进度。

任何企业编制全面预算，尤其是长期预算，必须考量资本支出，加强投资风险管理。

二、项目投资的分类与相关概念的厘定

项目投资是一种以特定项目为对象，直接与新建项目或更新改造项目有关的长期投资行为，一般包括以新增生产能力为目的的新建项目的投资和以恢复或改善生产能力为目的的更新改造项目的投资。其中，新建项目又可分为单纯的固定资产投资项目和完整的工业投资项目。项目投资的类型如图 9－1 所示。

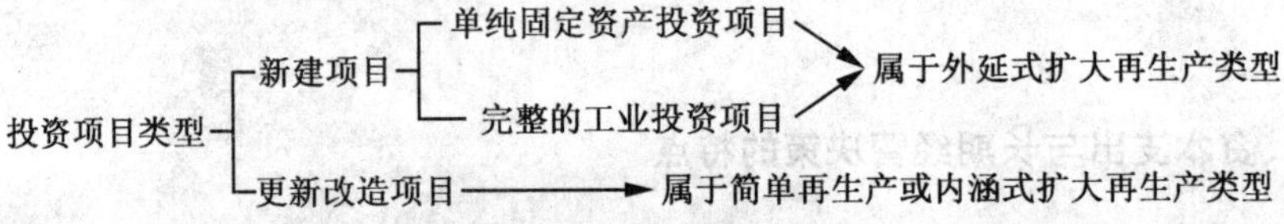

图 9－1　投资项目类型

项目投资管理过程中涉及固定资产投资（又称固定资产原始投资）、建设投资、投资总额和固定资产原值等基本概念，它们之间既有联系又有区别（如图 9－2 所示）。

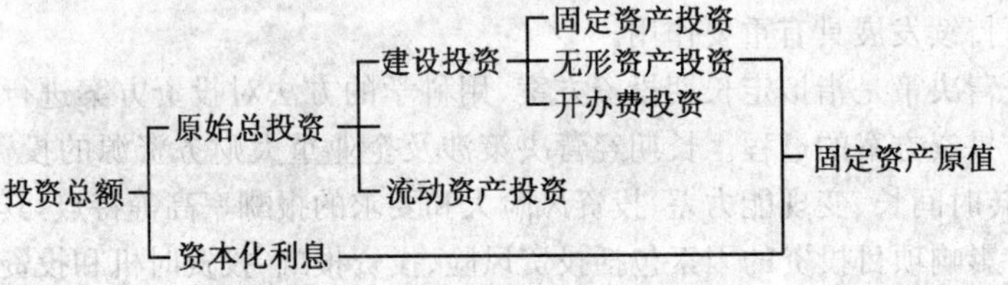

图 9－2　有关投资概念之间的关系

投资总额包括原始总投资和建设期资本化利息。

原始总投资等于企业为使该项目完全达到设计生产能力、开展正常经营而投入的全部现实资金，包括建设投资（含固定资产投资、无形资产投资和开办费投资）和流动资金投资等内容。

建设投资主要应当根据项目规模和投资计划所确定的各项建设工程费用、设备购

置成本、安装工程费用以及无形资产投资和开办费等费用来估算。

流动资产投资应根据与项目有关的流动资金需用量的增加额来估算。

资本化利息可根据建设期内的长期借款本金、建设期和借款利息按复利方法计算求得。

固定资产原值包括固定资产投资和建设期资本化的利息。但由于建设期资本化利息一般并未实际支付，因此，它不属于建设投资的范畴，不能作为现金流出量的内容；相反，在生产经营期内，支付给债务人的利息与支付给所有者的利润在性质上有相同之处，因此，可以视其为经营现金流入。

三、项目投资决策的评价指标

项目投资决策的评价指标是指用于衡量和比较投资项目的可行性，以便进行项目投资决策的定量化标准与尺度。按照是否考虑资金的时间价值划分，项目投资决策的评价指标可以分为非贴现评价指标和贴现评价指标两大类。非贴现评价指标又称静态指标，如投资回收期（PP）和投资利润率（ROI）；贴现指标又称动态指标，如净现值（NPV）、净现值率（NPVR）、现值指数（PI）和内含报酬率（IRR）。

项目投资决策评价指标可以有多种分类方法（如图 9—3 所示）。

- 评价指标的分类
  - 按是否考虑资金的时间价值分
    - 非折现指标（静态指标：投资利润率和静态投资回收期）
    - 折现指标（动态指标：净现值、净现值率、获利指数和内部收益率）
  - 按指标性质分
    - 正指标（除静态投资回收期外，越大越好）
    - 反指标（静态投资回收期，越小越好）
  - 按数量特征分
    - 绝对量指标（静态投资回收期和净现值）
    - 相对量指标（投资利润率和内部收益率等）
  - 按重要性分
    - 主要指标（净现值和内部收益率等）
    - 次要指标（静态投资回收期）
    - 辅助指标（投资利润率）

图 9—3　项目投资评价指标分类

四、项目投资决策分析的三要素

项目投资决策分析应当以折现的评价指标为主。采用折现法的基本理由是：一项长期使用的资产，不仅现在能取得一定的收益，而且能期望在将来源源不断地取得这种收益；同时，作为购买该项资产的投资者，他为此支付的货币量不会（也不应该）超过该项资产（或与其具有同样风险因素的相似资产）预期收益的折现值。如果是这样的话，这项资产的价值就相当于这样一个货币额，即将这个货币额存入银行的话，在相同报酬率要求的前提下，投资者也会源源不断地获得与这项收益等量的收入。例如，投资某永久性的项目 800 万元以后，预期每年可获得 80 万元的收益，相当于该投资者在要求报酬率为 10%的条件下的永续年金。这种关系实质上就是货币的现在价值与其将来价值之间的关系，是一个资本化的折现过程，即将收到的现金净流入量折现后与投入的现值金额比较所体现的投资效果的过程。投资之所以能够实现，是因为有取得期望收益的可能；同样，要想获得期望收益就必须进行投资，这是一种现值货币与将来不断取得货币收入之间的权利交换。

在采用折现法进行项目投资决策评价之前及其过程之中，应当确认以下三大要素：

(一)收益额

收益额的确认首先来源于评价人员的职业判断与项目评价经验，应当尽量客观公允。理性上认定的收益额应该就是特定项目所提供的有贡献的未来收益，它只能归属于该特定项目持有期所拥有的合理的、正常的、客观的收益，能确切反映该资产的内在价值。代表项目收益额的指标主要有净利润(税后利润)和净现金流量(现金流量净额)两种，一般采用项目现金流量指标。

项目现金流量净额是以独立的项目作为一个系统，反映其整个寿命期内实际发生的现金流入量和流出量的净额。不论是营业收支、投资收支，还是资产收支，只要形成现金流量净额的，都看做是净收益。现金流量净额是各年的现金流入量与现金流出量的差额。

(二)折现率

折现率又称收益还原率，其本质是一种投资回报率，包含无风险报酬率、风险报酬率和通货膨胀率。其中，无风险报酬率一般是指资金的时间价值，风险报酬率一般是指冒风险所取得的报酬与投资额(占用资产)的比率。对于每一项资产的投资，由于其投资对象不同、使用条件不同、具体用途不同、所处行业不同，其面临的风险也不一样，因此，折现率也不相同。

(三)收益期

收益期即收益年限(收益期间)，一般分为有限期和无限期两种。

当考虑到企业持续经营的特殊性，在有充分证据证明资产的正常收益可以无限期地获得时(如资产对应的产品能有长期的市场等)，可以采用无限期的收益法来估算项目的价值。

当资产的收益有期限时，应以项目收益的有效年限为预测依据，如有法律效率的合同、协议等契约(如经营合同)中对资产收益期的约定，资产本身的寿命期，资产所对应的产品的生命周期等。

收益期在运用于投资项目评价时通常被称为项目计算期。项目计算期是指投资项目从投资建设开始到最终清理结束整个过程的全部时间，即指投资项目的有效持续期间。完整的工业投资项目计算期包括建设期和生产经营期，即：

$$项目计算期(n)=建设期(s)+生产经营期(p)$$

项目计算期及其有关现金流量的分布情况如图 9—4 所示。

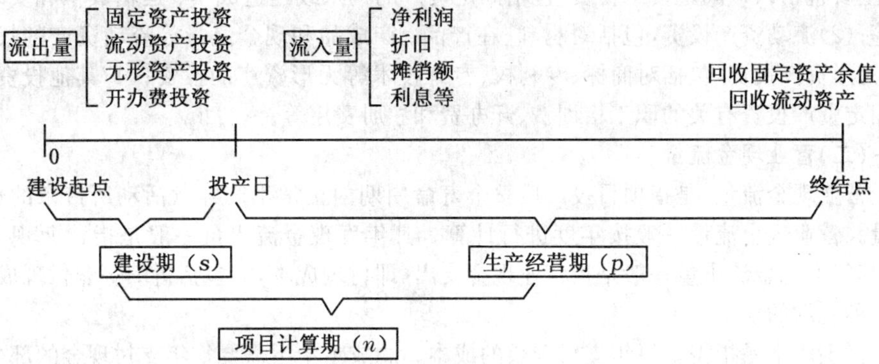

图 9—4 项目计算期与现金流量分布

项目资金的投入方式可以一次投入，也可以分次投入。一次投入是指投资行为集中一次发生在项目计算期第一年年初或年末。分次投入是指投资行为涉及两个或两个以上年度，或虽只涉及一个年度，但同时在该年年初和年末发生。

以上三个要素所构成的项目评价方法也被称为收益现值法（简称"收益法"），是国际上通行的资产评估方法。在投资市场或资本市场上，投资之所以能够实现，是因为投资者有取得期望收益的可能；同样，投资者要想获得期望收益就必须进行投资。而收益现值法实质上就是货币的现在价值与其将来价值之间的比较关系，即它是把将来收到的现金净流入量或净利润折现后与投入的现值金额相比较所体现的投资效果的过程。

第二节 项目投资现金流量分析

一、项目投资现金流量的具体构成内容

项目投资现金流量是一个针对项目投资的特定概念，是指特定项目所引起的"增量"的现金流量。这里的"现金"是广义的现金，不仅包括各种货币资金，而且包括项目需要投入的企业拥有的非货币资源的变现价值（重置成本）。

项目投资决策的关键是确定其相应的现金流量，应着眼于分析每个项目从初始投

资到终止的整个寿命期的现金流，即一个投资项目在其计算期内的各项现金流入量与现金流出量，包括建设期（初始）现金流量、营业现金流量和终结现金流量三个部分。

（一）建设期现金流量

建设期现金流量是指投资时发生的现金流量，一般表现为现金流出量，用负数表示，主要包括：(1)固定资产投资，包括固定资产的购入或建造成本、运输成本和安装成本等；(2)流动资产投资，包括对材料、在产品、产成品和现金流量等流动资产的投资；(3)无形资产投资，包括对商标、专利权、专有技术等无形资产的投资；(4)其他投资，指与固定资产投资有关的职工培训费、开办费和注册费用等。

（二）营业现金流量

营业现金流量，是指项目投产后整个寿命周期内正常生产经营活动所带来的现金流量。营业现金流量一般按年度进行计算。其年度现金流入量一般是指营业现金收入，其年度现金流出量一般是指营业现金支出（即付现成本，不包括折旧等非付现成本）和各种税款的现金支出。

付现成本是指需要每年支付现金的成本。总成本中不需要每年支付现金的部分称为非付现成本，其中主要是折旧费和摊销额等。通常将折旧作为非付现成本的代表。所以，付现成本可以总成本减折旧等非付现成本来估计。

年营业净现金流量可用以下公式表示：

营业净现金流量＝营业收入－付现成本－所得税
＝营业收入－(总成本－折旧)－所得税
＝营业利润＋折旧－所得税
＝净利润＋折旧

又因为：

税后成本＝支出金额×(1－所得税税率)
税后收入＝收入金额×(1－所得税税率)
税负减少＝折旧×所得税税率

所以：

营业净现金流量＝税后收入－税后成本＋税负减少
＝收入×(1－所得税税率)－付现成本×(1－所得税税率)＋折旧×税率

上述计算公式中的支出金额是指税法规定可以税前列支的成本、费用和损失等。收入金额是指根据税法规定需要纳税的收入，但不包括项目结束时收回的垫支资金等的现金流入。固定资产清理报废时发生的实际变价收入应记入“固定资产清理”账户，通过该账户核算清理损益，其清理净收益应当纳税，其清理净损失可以抵税（减税）。

(三)终结现金流量

终结现金流量,是指投资项目终结时所发生的现金流量。终结现金流量基本上是现金流入量,包括固定资产残值收入、原垫支的各种流动资金的收回等。终结现金流量一般用正数表示。

二、项目现金流量的估算方法

(一)项目现金流入量估算

项目现金流入量包括营业收入和回收额,这两个部分都是由项目引起的新增的现金流入量。

营业收入一般应按项目在经营期内有关产品的各年预计单价和预测销售量估算。在按总价法核算现金折扣和销售折让的情况下,营业收入是指不包括折扣和折让的净额。营业收入作为现金收入本应按照当期现销收入额与回收以前年度应收账款合计数确认。为简化核算,可假定正常经营年度内每期发生的赊销额与回收的应收账款大体相同,直接用营业收入作为现金收入。

一般用固定资产的原值乘以法定净残值率估算终结点发生的回收固定资产余值。在生产经营期内提前回收的固定资产余值可根据其预计净残值估算。对于更新改造项目,需要估算两次:第一次根据提前变卖的旧设备可变现净值(未扣除相关营业税)来确认,第二次仿照建设项目的办法估算在终结点发生的回收余值。

假定在经营期不发生提前回收流动资金,则在终结点一次回收的流动资金应等于各年垫支的流动资金投资额合计数。

(二)项目现金流出量估算

现金流出量主要包括原始投资、经营成本和税负三个部分,它们都是由项目引起的新增的现金流出量。

单纯固定资产投资项目的原始投资只有固定资产投资,完整工业投资项目的原始投资包括建设投资和流动资金投资,固定资产更新改造项目的原始投资包括购置新固定资产投资和新增流动资金投资。

流动资金投资的估算可按下式进行:

经营期某年流动资金需用额＝该年流动资产需用额－该年流动负债需用额

本年流动资金增加额＝本年流动资金需用额－截至上年末的流动资金占用额

有关成本费用的估算应按照成本费用的计算方法进行,如:

总成本(费用)＝付现成本(经营成本)＋非付现成本

某年经营成本(付现成本)＝该年总成本(费用)－该年非付现成本(费用)

该年非付现成本(费用)＝该年折旧额＋该年摊销额＋该年利息支出

至于税负,可按照现行税法规定的税率计算,也可按照实际测算的平均税负计算。

各项目类型有关的现金流入量和流出量的具体内容可归纳如表 9－1 所示。

表 9－1　　项目现金流入流出量一览表

项目类型	现金流入量	现金流出量
单纯固定资产投资项目	新增营业收入 回收固定资产的余值	固定资产投资 新增经营成本 增加的各种税款
完整工业投资项目	营业收入 回收额(包括回收固定资产余值和回收流动资金) 其他现金流入	建设投资、流动资金投资}原始投资 经营成本 各项税款 其他现金流出
固定资产更新改造项目	使用新固定资产增加的营业收入 处置旧固定资产的变现净收入 新旧固定资产回收余值的差额	购置新固定资产的投资 使用新固定资产增加的流动资金投资 使用新固定资产增加的经营成本 使用新固定资产增加的各种税款(因旧固定资产提前报废而产生的净损失抵税以负值表示)

(三)项目净现金流量

净现金流量又称现金净流量，是指在项目计算期内由每年现金流入量与同年现金流出量之间的差额所形成的序列指标。其计算公式为：

某年净现金流量＝该年现金流入量－该年现金流出量

例 **9－1**　某公司准备建造一条生产线，在建造起点一次投入全部资金。预计购建成本共需 33 万元。预计生产线的使用寿命为 5 年。企业采用直线法计提折旧，预计固定资产清理净收入为 3 万元。此外，还需追加配套流动资金投资 10 万元。投产后预计每年可获得营业收入 40 万元(假定全部收入现金)，第一年的付现成本为 10 万元，以后随生产线的磨损逐年增加维修保养等费用 2 万元。企业所得税实际税负为 30%。

根据上述资料，该项目计算期内各年现金流量的计算如下：

年折旧额＝(33－3)÷5＝6(万元)

$NCF_0=0-(33+10)=-43$(万元)

$NCF_1=(40-10-6)\times(1-30\%)+6=22.8$(万元)

$NCF_2=(40-12-6)\times(1-30\%)+6=21.4$(万元)

$NCF_3=(40-14-6)\times(1-30\%)+6=20$(万元)

$NCF_4=(40-16-6)\times(1-30\%)+6=18.6$(万元)

$NCF_5=(40-18-6)\times(1-30\%)+6+3+10=30.2$(万元)

根据以上计算结果，可汇总编制该项目投资现金流量表(如表 9－2 所示)。

表 9－2 **项目现金流量一览**

项目内容＼项目计算期	0	1	2	3	4	5	合计
固定资产投资	－33						－33
流动资金投资	－10						－10
营业现金流量		22.8	21.4	20	18.6	17.2	100
固定资产清理净收入						3	3
流动资金回收						10	10
现金流量合计	－43	22.8	21.4	20	18.6	30.2	70

不同项目投资的净现金流量并不相同，其计算方法可归纳如表 9－3 所示。

表 9－3 **不同项目投资的净现金流量计算**

项目内容	计算公式	有关说明
单纯固定资产投资项目	建设期 NCF_t＝－固定资产投资额 经营期 NCF_t＝净利＋折旧＋利息＋净残值	净利、折旧和利息都是指项目引起的新增的部分
完整工业投资项目	建设期 NCF_t＝－原始投资额 经营期 NCF_t＝净利＋折旧＋摊销＋利息＋回收额	①原始投资包括建设投资和流动资金投资，建设投资包括固定资产投资、无形资产投资和开办费投资 ②建设期一般只有现金流出，没有现金流入，所以，建设期 NCF_t＝－原始投资额
更新改造投资项目	①有建设期时： 建设期 $\Delta NCF_t=-\left(\text{新固定资产投资}-\text{旧固定资产变价净收入}\right)$ 建设期末 ΔNCF_t＝固定资产提前报废净损失减税 ＝(账面价值－变现价值)×所得税税率 经营期 ΔNCF_t＝Δ净利＋Δ折旧＋Δ净残值 ②建设期为零时： 建设期 $\Delta NCF_t=-\left(\text{新固定资产投资}-\text{旧固定资产变价净收入}\right)$ 经营期第一年 ΔNCF_t＝Δ净利＋Δ折旧＋固定资产提前报废净损失减税 经营期其他年度 ΔNCF_t＝Δ净利＋Δ折旧＋Δ净残值	①更新改造项目可以看成是售旧购新的特定项目，净现金流量只考虑两者的差额 ②固定资产提前报废净损失(净收益)减税(纳税)，在没有建设期时，发生在第一年年末；在有建设期时，发生在建设期期末 ③如有利息，经营净现金流量中应考虑这一因素

三、项目现金流量估算应当注意的问题

在确定与投资方案相关的现金流量时,所应遵循的基本原则是:只有增量现金流量才是与项目相关的现金流量。增量现金流量是指接受或拒绝某个投资方案后,企业总现金流量因此而发生的变动。只有那些由于采纳某个项目所引起的现金支出增加额,才是该项目的现金流出;只有那些由于采纳某个项目所引起的现金流入增加额,才是该项目的现金流入。

为了正确计算投资方案的增量现金流量,需要正确判断哪些支出会引起企业总现金流量的变动,哪些支出不会引起企业总现金流量的变动,即需要区分相关成本和非相关成本,这是确定项目现金流量的关键。相关成本是指与特定决策有关的、在分析评价时必须加以考虑的成本,如未来成本、重置成本、差额成本、机会成本和变动成本等。非相关成本是指与特定决策无关、在分析评价时不必加以考虑的成本,如沉没成本、过去成本、账面成本和固定不变的成本等。

如果将非相关成本纳入投资方案的总成本中,则一个有利的方案可能因此而变得不利,一个较好的方案可能因此而变为较差的方案,从而造成决策错误。

此外,不要忽视机会成本。如果选择了一个投资方案,则必须放弃投资于其他途径的机会。其他投资机会可能取得的收益是实行本方案的一种代价,被称为这项投资方案的机会成本。机会成本不是我们通常意义上的"成本",它不是一种支出或费用,而是失去的收益。这种收益不是实际发生的而是潜在的。机会成本总是针对具体方案的,离开被放弃的方案就无从计量确定机会成本。

在投资项目决策中,考虑机会成本的意义在于它有助于全面考虑可能采取的各种方案,以便为既定资源寻求最有利的使用途径。

第三节 项目投资的折现率分析*

一、折现率与资本资产定价模式

折现率是指将未来预期收益折算成现值的比率。从其构成内容分析,折现率主要由两部分组成:一是无风险报酬率,二是风险报酬率。①

当投资项目在其寿命周期内处于风险水平较为稳定的情况下时,可采用资本资产

---

① 在持续通货膨胀的年份还应当考虑通货膨胀因素:折现率=无风险报酬率+风险报酬率+通货膨胀率。

定价模型(Capital Asset Pricing Model,CAPM)来确定折现率。即：

$$K_i = R_f + \beta_i \times (K_m - R_f)$$

资本资产定价模型是由美国学者夏普、林特尔、特里诺和莫辛等人在资产组合理论的基础上发展起来的,是现代金融市场价格理论的支柱,广泛应用于投资决策和公司理财领域。该模型反映了风险与收益之间的对应关系:某项资产的期望收益率是风险系数的一个递增函数,即风险愈大,期望收益愈高;风险愈小,期望收益愈低。企业要获得较高的收益,也就要承担与之相应的风险;反之,如果想避免风险,则只能得到较低的收益。该模式的优点在于简单、明确,将必要报酬率划分为以下三个因素:

(1)R_f 为无风险报酬率,即资金的时间价值,一般可指国库券收益率。

(2)$(K_m - R_f)$为风险报酬率,其中,K_m 为所有股票或所有证券的平均收益率,即市场均衡收益率。

(3)β_i(Beta 系数的缩写)为第 i 项投资的风险系数,是用以度量一项资产系统风险的指针。一些专门机构会定期进行测算并公布 β 值。其计算比较复杂,可以利用协方差或回归方程求解。其经济含义在资本资产定价模型的推导中可以反映出来,是指个别股票的风险与整个股市平均风险的比值,即相对于市场组合而言特定资产的系统风险是多少。所以,β 系数是用来计量一项投资的系统风险的。

$$\beta_i = \frac{K_i - R_f}{K_m - R_f}$$

当 $\beta < 1$ 时,表明该项资产的投资风险低于市场平均风险,因而其期望收益率小于市场平均收益率。

当 $\beta = 1$ 时,表明该项资产的投资风险与市场平均风险一致,因而其期望收益率等于市场平均收益率。

当 $\beta > 1$ 时,表明该项资产的投资风险大于市场平均风险,因而其期望收益率大于市场平均收益率。

可见,β 越大,其期望收益率越高;β 越小,其期望收益率越低。

例 **9−2**　某项投资的无风险资产收益率为 5%,市场平均收益率为 10%,该项资产投资的 β 值为 0.8,其必要报酬率应为:

$K = 5\% + 0.8 \times (10\% - 5\%) = 9\%$

二、资金的时间价值(无风险报酬率)

无风险报酬率反映的是在本金没有违约风险、期望收入得到保证时资金的基本价值。在此情形下,投资者仅仅牺牲了某一时期货币的使用价值或效能。对一般投资者而言,国债利率通常成为无风险报酬率的参考标准。以长期国债利率作为安全利率也是国际上普遍的做法。

企业资金在运行过程中的不同时点上具有不同的价值。例如，向银行取得10 000元借款，年复利 8%，5 年后归还借款时需支付给银行14 693元，这多付的4 693元就是企业支付给银行的利息。这是银行将资金让渡给企业后所取得的价值。资金在周转使用中由于时间因素而形成的差额价值，称为资金的时间价值。

时间价值是资金所有权与资金使用权相分离后，资金使用者向资金所有者支付的一种报酬或代价，其实质是资金周转使用后的增值额。从来源看，资金的时间价值是社会资金使用效益的一种表现，是资金周转的结果。它包括两个部分：一是由于时间延长从而周转次数增加带来的差额价值；二是由于上一次周转所得的利润又被重新投入周转带来的差额的价值（又称复利）。资金使用时期越长，周转次数越多，由此带来的复利越多。

资金的时间价值具有时点性、递增性（周转额随时期递增）、相对性（现值与终值）、假设性（利率与计息期）以及表现形式多样性（单利、复利、年金）等特征。其中：单利是指利息不参与计息，利不生利；复利是指利息按照约定的计息周期参与计息，利滚利；年金是指等额、定期的系列支出，如分期付款赊购和分期偿还贷款等。年金还有普通年金、预付年金、递延年金和永续年金之分。

资金时间价值量的大小往往参照利息率水平的高低和时间的长短确定。表现资金时间价值量的指标通常有单利终值与现值、复利终值与现值、年金（A）终值与现值三种。终值（F）就是资金将来的价值，即本利和，它是资金现值的对称；现值（P）是指资金现在的价值，即本金。同样的本金，其利率（i）越高，周转期（n）越长，将来值也就越大。货币时间价值的计算公式、系数符号与系数名称归纳如表 9—4 所示。

表 9—4　　资金时间价值的计算公式与系数一览表

指标名称		计算公式	系数符号	系数名称
单利	单利终值	$F=P(1+i\cdot n)$	$1+i\cdot n$	单利终值系数
	单利现值	$P=F/(1+i\cdot n)$	$1/(1+i\cdot n)$	单利现值系数
复利	复利终值	$F=P(1+i)^n$	$(1+i)^n=(F/P,i,n)$	复利终值系数
	复利现值	$P=F(1+i)^{-n}$	$(1+i)^{-n}=(P/F,i,n)$	复利现值系数
年金	普通年金终值	$F=A\dfrac{(1+i)^n-1}{i}$	$\dfrac{(1+i)^n-1}{i}=(F/A,i,n)$	普通年金终值系数
	偿债基金	$A=F\dfrac{i}{(1+i)^n-1}$	$\dfrac{i}{(1+i)^n-1}=(A/F,i,n)$	偿债基金系数
	普通年金现值	$p=A\dfrac{1-(1+i)^{-n}}{i}$	$\dfrac{1-(1+i)^{-n}}{i}=(P/A,i,n)$	普通年金现值系数
	资本回收额	$A=P\dfrac{i}{1-(1+i)^{-n}}$	$\dfrac{i}{1-(1+i)^{-n}}=(A/P,i,n)$	资本回收系数

续表

指标名称		计算公式	系数符号	系数名称
	即付年金终值	$F=A(F/A,i,n)\times(1+i)$ 或$=A[(F/A,i,n+1)-1]$	$(F/A,i,n+1)-1$	即付年金终值系数
	即付年金现值	$P=A(P/A,i,n)\times(1+i)$ 或$=A[(P/A,i,n-1)+1]$	$(P/A,i,n-1)+1$	即付年金现值系数
	递延年金终值	递延年金终值的大小与递延期 m 无关，即递延 m 期之后的 n 期普通年金的终值： $F=A\dfrac{(1+i)^n-1}{i}$		
	递延年金现值	$P=A\times(P/A,i,n)\times(P/F,i,m)$ $=A\times(P/A,i,m+n)-A\times(P/A,i,m)$ $=A\times(F/A,i,n)\times(P/F,i,n+m)$		
	永续年金现值	永续年金是指无限期支付的年金，与持续期无关，没有终值，只有现值，可视为期限趋于无穷的普通年金：$P=A/i$		

无论计算终值、现值，还是推算期限、折现率等其他运用情况，一般都可以按如下步骤进行计算：(1)确定问题的类型，判断是一次性收付款项还是年金，如果是年金，是哪一类年金；(2)确定要解决什么问题，求终值、现值、年金，还是推算期限或折现率；(3)处理好有关细节问题，如期数与利率是否一致、是即付年金还是普通年金等；(4)代入资金时间价值的有关公式后计算出终值、现值和年金。推算期限和折现率时，需要查表，并用内插法求解。常见的复利终值与现值、年金终值与现值的具体数值可查阅有关资金时间价值的系数表(如表 9－5 至表 9－8 所示)。

表 9－5　　复利终值系数(常用部分)

期数	6%	8%	10%	12%	14%	16%	18%	20%	22%	24%
1	1.060 0	1.080 0	1.100 0	1.120 0	1.140 0	1.160 0	1.180 0	1.200 0	1.220 0	1.240 0
2	1.123 6	1.166 4	1.210 0	1.254 4	1.299 6	1.345 6	1.392 4	1.440 0	1.488 4	1.537 6
3	1.191 0	1.259 7	1.331 0	1.404 9	1.481 5	1.560 9	1.643 0	1.728 0	1.815 8	1.906 6
4	1.262 5	1.360 5	1.464 1	1.573 5	1.689 0	1.810 6	1.938 8	2.073 6	2.215 3	2.364 2
5	1.338 2	1.469 3	1.610 5	1.762 3	1.925 4	2.100 3	2.287 8	2.488 3	2.702 7	2.931 6
6	1.418 5	1.586 9	1.771 6	1.973 8	2.195 0	2.436 4	2.699 6	2.986 0	3.297 3	3.635 2
7	1.503 6	1.713 8	1.948 7	2.210 7	2.502 3	2.826 2	3.185 5	3.583 2	4.022 7	4.507 7
8	1.593 8	1.850 9	2.143 6	2.476 0	2.852 6	3.278 4	3.758 9	4.299 8	4.907 7	5.589 5
9	1.689 5	1.999 0	2.357 9	2.773 1	3.251 9	3.803 0	4.435 5	5.159 8	5.987 4	6.931 0
10	1.790 8	2.158 9	2.593 7	3.105 8	3.707 2	4.411 4	5.233 8	6.191 7	7.304 6	8.594 4

复利终值系数的特征是：利率越高，期数越长，系数越大。

表 9—6　　　　　　　　　　　复利现值系数(常用部分)

期数	6%	8%	10%	12%	14%	16%	18%	20%	22%	24%
1	0.943 4	0.925 9	0.909 1	0.892 9	0.877 2	0.862 1	0.847 5	0.833 3	0.819 7	0.806 5
2	0.890 0	0.857 3	0.826 4	0.797 2	0.769 5	0.743 2	0.718 2	0.694 4	0.671 9	0.650 4
3	0.839 6	0.793 8	0.751 3	0.711 8	0.675 0	0.640 7	0.608 6	0.578 7	0.550 7	0.524 5
4	0.792 1	0.735 0	0.683 0	0.635 5	0.592 1	0.552 3	0.515 8	0.482 3	0.451 4	0.423 0
5	0.747 3	0.680 6	0.620 9	0.567 4	0.519 4	0.476 1	0.437 1	0.401 9	0.370 0	0.341 1
6	0.705 0	0.630 2	0.564 5	0.506 6	0.455 6	0.410 4	0.370 4	0.334 9	0.303 3	0.275 1
7	0.665 1	0.583 5	0.513 2	0.452 3	0.399 6	0.353 8	0.313 9	0.279 1	0.248 6	0.221 8
8	0.627 4	0.540 3	0.466 5	0.403 9	0.350 6	0.305 0	0.266 0	0.232 6	0.203 8	0.178 9
9	0.591 9	0.500 2	0.424 1	0.360 6	0.307 5	0.263 0	0.225 5	0.193 8	0.167 0	0.144 3
10	0.558 4	0.463 2	0.385 5	0.322 0	0.269 7	0.226 7	0.191 1	0.161 5	0.136 9	0.116 4

复利现值系数的特征是:利率越高,期数越长,系数越小。

表 9—7　　　　　　　　　　　年金终值系数(常用部分)

期数	6%	8%	10%	12%	14%	16%	18%	20%	22%	24%
1	1.000 0	1.000 0	1.000 0	1.000 0	1.000 0	1.000 0	1.000 0	1.000 0	1.000 0	1.000 0
2	2.060 0	2.080 0	2.100 0	2.120 0	2.140 0	2.160 0	2.180 0	2.200 0	2.220 0	2.240 0
3	3.183 6	3.246 4	3.310 0	3.374 4	3.439 6	3.505 6	3.572 4	3.640 0	3.708 4	3.777 6
4	4.374 6	4.506 1	4.641 0	4.779 3	4.921 1	5.066 5	5.215 4	5.368 0	5.524 2	5.684 2
5	5.637 1	5.866 6	6.105 1	6.352 8	6.610 1	6.877 1	7.154 2	7.441 6	7.739 6	8.048 4
6	6.975 3	7.335 9	7.715 6	8.115 2	8.535 5	8.977 5	9.442 0	9.929 9	10.442 3	10.980 1
7	8.393 8	8.922 8	9.487 2	10.089 0	10.730 5	11.413 9	12.141 5	12.915 9	13.739 6	14.615 3
8	9.897 5	10.636 6	11.435 9	12.299 7	13.232 8	14.240 1	15.327 0	16.499 1	17.762 3	19.122 9
9	11.491 3	12.487 6	13.579 5	14.775 7	16.085 3	17.518 5	19.085 9	20.798 9	22.670 0	24.712 5
10	13.180 8	14.486 6	15.937 4	17.548 7	19.337 3	21.321 5	23.521 3	25.958 7	28.657 4	31.643 4

年金终值系数的特征是:利率越高,期数越长,系数越大。

表 9—8　　　　　　年金现值系数(常用部分)

期数	6%	8%	10%	12%	14%	16%	18%	20%	22%	24%
1	0.943 4	0.925 9	0.909 1	0.892 9	0.877 2	0.862 1	0.847 5	0.833 3	0.819 7	0.806 5
2	1.833 4	1.783 3	1.735 5	1.690 1	1.646 7	1.605 2	1.565 6	1.527 8	1.491 5	1.456 8
3	2.673 0	2.577 1	2.486 9	2.401 8	2.321 6	2.245 9	2.174 3	2.106 5	2.042 2	1.981 3
4	3.465 1	3.312 1	3.169 9	3.037 3	2.913 7	2.798 2	2.690 1	2.588 7	2.493 6	2.404 3
5	4.212 4	3.992 7	3.790 8	3.604 8	3.433 1	3.274 3	3.127 2	2.990 6	2.863 6	2.745 4
6	4.917 3	4.622 9	4.355 3	4.111 4	3.888 7	3.684 7	3.497 6	3.325 5	3.166 9	3.020 5
7	5.582 4	5.206 4	4.868 4	4.563 8	4.288 3	4.038 6	3.811 5	3.604 6	3.415 5	3.242 3
8	6.209 8	5.746 6	5.334 9	4.967 6	4.638 9	4.343 6	4.077 6	3.837 2	3.619 3	3.421 2
9	6.801 7	6.246 9	5.759 0	5.328 2	4.946 4	4.606 5	4.303 0	4.031 0	3.786 3	3.565 5
10	7.360 1	6.710 1	6.144 6	5.650 2	5.216 1	4.833 2	4.494 1	4.192 5	3.923 2	3.681 9

年金现值系数的特征是：利率越低，期数越长，系数越大。

例 **9—3**　某公司拟购买一处房产，开发商提出了三个付款方案：方案一是现在起 15 年内每年末支付 10 万元；方案二是现在起 15 年内每年初支付 9.5 万元；方案三是前 5 年不支付，第 6 年起到第 15 年每年末支付 18 万元。假设按银行贷款利率 10% 复利计息，问哪一种付款方式对购买者更有利？

利用计算终值的比较情况如下：

方案一：$F=10\times(F/A,10\%,15)=10\times31.772=317.72$(万元)

方案二：$F=9.5\times[(F/A,10\%,16)-1]=9.5\times(35.950-1)=332.03$(万元)

方案三：$F=18\times(F/A,10\%,10)=18\times15.937=286.87$(万元)

利用计算现值的比较情况如下：

方案一：$P=10\times(P/A,10\%,15)=10\times7.6061=76.07$(万元)

方案二：$P=9.5\times[(P/A,10\%,14)+1]=9.5\times(7.3667+1)=79.484$(万元)

方案三：$P=18\times[(P/A,10\%,15)-(P/A,10\%,5)]=18\times(7.6061-3.7908)$
$=68.68$(万元)

根据上述计算，无论是比较终值还是现值，都是第三种付款方案对购买者更有利。

同样一项投资决策，在考虑资金的时间价值与不考虑资金的时间价值的情况下，可能会得出不一致的结论。

例 **9—4**　某企业购置一台价值为10 000元的设备，使用年限为 5 年。为简化起见,假定5年后该设备报废时的残值为0,5年中每年提取折旧2 000元,并获得利润500元。折现率为5%。考虑资金的时间价值(贴现法)与不考虑资金的时间价值(非贴现法)的计算结果的比较如表9-9所示。

表9-9　　项目投资分析对比

年　份	非贴现法	贴现法
第一年	2 500	2 500×0.952 4=2 381.00
第二年	2 500	2 500×0.907 0=2 267.50
第三年	2 500	2 500×0.863 8=2 159.50
第四年	2 500	2 500×0.822 7=2 056.75
第五年	2 500	2 500×0.783 5=1 958.75
5年之和	12 500	10 823.50

由于5年中每年的现金流量为等额的2 500元,因此,可以利用普通年金现值法计算其净现值:

$$\text{净现值(NPV)}=2\,500\times\frac{1-(1+5\%)^{-5}}{5\%}-10\,000=823.75(\text{元})$$

在非贴现法下,该设备投资5年中除了可通过提取折旧回收全部投资外,还可获得2 500元利润。而在贴现法下,该设备投资收回的现值总额为10 823.75元,比投入的10 000元只多823.75元,两者计算的结果并不一致。

资金的时间价值可以用绝对数(利息额)表示,也可以用相对数(利息率)表示。考虑资金的时间价值是把不同时期的收入和支出按一定折现率折算为同一时点上的收支,这样在价值量上就具有可比性。资金时间价值的应用十分广泛,凡是有资金流入、流出的经济活动,都可以考虑资金时间价值的大小。

现值观念在应用时最要紧。由于今天的收入比明天的收入更值钱,因此,时间价值既是无情的,又是十分宝贵的。"早收晚付"在经济上对企业总是有利的。对于不带利息的货币收支,与其晚收不如早收,与其早付不如晚付。货币在自己的手中,既不会有损于原来的价值,又减少了风险,还可以用于投资获利。

三、风险报酬率

风险是指某一行动的结果具有多样性或不确定性。在存在风险的环境中从事某项经营活动,应当事先估算产生收益或损失的可能性。例如,某项投资,可能会实现预期收益,也可能无法实现,甚至出现亏损。这种盈亏出现的不确定性即表明投资有风险。

任何投资与投资组合都会面临系统性风险和非系统性风险。系统性风险是指市场中无法通过分散投资来消除的风险，如利率、经济衰退、战争等。非系统性风险又被称为特殊风险，属于个别股票或个别项目的自有风险，投资者可以通过投资组合来消除。投资的总风险一般由系统风险和非系统风险构成，其风险的分类、特点与分散情况如图9—5所示。

- 总风险（标准差衡量）
  - 非系统性风险
    - 特点：该类风险可分散
    - 分散方式：多元化投资
    - 分散情况
      - 组合中证券数量足够多：抵消全部非系统性风险
      - 组合中证券数量不够多：抵消部分非系统性风险
  - 系统性风险
    - 特点：该种风险不可分散
    - 衡量指标：β

图9—5　风险的分类

市场经济中的风险总是与收益联系在一起。如果说管理的目的是为了取得收益，那么，收益的真正内涵是其风险价值。要想获得收益，就面临风险。高风险期望有高报酬，但高风险不一定会带来高报酬。风险与收益权衡原则是指风险与收益之间存在着对等关系，投资者必须对风险与收益作出权衡。这种对等关系是指高收益的投资机会必然伴随巨大的风险，风险小的投资必然只有较低的报酬。如果人们都倾向于高报酬和低风险，而且都是按照自己的经济利益行事，那么，竞争的结果就产生了风险与报酬之间的权衡。一般不可能在低风险的同时获得高报酬，因为这是每个人都想得到的。即使你最先发现了这样的机会并率先行动，别人也会迅速跟进。竞争可能会使报酬率降至与风险相当的水平。

投资学有一个重要的假设，即所有的投资者都是风险厌恶者。由于企业的经济实力和经营状况不同，投资者对风险的态度也存在着一定的差异，表现在对风险的厌恶程度不一样。但人们为什么还是要进行风险性投资呢？因为风险投资能得到额外报酬，即风险报酬。风险报酬有风险报酬额与风险报酬率两种表示方法。风险报酬额是指因进行风险投资而获得的超过资金的时间价值的额外报酬；风险报酬率是指投资者因冒险投资而获得的超过资金的时间价值的额外报酬率。

风险对企业价值的影响一般是通过风险对企业盈利能力和折现率的影响两个方面起作用的。风险对企业盈利能力的影响，是指由于风险的存在使企业盈利能力具有不确定性（即可变性），风险越大，这种不确定性就越大。对同一盈利能力的企业来说，其风险越大，价值越低；反之，风险越小，价值越高。风险对折现率的影响，是指由于风险的存在，使企业的资金供给者（包括投资者和债权人）要求的资金回报率具有可变性，风险越大，这种可变性越大，相应要求的回报率就越高。

风险与收益的关系可以用风险报酬率来表达，即风险报酬率表述为“风险补偿额相对于风险投资额的比率”。在通常情况下，与较大风险相联系的是较高的预期收益，与较小风险相联系的是较低的预期收益。

例 9－5 在投资决策中，考虑与不考虑风险价值，其计算结果是不一样的。现沿用例 9－4，假定该投资项目的无风险报酬率为 5％，风险报酬率为 4％，必要报酬率为 9％，按 9％为折现率计算该方案的净现值如下：

净现值＝2 500×［1＋(1＋9％)$^{-5}$］÷9％－10 000＝－275.25(元)

计算结果表明，在考虑风险价值的折现率下，这项投资总共收回现值9 724.5元，比投入的10 000元还少 275.25 元，显然这项投资是不可行的。

资本资产定价模型还可以用于组合投资的计算，此时组合投资的 β_p 等于被组合各投资 β 值的加权平均数，其计算公式如下：

$$\beta_p = \sum_{t=i}^{n} X_i \beta_i$$

例 9－6 某投资者进行证券投资组合，持有 A 股票、B 股票和 C 股票的投资比例各占 50％、30％和 20％，其 β 值分别为 1.5、1 和 0.5。经组合后的 β 值为：

β_p＝50％×1.5＋30％×1＋20％×0.5＝1.15

如果上述 A 股票、B 股票和 C 股票的投资比例各占 20％、30％和 50％，其 β 值仍然分别为 1.5、1 和 0.5。经组合后的 β 值为：

β_p＝20％×1.5＋30％×1＋50％×0.5＝0.85

以上计算表明，通过组合投资后能够调整 β_p 的数值，所以，投资组合能够降低组合后的投资风险，但不能改变每一证券自身的 β_i。

随着经组合后 β 值的降低，证券组合后的风险收益率也会随之降低。如例 9－6 中，如果当时的证券市场收益率为 12％，无风险报酬率为 4％，则组合前后的风险收益率如下：

组合前的风险收益率＝1.15×(12％－4％)＝9.2％

组合后的风险收益率＝0.85×(12％－4％)＝6.8％

四、风险衡量指标

衡量投资项目风险的大小，可以通过标准差和标准离差率来进行，其计算与分析包括以下几个步骤：

(一)确定概率分布

一个事件的概率是指这一事件发生的可能性。概率是用百分数或小数来表示随机事件发生的可能性及出现某种结果的可能性大小的数值。概率分布一般应符合以下两个要求：第一，所有概率即 P_i 都在 0 与 1 之间，即 $0 \leqslant P_i \leqslant 1$；第二，所有结果的概率之和应等于 1，即 $\sum P_i = 1$。

（二）计算期望报酬率

期望报酬率是各种可能的报酬率按其概率进行加权平均后得到的报酬率，是反映集中趋势的一种量度方法。

（三）计算标准差

标准差是反映概率分布中各种可能结果对期望值的偏离程度的一个数值。概率分布越集中，实际可能的结果越接近期望报酬率，实际报酬率低于预期报酬率的可能性则越小，其风险也就越低，标准差越小，表明离散程度越小，从而风险也越小；反之，则越大。但作为绝对数，该指标只能用来比较期望报酬率相同的各项投资的风险程度。

（四）计算标准离差率

标准离差率表示某资产每单位预期收益中所包含的风险的大小，是一个相对指标，用来比较预期收益率不同的资产之间的风险大小。

上述风险衡量指标的计算公式及其经济含义归纳如表 9—10 所示。

表 9—10　　风险的衡量指标及其经济含义

指　标	计算公式	经济含义
期望值	期望值 $\overline{E} = K_i P_i$	反映收益平均化，不能直接用来衡量风险
方差	方差 $\sigma^2 = \sum (K_i - \overline{E})^2 \times P_i$	期望值相同，方差越大，风险越大
标准离差	标准离差 $\sigma = \sqrt{\sum_{i=1}^{n} (K_i - \overline{E})^2 \times P_i}$	期望值相同，标准离差越大，风险越大
标准离差率	标准离差率 $q = \sigma \div \overline{E}$	标准离差率越大，风险越大

某方案的标准离差或者标准离差率应当与预先设定的值进行对比，如果计算出来的值小于等于设定值，那么，说明方案的投资风险可接受；反之，则不可接受。

比较方案之间风险的大小应采用标准离差率（相对数）。因为标准离差（绝对数）仅适用于期望值相同的情况，而标准离差率却适用于期望值相同或不同的情况。在期望值不同的情况下，标准离差率越大，风险越大；反之，标准离差率越小，风险越小。例如，某企业拟进行一项完整工业项目投资，有甲、乙两个方案可供选择：已知甲方案净现值的期望值为1 000万元，标准离差为 300 万元；乙方案净现值的期望值为1 200万元，标准离差为 330 万元。甲方案的标准离差率＝300÷1 000＝30％；乙方案的标准离差率＝330÷1 200＝27.5％。显然，甲方案的风险大于乙方案。

任何企业都不可避免地与风险打交道，因为风险无处不在，无时不有。对企业来说，最好的方法不是回避，因为回避风险在一定程度上是回避收益。风险决策的基本原则要求投资者在风险与收益的相互协调中进行权衡，在风险一定的条件下使收益达到较高的水平，或者在收益一定的情况下使风险维持在较低的水平，以期取得较满意的收益。作为管理者，必须正视风险的存在以及这种存在对企业生存的挑战意义，牢固树立风险意识，加强风险管控。

五、选取折现率应当关注的问题

项目投资决策的难点之一就在于确定与项目投资现金流量相关的折现率。在投资评价实务中，确定折现率一般有以下几种选择：

(一)项目的必要报酬率

人们通常利用投资者要求的报酬率（必要报酬率）作为基准折现率(i)，并以此作为评价项目能否为投资者创造价值的标准。项目投资取得了高于必要报酬率的收益，就能为投资者创造财富。

基准折现率是管理会计的一个重要概念，它实际上是折现率的基准数，通常用来评价一个项目的财务可行性。当基准折现率选用社会基准折现率、行业基准折现率和历史基准折现率等作为评价项目的基准折现率时，应关注与收益额口径的关系和可比性等问题。

(二)项目的资金成本

一个项目从不同渠道取得的资金都是有成本的，加权平均资本成本（WACC）是指以各种资本在全部资本中所占的比重为权数，对各种长期资金的资本成本进行加权平均计算出来的资本总成本，可用来确定风险投资项目所要求的收益率。其计算公式如下：

加权平均资本成本＝优先股权重×优先股成本＋普通股权重×普通股成本
＋债务权重×债务成本×(1－所得税税率)

从企业投资的角度而言，不同性质的投资者要求不同的报酬率，但其共同点是对投资项目的最低要求报酬为加权平均资本成本。企业选择投资项目，应当以加权平均资本成本作为折现率来计算项目的净现值。

如果使用企业当前的资本成本作为项目的贴现率，应当具备两个条件：一是项目的风险与企业当前资产的平均风险相同，二是企业继续采用相同的资本结构为新的投资项目筹资。如果新项目的风险或筹资结构与现有资产显著不同，就不能使用企业当前的加权平均资本成本作为贴现率，而应当重新估计项目的风险，并计算项目要求的必要报酬率。在计算新项目必要报酬率的时候，应当考虑项目与项目之间多样化组合而产生的风险分散化效应等。

(三)根据不同阶段采用不同的折现率

投资项目有建设期和经营期之分。建设期可用贷款的实际利率，经营期可用全社会的资金平均收益率等作为折现率。

总之，折现率要求根据社会、行业、企业和评价对象的资产收益水平综合分析确定。

选择折现率时还要注意与所选收益额相配比。

第四节　投资决策的评价方法

一、静态评价指标(非贴现法)

投资回收期是指回收某项投资所需的时间，一般用年数表示，是用来计算各个备选方案原始投资额的收回时间，据此判断投资方案是否可行的一种方法。投资利润率又称投资报酬率，是项目投资所带来的每年平均净收益与投资总额的比率。这两个指标由于都没有考虑贴现，因此被称为静态评价指标，其含义、决策标准及优缺点可归纳如表 9—11 所示。

表 9—11　　静态评价指标一览表

指标名称	含义及计算公式	决策标准	优点	缺点
静态投资回收期(PP)	以项目经营净现金流量抵偿原始总投资所需要的全部时间 不包括建设期的回收期(PP') $=\frac{\text{原始总投资}}{\text{投产后各年相等的净现金流量}}$ 包括建设期的回收期(PP)$=PP'+$建设期	$PP\leqslant n/2$，$PP'\leqslant P/2$，方案可行；反之，方案不可行 $PP=PP'+S$	能够直观地反映原始总投资的返本期限，便于理解，计算简单	没有考虑资金的时间价值和回收期满后产生的现金流量
投资利润率(ROI)	正常年度利润或年均利润占投资总额的百分比 投资利润率(ROI)$=\frac{\text{年利润或年均利润}}{\text{投资总额}}\times100\%$ 投资总额$=$原始投资$+$资本化利息	$ROI\geqslant$基准 ROI，方案可行； $ROI<$基准 ROI，方案不可行	比较直观，计算简单，容易掌握	没有考虑资金的时间价值，不能正确反映建设期长短及投资方式不同对项目的影响，分子、分母计算口径的可比性较差，没有利用净现金流量信息

二、动态评价指标(贴现法)

动态评价指标采用贴现的方法，主要有以下四种基本评价指标与评价方法：

(一)净现值法

净现值是指把由于某个投资项目所引起的现金流出量和现金流入量按一定的折现率(或资本成本率)折算成现值，将现金流入量现值合计减去现金流出量现值合计后所得的净额。净现值法就是用现值净额的大小作为评价长期投资方案的一种决策分析方法。这种方法由于考虑了货币的时间价值，因此能够较好地反映出投资方案“真实”的报酬情况。

(二)净现值率法

净现值率是指投资项目的净现值占现金流出量(原始投资额)现值总数的比率。

(三)现值指数法

现值指数是指投资项目的现金流入量现值总数(或未来报酬的现值)与现金流出量现值总数(或原始投资额)的比率。现值指数法就是根据现值指数的大小来判断投资方案是否可行的一种决策分析方法。

(四)内含报酬率法

内含报酬率是使投资项目的现金流入量现值总数等于现金流出量现值总数的报酬率。它通过对投资项目的每年现金流量进行贴现,使现金流入量现值总数与现金流出量现值总数相等,由此计算出来的报酬率就是使投资方案的净现值等于零时的利率。内含报酬率法就是根据各个方案的内含报酬率是否高于按资金成本率或必要报酬率计算的贴现率来确定投资方案是否可行的一种决策分析方法。

上述动态评价指标的含义、决策标准和优缺点可归纳如表9－12所示。

表9－12　动态评价指标一览表

指标名称	含义及计算公式	决策标准	优点	缺点
净现值(NPV)	各年净现金流量现值的代数和 NPV＝投产后各年净现金流量现值之和－原始投资现值之和	$NPV \geqslant 0$,方案可行;否则,方案不可行	考虑了资金的时间价值、计算期全部的现金流量和投资风险	无法从动态的角度直接反映投资项目的实际收益率水平,计算比较麻烦
净现值率(NPVR)	净现值与原始投资现值的比率 $NPVR=\frac{\text{项目净现值}}{\text{原始投资额的现值}}$	$NPVR \geqslant 0$,方案可行;否则,方案不可行	可以动态反映资金投入与净产出之间的关系,计算比较简单	无法直接反映项目的实际收益率
获利指数(PI)	投产后各年净现金流量的现值与原始投资现值的比率 $PI=\frac{\text{投产后各年净现金流量现值}}{\text{原始投资额的现值}}$	$PI \geqslant 1$,方案可行;否则,方案不可行	可以动态反映资金投入与总产出之间的关系	无法直接反映投资项目的实际收益率,计算相对复杂
内含报酬率(内部收益率,IRR)	项目投资实际可望达到的收益率,即净现值＝0时的折现率 符合年金形式的($S=0$, $NCF_{1\sim n}$相等),采用查表找系数＋内插法求解① 不符合年金形式的,采用逐次测试＋内插法求解②	IRR≥设定的折现率,方案可行;否则,方案不可行	可以从动态角度直接反映投资项目的实际收益水平,不受行业基准收益率高低的影响,比较客观	计算过程复杂;当经营期大量追加投资时,可能出现多个IRR,或偏高或偏低,缺乏实际意义

① $IRR=\text{低利率}+(\text{高利率}-\text{低利率})\times\frac{\text{低利率系数}-\text{所求利率系数}}{\text{低利率系数}-\text{高利率系数}}$

② $IRR=\text{低利率}+(\text{高利率}-\text{低利率})\times\frac{\text{正净现值}}{\text{正净现值}-\text{负净现值}}$

三、项目投资评价方法的具体应用

(一)项目评价指标之间的关系

在评价投资项目时,如果各评价指标同时可行,即 $NPV \geqslant 0$,$NPVR \geqslant 0$,$PI \geqslant 1$,$IRR \geqslant i$,$PP \leqslant n/2$,$PP' \leqslant P/2$,$ROI \geqslant$ 基准 ROI,则接受该方案;如果各评价指标同时不可行,则放弃该方案。当次要指标(静态投资回收期)或辅助指标(投资利润率)与主要指标(净现值、内部收益率等)产生矛盾时,应当以主要指标的结论为准。换句话说,关于上述非贴现评价指标和贴现评价指标两大类合计 6 个指标的运用,在评价投资方案的优劣时,应当以贴现评价的 4 个指标为主。

在贴现评价指标中,净现值法是在用减法,即以"收益现值－支出现值"来比较各方案净现值的多少,用绝对数表示。净现值率法、现值指数法是用除法,即以"净现值÷支出现值"或"收益现值÷支出现值"来比较各方案的优劣,用相对数表示。内含报酬率是通过使"收益现值－支出现值＝0"来计算各方案客观存在的真实报酬,然后再比较各方案内含报酬率的高低,也是用相对数表示。在进行项目投资决策分析时,可将以上方法结合起来使用。

综上所述,在单一的独立投资项目和投资额相同的多个方案比较中,净现值、净现值率、现值指数和内含报酬率四个指标之间一般存在着如下变动关系:

净现值>0,净现值率>0,现值指数>1,内含报酬率$>i$

净现值$=0$,净现值率$=0$,现值指数$=1$,内含报酬率$=i$

净现值<0,净现值率<0,现值指数<1,内含报酬率$<i$

利用动态指标(净现值、净现值率、获利指数和内含报酬率)对同一个项目进行评价和决策,会得出相同的结论。

(二)多个互斥投资方案的决策

项目投资决策中的互斥方案是指在决策时涉及多个相互排斥、不能同时并存的投资方案。互斥方案的决策过程就是在每个入选方案已具备财务可行性的前提下,利用评价指标从各个备选方案中最终选出一个最优方案的过程。

第一,对单一投资项目的可行性分析或者对原始投资额相同并且项目计算期相等的多个方案进行比较,可采用净现值法、净现值率法、现值指数法和内含报酬率法,并以净现值、净现值率、现值指数的大小或者内含报酬率的高低作为择优选用的依据。

例 **9－7** 某公司计划投资一个新项目,该项目固定资产的投资额为 100 万元,该公司拟采用发行债券和优先股的方式筹集资金,拟平价发行面值为 800 元、票面年利率为 5%、每年付息一次、期限为 5 年的债券1 000张;剩余资金以发行优先股的方式筹集，固定股息率为 6%、平均所得税税负为 30%。全部资金在建设起点一次投入，建设期为 1 年，资本化利息为 4 万元。投产开始时需垫支 20 万元流动资金，项目终结时全部收回。预计投产后第一到第四年每年增加销售收入 45 万元，以后每年增加 41 万元；付现成本每年增加 11 万元；第一到第四年每年需支付利息 4 万元。该固定资产预计使用 10 年，按直线法提取折旧，预计净残值为 4 万元。

要求：分别计算债券成本、优先股成本和项目综合资金成本（筹资费率忽略不计），计算项目各年度现金净流量和净现值，并评价该项目的可行性。

在上述投资方案提出之前，该公司已有一个投资方案，其投资额是 100 万元，项目经营期为 10 年，经测算后的净现值为 80 万元。请问：应选择哪个方案？

(1)计算个别资本成本和项目综合资本成本：

债券成本＝5%×(1－30%)＝3.5%

优先股成本＝6%

项目综合资金成本＝3.5%×(80÷100)＋6%×(20÷100)＝4%

该项目的综合资金成本可以作为该项目投资的折现率。

(2)计算项目各年现金净流量：

年折旧＝(100＋4－4)÷10＝10(万元)

NCF_0＝－100(万元)

NCF_1＝－20(万元)

投产后 1～4 年每年的总成本＝11＋10＋4＝25(万元)

投产后 5～10 年每年的总成本＝11＋10＝21(万元)

投产后 1～4 年每年的净利润＝(45－25)×(1－30%)＝14(万元)

投产后 5～10 年每年的净利润＝(41－21)×(1－30%)＝14(万元)

$NCF_{2\sim5}$＝净利润＋折旧＋利息＝14＋10＋4＝28(万元)

$NCF_{6\sim10}$＝净利润＋折旧＝14＋10＝24(万元)

NCF_{11}＝净利润＋折旧＋残值＋收回流动资金＝14＋10＋4＋20＝48(万元)

(3)计算净现值＝－100－20×$(P/F,4\%,1)$＋28×$(P/A,4\%,4)$×$(P/F,4\%,1)$＋24×$(P/A,4\%,5)$×$(P/F,4\%,5)$＋48×$(P/F,4\%,11)$＝－100－20×0.961 5＋28×3.629 9×0.961 5＋24×4.451 8×0.821 9＋48×0.649 6＝97.49(万元)

该项目的净现值大于 0，说明该方案是可行的。

(4)现方案与原方案相比，由于净现值 97.49 万元大于 80 万元，因此，应选择新方案。

第二，对原始投资额不相同但项目计算期相等的多个方案的比较，可以采用差额投资内部收益率法，常见的决策模型是内含报酬率法在售旧购新等更新改造方案中的应用。

更新改造方案中的现金流量通常采用差额计算法。这种方法是分别计算两个备选方案的现金流入量和现金流出量,然后将两个方案的现金流入量差额与现金流出量差额进行比较,从而对两个方案进行选择。例如,某企业有两种方案可供选择:一是继续使用旧设备;二是卖掉旧设备,购置新设备。要进行两种方案的选择,必须先计算两种方案的增量现金流量,并以"△"表示现金流量的增加额。

例 9—8 某小企业为了提高生产效率,拟对一套尚可使用5年的设备进行更新改造。新旧设备的替换将在当年完成,更新设备的建设期为零,此项投资不涉及增加流动资金投资。该企业采用直线法计提设备折旧,适用的企业所得税税率为20%。

经调查分析后,提供有关更新改造的相关资料如下:

资料1:旧设备的原始价值为299 000元,截至当前的累计折旧为190 000元,对外转让可获变价收入110 000元,预计发生清理费用1 000元(用现金支付)。如果继续使用该旧设备,到第五年末的预计净残值为9 000元(与税法的规定相同)。

资料2:对于更新改造项目有甲、乙两个方案可供选择。

甲方案的有关资料如下:

购置一套价值550 000元的A设备替换旧设备,A设备预计到第五年末回收的净残值为50 000元(与税法的规定相同)。使用A设备可使企业第一年增加经营收入110 000元,增加经营成本21 625元;在第二~四年内每年增加营业利润83 750元;第五年预计增加经营净现金流量114 000元。使用A设备比使用旧设备每年增加折旧80 000元。

经计算,已得到甲方案的以下数据:按14%的折现率计算的净现值为14 940.44元,按16%的折现率计算的净现值为-7 839.03元。

乙方案的有关资料如下:

购置一套B设备替换旧设备,经测算,各年相应的更新改造增量净现金流量分别为:$\triangle NCF_0=-758\ 160$(元);$\triangle NCF_{1\sim5}=200\ 000$(元)。

资料3:已知当前企业投资的风险报酬率为4%,无风险报酬率为8%。

要求:

(1)根据资料1,计算与旧设备有关的指标如下:

①当前旧设备的折余价值=299 000-190 000=109 000(元)

②当前旧设备的变价净收入=110 000-1 000=109 000(元)

(2)根据资料2和其他数据,计算与甲方案有关的指标如下:

①更新设备比继续使用旧设备增加的投资额=550 000-109 000=441 000(元)

②经营期第一年总成本的变动额=21 625+80 000=101 625 (元)

③经营期第一年营业利润的变动额=110 000-101 625=8 375(元)

④经营期第一年因更新改造而增加的净利润＝8 375×(1－20%)＝6 700(元)

⑤经营期第二～四年每年因更新改造而增加的净利润＝83 750×(1－20%)＝67 000(元)

⑥第五年回收新固定资产净残值超过假定继续使用旧固定资产净残值的差额＝50 000－9 000＝41 000(元)

⑦ 各年现金流量计算如下：

$\triangle NCF_0=-441\ 000$(元)

$\triangle NCF_1=6\ 700+80\ 000=86\ 700$(元)

$\triangle NCF_{2\sim4}=67\ 000+80\ 000=147\ 000$(元)

$\triangle NCF_5=114\ 000+41\ 000=155\ 000$(元)

⑧甲项目的差额内部收益率计算如下：

$\triangle IRR_{甲}=14\%+14\ 940.44\div[14\ 940.44-(-7\ 839.03)]\times(16\%-14\%)=15.31\%$

(3)根据资料 2，计算乙方案的有关指标如下：

①更新设备比继续使用旧设备增加的投资额＝758 160(元)

②B设备的投资＝758 160＋109 000＝867 160(元)

③乙方案的差额内部收益率计算如下：

$200\ 000\times(P/A,\triangle IRR_{乙},5)=758\ 160$

$(P/A,\triangle IRR_{乙},5)=758\ 160\div200\ 000=3.7\ 908$

查表得出：$\triangle IRR_{乙}=10\%$

(4)以该企业期望的投资报酬率为决策标准，按差额内部收益率法对甲、乙两方案作出评价，并为企业作出是否更新改造设备的最终决策，同时说明理由。

期望的投资报酬率＝8%＋4%＝12%

因为$\triangle IRR_{甲}=15.31\%>12\%$，所以，甲方案在经济上是可行的。

因为$\triangle IRR_{乙}=10\%<12\%$，所以，乙方案在经济上是不可行的。

该企业应选择甲方案作为更新改造方案，原因是甲方案的内部收益率大于企业期望的投资报酬率，投资方案可行。

第三，对原始投资额不相同并且项目计算期也不相等的多个方案进行比较分析时，应当采用年等额净回收额法或计算期统一法。

(1)年等额净回收额法(年均净现值法)是指在投资额不等且项目计算期不同的情况下，根据各个投资方案的年等额净回收额指标的大小来选择最优方案的决策方法。

例 **9－9** 某公司正在考虑购置一台生产设备，经过调查研究，在多项投资方案中最后选出甲、乙两种方案进行决策。生产设备投资为一次性投资，假定报废时均无残值可回收，贴现率为10%。甲、乙两方案的有关现金流量资料如表 9－13 所示。

表 9－13 **项目投资现金流量计算** 单位：元

年次	摘要	甲方案			乙方案		
		净利润	折旧额	合计	净利润	折旧额	合计
0	现金流出			(180 000)			(150 000)
1	现金流入	33 000	36 000	69 000	35 000	50 000	85 000
2	现金流入	33 000	36 000	69 000	40 000	50 000	90 000
3	现金流入	33 000	36 000	69 000	45 000	50 000	95 000
4	现金流入	33 000	36 000	69 000			
5	现金流入	33 000	36 000	69 000			

先按净现值法分别计算甲、乙两方案的净现值。甲方案每年的现金流入量相等，可将其乘以年金现值系数求得现金流入量现值总数。乙方案每年的现金流入量不等，应将其分别乘以复利现值系数求得每年的现金流入量现值后加总。具体计算过程如下：

$净现值_{甲}=69\ 000\times 3.791-180\ 000=81\ 579$（元）

$净现值_{乙}=85\ 000\times 0.909+90\ 000\times 0.826+95\ 000\times 0.751-150\ 000=72\ 950$（元）

以上甲、乙两方案的净现值均为正数，说明它们的投资报酬率均在10%以上。由于甲、乙两方案不仅投资额大小不同，而且项目计算期也不一致，因此，决策时应当通过计算年均净现值进行择优。

$$年均净现值=净现值\times 资本回收系数(投资回收系数)$$

$$或=\frac{净现值}{年金现值系数}$$

$年均净现值_{甲}=81\ 579\div 3.790\ 8=21\ 520.26$（元）

$年均净现值_{乙}=72\ 950\div 2.486\ 9=29\ 333.71$（元）

因为29 333.71元>21 520.26元，所以，应选择乙方案。

(2)计算期统一法是指通过对计算期不相等的多个互斥方案选定一个共同的计算分析期，以满足时间可比性的要求，进而根据调整后的评价指标来选择最优方案的方法。计算期统一法又可分为方案重复法和最短计算期法。

①方案重复法(最小公倍数法)，是将各方案计算期的最小公倍数作为比较方案的计算期，进而调整有关指标，并据此进行决策的方法。

现根据例9－9中甲、乙两方案的资料，采用方案重复法计算如下：

$NPV_{甲}=81\ 579+81\ 579(P/F,10\%,5)+81\ 579\times(P/F,10\%,10)$

$\quad\quad=81\ 579+81\ 579\times 0.620\ 9+81\ 579\times 0.385\ 5=163\ 680.10$（元）

$NPY_{乙}=72\ 950+72\ 950\times(P/F,10\%,3)+72\ 950\times(P/F,10\%,6)+72\ 950\times$

$(P/F,10\%,9)+72\ 950\times(P/F,10\%,12)$

$=72\ 950+72\ 950\times0.751\ 3+72\ 950\times0.564\ 5+72\ 950\times0.424\ 1+72\ 950\times0.318\ 6=223\ 117.59$(元)

因为 223 117.59 元>163 680.10 元，所以，应选择乙方案。

②最短计算期法(最短寿命法)，是将所有方案的净现值还原为等额年回收额的基础上，再按照最短的计算期来计算出相应净现值，进而根据调整后的净现值进行决策的方法。

现根据例 9－9 中甲、乙两方案的资料，采用最短计算期法计算如下：

$NPV_{甲}=81\ 579\div3.790\ 8\times2.486\ 9=53\ 518.73$ (元)

$NPY_{乙}=72\ 950$ (元)

因为 72 950 元>53 518.73 元，所以，应选择乙方案。

(三)年平均成本法的应用

如果项目投资没有适当的现金流入量的资料，就缺乏使用净现值、净现值率、现值指数和内含报酬率法的条件，这时，人们会认为成本较低的方案是较好的方案。

当两个方案的尚可使用年限相同时，可以比较方案之间总成本的高低；当两个方案的尚可使用年限不相同时，可以比较方案之间平均年成本的高低(即年均成本法)。固定资产的平均年成本是指该项资产引起现金流出的年平均值。如果不考虑货币的时间价值，它就是未来使用年限内的现金流出总额与使用年限的比值；如果考虑货币的时间价值，它就是未来使用年限内的现金流出总现值与年金现值系数的比值，即平均每年的现金流出量。

例 **9－10** 某公司提出一个售旧购新方案，假设该公司要求的最低报酬率为 10%，要求测算该售旧购新方案是否可行？有关资料如下：

	旧设备	新设备
设备原价	4 400(元)	5 000(元)
预计使用年限	10(年)	10(年)
已经使用年限	4(年)	0(年)
尚可使用年限	6(年)	10(年)
最终报废残值	400(元)	500(元)
目前变现价值	1 000(元)	5 000(元)
每年运行成本	800(元)	300(元)

(1)不考虑资金的时间价值：

$$旧设备的年均成本=\frac{1\ 000+800\times6-400}{6}=900(元)$$

$$新设备的年均成本=\frac{5\ 000+300\times10-500}{10}=750(元)$$

如果按照不考虑资金的时间价值的计算结果，由于旧设备的年均成本大于新设备的年均成本，应考虑售旧购新方案。

(2)考虑资金的时间价值：

$$旧设备的年均成本=\frac{1\ 000+800\times(P/A,10\%,6)-400\times(P/S,10\%,6)}{(P/A,10\%,6)}$$

$$=\frac{1\ 000+800\times4.355-400\times0.564}{4.355}=977.82(元)$$

$$新设备的年均成本=\frac{5\ 000+300\times(P/A,10\%,10)-500\times(P/S,10\%,10)}{(P/A,10\%,10)}$$

$$=\frac{5\ 000+300\times6.145-400\times0.386}{6.145}=1\ 088.54(元)$$

如果按照考虑资金的时间价值的计算结果，由于旧设备的年均成本小于新设备的年均成本，应考虑继续使用旧设备的方案。

(四)多个投资方案组合的决策

在资金总量不受限制的情况下，如果多个备选方案之间不是互相排斥的关系，应按每一项目净现值的大小进行排序，确定优先考虑的项目顺序。

在资金总量受到限制的情况下，如果多个备选方案之间不是互相排斥的关系，应按每一项目净现值率的大小进行排序，并结合净现值进行各种组合排序，从中选出能使$\sum NPV$最大的最优组合。

例 **9－11** 某公司有A、B、C、D四个投资项目可供选择。其中，A与D是互斥方案，有关资料如表9－14所示。

表9－14　　A、B、C、D投资项目资料

投资项目	原始投资	净现值	净现值率
A	120 000	67 000	56%
B	150 000	79 500	53%
C	300 000	111 000	37%
D	160 000	80 000	50%

假如投资总额不受限制，上述投资项目应当按照C、D、B、A的顺序排列，并按顺序

找一组净现值最大的方案。但由于A与D是互斥方案，不能同时出现在同一组合中，因此，可选择C+D+B方案。

当投资总额限定为60万元时，需要按照净现值率的大小以A、B、D、C顺序排列，并结合净现值进行各种组合排序。在保证充分利用资金的前提下，应获得尽可能多的净现值总量。很明显，B+C+D的组合投资总额超过60万元，不可取。A+B+D和A+C+D的组合中，由于A与D是互斥方案，不可能同时出现在同一组合中，因此，应选择A+B+C的组合投资。

例 9－12 某公司董事会正在研究三个投资项目，财务部测算出这些项目的计算期及各期现金流量如表9－15所示。该公司要求的最低投资报酬率为10%。

表 9－15 **项目计算期与现金流量** 单位：万元

项目	计算期	0	1	2	3	4	5	6	7	8	9	10
A	10年	－100	20	20	20	20	20	30	30	30	30	30
B	5年	－150	50	50	50	50	50	—	—	—	—	—
C	8年	－200	40	40	40	40	40	40	40	50	—	—

(1)利用净现值法评价三个投资方案的可行性：

$净现值_A=20\times(P/A,10\%,5)+30\times(P/A,10\%,5)\times(P/F,10\%,5)-100$

$=20\times3.7908+30\times3.7908\times0.6209-100=46.43$(万元)

$净现值_B=50\times(P/A,10\%,5)-150$

$=50\times3.7908-150=39.54$(万元)

$净现值_C=40\times(P/A,10\%,7)+50\times(P/F,10\%,8)-200$

$=40\times4.8684+50\times0.4665-200=18.06$(万元)

结论：由于三个项目的净现值均大于0，因此，上述三个项目均为可行方案。

(2)当项目互斥时的投资决策：

互斥项目是指多个互相排斥，不能同时并存的方案。由于三个项目的计算期不同，应以年等额净回收额法进行互斥方案决策。

$年等额净回收额_A=46.43\div(P/A,10\%,10)=46.43\div6.1446=7.56$(万元)

$年等额净回收额_B=39.54\div(P/A,10\%,5)=39.54\div3.7908=10.43$(万元)

$年等额净回收额_C=18.06\div(P/A,10\%,8)=18.06\div5.3349=3.39$(万元)

由于项目B的年回收额最大，故应该投资B项目。

(3)当项目独立时的投资决策：

对于独立投资项目，通常应先计算净现值率，并按净现值率排序，然后按照净现值的大小决定方案的优劣。

$净现值率_A=46.43\div100=46.43\%$

$净现值率_B=39.54\div150=26.36\%$

$净现值率_C=18.06\div200=9.03\%$

在企业资金有限的情况下，企业应该先投资项目A，然后再投资项目B，最后投资项目C。由于该公司的总投资额最多为300万元，只能投资项目A和项目B，这样，公司的总投资额为250万元，净现值总额为85.97万元。

复习思考题

1. 简述项目投资的分类及其主要特点。
2. 简述项目现金流量的特点及与企业现金流量的区别。
3. 简述投资回收期与投资报酬率指标的含义、决策标准及优缺点。
4. 进行原始投资额相同并且项目计算期相等的多个方案的比较可采用哪些指标进行评价？这些指标各有什么优缺点？
5. 如果项目的原始投资额不相同而项目计算期相等时，应当采用什么方法进行投资项目的评价？为什么？
6. 当评价项目的原始投资额不相同、项目计算期也不一致时，可以选择采用什么方法进行评价？为什么？
7. 多个投资方案组合的决策原则是什么？请举例说明。
8. 总结归纳项目投资评价三要素之间的关系及应当注意的问题。

业务练习题

练习一

A公司拟建造一生产设备。预计建设期为1年，所需原始投资310万元于建设起点一次投入。该设备预计使用寿命为5年，使用期满报废清理时残值收入为10万元。该设备采用直线法折旧。该设备投产后每年增加净利润40万元。假定适用的行业基准折现率为10%。

要求：计算项目计算期内各年的净现金流量和净现值，并评价其财务可行性。

练习二

B公司原有设备一台，账面折余价值为11.561万元，目前出售可获得收入7.5万元，预计可使用10年，已使用5年，预计净残值为0.75万元。现在B公司拟购买新设备替换原设备，建设期为零，新设备的购置成本为 40 万元，使用年限为 5 年，预计净残值与使用旧设备的净残值一致，新、旧设备均采用直线法计提折旧。该公司第一年的销售额从 150 万元上升到 160 万元，经营成本从 110 万元上升到 112 万元；第二年起至第五年的销售额从 150 万元上升到 165 万元，经营成本从 110 万元上升到 115 万元。B 公司适用的所得税税率为 33%，资金成本为 10%。

要求：

(1)计算更新改造增加的年折旧。

(2)计算更新改造增加的各年净利润(保留小数点后 3 位)。

(3)计算旧设备变价净损失的抵税金额。

(4)计算更新改造增加的各年净现金流量。

(5)利用内插法计算更新改造方案的差额内部收益率，并作出是否进行更新改造的决策(保留小数点后 3 位)。

练习三

C 公司计划进行某项投资活动，有甲、乙两个方案可供选择，经测算有关资料如下：

甲方案的原始投资为 150 万元，其中，固定资产投资 100 万元，流动资金投资 50 万元。全部资金于建设起点一次投入。该项目经营期为 5 年，到期残值收入为 5 万元。预计投产后年营业收入 90 万元，年经营成本 60 万元。

乙方案的原始投资为 210 万元，其中，固定资产投资 120 万元，无形资产投资 25 万元，流动资金投资 65 万元。全部资金于建设期起点一次投入。该项目建设期为 2 年，经营期为 5 年，到期残值收入为 8 万元，无形资产自投产年份起分 5 年摊销完毕。该项目投产后，预计年营业收入为 170 万元，年经营成本为 80 万元。

C 公司按直线法计提折旧，全部流动资金于终结点一次回收，所得税税率为 33%，设定折现率为 10%。

要求：

(1)采用净现值法评价甲、乙两方案是否可行。

(2)采用年等额净回收额法确定并说明该公司应选择哪一投资方案。

(3)如果采用最短期计算法计算，说明该公司应选择哪一投资方案。

练习四

D 公司为开发新产品拟投资1 000万元建设一条生产线，现有甲、乙、丙三个方案可供选择(D 公司所在行业的基准折现率为 8%)。

经测算，甲方案各年的净现值流量分别为：$NCF_0=-1\ 000$ 万元，$NCF_1=0$ 万元，$NCF_{2\sim6}=250$ 万元。

乙方案的相关资料为：在建设起点用800万元购置不需要安装的固定资产，同时垫支200万元流动资产，立即投入生产。预计投产后1～10年每年新增500万元营业收入(不含增值税)，每年新增的经营成本和所得税分别为200万元和50万元。第十年回收的资产余值和流动资金分别为80万元和200万元。

丙方案的现金流量资料如下表所示：

单位：万元

项目名称 \ 计算期	0	1	2	3	4	5	6～10	11	合计
原始投资	500	500	0	0	0	0	0	0	1 000
年净利润	0	0	172	172	172	182	182	182	1 790
年折旧摊销额	0	0	72	72	72	72	72	72	720
年利息	0	0	6	6	6	0	0	0	18
回收额	0	0	0	0	0	0	0	280	280
净现金流量						(A)			(B)
累计净现金流量					(C)				

注："6～10"年一列中的数据为每年数，连续5年相等。

要求：

(1)计算甲方案的项目计算期，并说明该方案第二～六年的净现金流量属于何种年金形式。

(2)计算乙方案项目计算期各年的净现金流量。

(3)根据上表的数据，写出表中用字母表示的丙方案相关净现金流量和累计净现金流量，并指出该方案的资金投入方式。

(4)计算甲、丙两方案包括建设期的静态投资回收期。

(5)计算$(P/F,8\%,10)$和$(A/P,8\%,10)$的值(保留四位小数)。

(6)计算甲、乙两方案的净现值指标，评价甲、乙两方案的财务可行性。

(7)如果丙方案的净现值为725.69万元，用年等额净回收额法为企业作出该生产线项目投资的决策。

练习五

E公司准备投资一个完整的工业建设项目，所在的行业基准折现率(资金成本率)为10%。经调查与测算，现分别有A、B、C三个方案可供选择。

(1)A方案的有关资料如下：

单位:元

计算期 项目	0	1	2	3	4	5	6	合计
净现金流量	−60 000	0	30 000	30 000	20 000	20 000	30 000	—
折现的净现金流量	−60 000	0	24 792	22 539	13 660	12 418	16 935	30 344

已知A方案的投资于建设期起点一次投入,建设期为1年,该方案的年等额净回收额为6 967元。

(2)B方案的项目计算期为8年,包括建设期的静态投资回收期为3.5年,净现值为50 000元,年等额净回收额为9 370元。

(3)C方案的项目计算期为12年,包括建设期的静态投资回收期为7年,净现值为70 000元。

要求:

(1)计算A方案包括建设期的静态投资回收期和净现值。

(2)评价A、B、C三个方案的财务可行性。

(3)计算C方案的年等额净回收额。

(4)按计算期统一法的最短计算期法计算B方案调整后的净现值(计算结果保留整数)。

(5)分别用年等额净回收额法和最短计算期法作出投资决策(已知最短计算期为6年,A、C方案调整后的净现值分别为30 344元和44 755元)。

第十章 资金预测与可持续发展谋划

第一节 筹资管理与融资战略

一、筹资动机与筹资目的

不论是在设立之初，还是在持续的经营活动中，企业都会产生对资金的需求，都要求对资金进行预测和规划，并实施理性管理。

具有良好发展前景、处于成长期的企业通常会产生扩张动机。扩张动机是企业因扩大生产经营规模或追加对外投资的需要而产生的融资动机，其直接结果是导致企业筹资总额和资产总额的增加。

为了偿还债务也需要融资：一是调整性偿债筹资，即企业虽有一定的能力支付到期旧债，但为了调整原有的资本结构，仍然举债，从而使资本结构更加合理；二是恶化性偿债筹资，即企业现有的支付能力已不足以偿付到期旧债而被迫举债还债，这表明企业的财务状况已有恶化迹象。

筹集与规划资金的基本原则应当是规模适当，足量而不过量；筹措及时，适时而不闲置；来源合理，注意收益与成本配比，研究资金来源的渠道、资金市场的供给情况；筹资方式经济合理，并注意确定合理的资金结构，努力降低成本、减少筹资风险。

筹资的基本目的是为了企业的生存与发展。筹资动机是因，筹资规划是果，筹资理财是目标。研究企业的筹资动机，对理解筹资行为和筹资结果有着直接的影响。通过合理、有效的筹资管理，有利于规划企业的资金需求量、平衡资金的结构、安排资金的用途，更好地发挥资金的使用效益。其中，合理安排权益资本与借入资金的比例关系是筹资管理的一个核心问题。

二、筹资的分类及其特点

(一)权益资本与借入资金

1. 权益资本

权益资本(自有资金)是企业依法筹集并长期拥有、可以自主支配的资金来源,也是借以举债经营的前提与基础。

权益资本一般具有以下特征:(1)权益资本是通过吸收直接投资、发行股票、留用利润等方式筹措形成的;(2)权益资本的所有权归属企业投资者,投资者凭其所有权参与企业的经营管理和利润分配,并对企业的经营状况承担有限责任;(3)企业对权益资本依法享有经营权,在企业存续期内,投资者除依法转让外,不得以任何方式抽回其投入的资本,因而被视为"永久性资本"。

2. 借入资金

借入资金(债务资本)是企业依法筹措并依约使用、按期偿还的资金来源,包括各种借款、应付债券和应付票据等。

借入资金一般具有以下特征:(1)借入资金是通过银行、非银行金融机构、民间等渠道,采用银行借款、发行债券、发行融资券、商业信用和融资租赁等方式筹措取得的,体现企业与债权人之间的债权债务关系,属于企业的债务,是债权人的债权;(2)企业的债权人有权按期索取本息,但无权参与企业的经营管理,对企业的经营状况不承担责任;(3)企业对借入资金在约定的期限内享有使用权,承担按期付息还本的义务。

借入资金有的可按规定的程序转化为企业自有资金,如发行可转换为股票的公司债券、实施债转股方案等。

(二)直接筹资与间接筹资

1. 直接筹资

直接筹资是指企业不经过银行等金融机构,用直接与资金供应者协商借贷或发行股票、债券等办法筹集资金。它是不断发展的筹资形式。在直接筹资过程中,资金供求双方借助于融资手段直接实现资金的转移,无需银行等金融机构作媒介。

2. 间接筹资

间接筹资是指企业借助银行等金融机构而进行的筹资活动。它是传统的筹资形式。在间接筹资形式下,银行等金融机构发挥中介作用,预先聚集资金,然后提供给筹资企业。间接筹资的基本方式是银行借款,此外,还有非银行金融机构借款和融资租赁等形式。

直接筹资的手续较为繁杂,所需文件较多,准备时间较长,筹资效率较低,筹资费用较高;而间接筹资手续比较简便,如银行借款只需通过申请、签订贷款合同和办理借款手续等,筹资效率较高,筹资费用较低。

(三)内部筹资与外部筹资

1. 内部筹资

内部筹资主要来源于折旧和利润留成。折旧等非付现费用随着销售收入的实现得到补偿，从而导致现金流入，其数量的多少由企业的折旧资产规模和折旧政策决定。利润留成增加了企业的资金总量，其数量由企业的可供分配利润和股利分配政策决定。

2. 外部筹资

外部筹资是指向企业外部筹集形成的资金来源。初创时期的企业，其内部筹资的可能性是很有限的；成长阶段的企业为了扩大规模，其内部筹资也往往难以满足需要，于是，企业就要广泛开展外部筹资。

内部筹资由企业内部“自然”形成，一般无需花费筹资费用；而外部筹资通常需要花费筹资费用，如发行股票、债券需支付发行费用等。

(四)长期资金与短期资金

1. 长期资金

企业要长期、持续、稳定地进行生产经营活动，就需要一定数量的中长期资金。其中，需用期在1～5年的资金为中期资金，需用期在5年以上的资金为长期资金。

购买固定资产、开展长期投资、垫支于长期性流动资产等需要长期资金。长期资金通常采用吸收直接投资、发行股票、发行债券、长期借款和融资租赁等方式来筹措。

2. 短期资金

短期资金是指需用期限在1年以内的资金。企业为了满足日常生产经营过程中的资金周转，需要一定数量的短期资金。

企业的短期资金一般是通过短期借款、商业信用和发行融资债券等方式来融通的。

管理要求长短期资金之间要匹配，并与长短期资产保持一定的平衡。当然，长期资金与短期资金之间有时也可相互融通，如用短期资金来源暂时解决长期资金需要，或者用长期资金来源临时解决短期资金的不足，但要注意偿还期、偿还压力和债务风险。

三、筹资方式与融资战略

在规划资金时，应当考虑有哪些资金来源渠道，可以采用什么方式去筹集所需资金的问题。筹资渠道和筹资方式存在着一定的对应关系：一定的筹资方式可能只适用于某一特定的筹资渠道，同一渠道的资金往往可采用不同的方式去取得，具体关系如表10－1所示。其中，前三种筹资方式筹措的资金是权益资本，后五种方式筹措的资金为负债资金。

表 10—1　　　　筹资渠道与筹资方式的对应关系

筹资方式 筹资渠道	吸收直接投资	发行股票	利用留存收益	向银行借款	发行公司债券	利用商业信用	融资租赁	杠杆收购
国家财政资金	√	√						
银行信贷资金				√				√
非银行金融机构资金	√	√		√	√		√	√
其他企业资金	√	√			√	√	√	
居民个人资金	√	√			√			
企业自留资金	√		√					

不同的筹资渠道和融资方式有不同的财务风险和资本成本，因此，企业应综合考虑风险和资本成本后进行合理选择。为了提高企业的筹资灵活性，企业应拓宽融资渠道，采取结构性资金筹措战略。为增强企业的可持续发展能力，在不同生命周期阶段可实施不同的融资战略，例如：

企业在初创阶段，财务实力相对较弱，战略管理的重点应放在如何保证筹集生产经营必需的资金上，筹资战略处于首位。由于初创期负债筹资风险大且筹资成本高，债权人必然要求较高的风险溢价，而这个阶段企业并无或只有很少的应税收益，即使利用负债经营也不能得到节税的好处，应较多地运用权益资本进行筹资。企业初创期的收益水平较低，并有迫切的投资需要，可采用零股利政策；若非分股利不可，也应主要采用股票股利方式。

企业步入成长期后，销售的快速增长将使企业产生比初创期更充裕的现金流，因而能降低经营风险。企业成长期的财务战略重点是弥补资本不足、减少现金缺口、增大负债节税效应和抑制投资盲目扩张等，宜采取相对稳健的筹资战略和适度分权的投资战略，投资所需资本采取集中供应与自主筹措相结合，强化立项审批制度和信用管理，严格项目负责制，保证企业的可持续发展。

稳定的市场份额和较高的资金周转效率是企业成熟期的特征，这时通过负债融资而提高的财务风险可通过降低经营风险来抵消。由于市场增长潜力弱，产品的均衡价格形成，竞争转向成本效率；由于缺乏市场机会，新增项目少，现金流出少，形成较大现金净流量；由于投资收益率高，账面利润大，负债杠杆效应明显，股东报酬期望高；等等。为改善现状，企业可采取激进的筹资战略、创新性的投资战略、扎实的成本控制战略、高股利或现金性分配战略，以及强化风险监测与危机预警战略。

无论何时，企业举债经营都要有度。要善于把长期负债的偿还与未来现金流量结合起来考量；为了保持短期偿债能力，要关注资产的流动性；应尽可能将资产与负债的期间相配合，以降低企业不能偿还到期债务的风险和债务的资本成本；等等。

第二节 筹资的特征

一、筹资规模的依据

企业的筹资规模是指一定时期内企业的筹资总额。考虑筹资规模是制定筹资策略和进行资金规划的主要内容,也是确定筹资方式的基本依据。

(一)法律依据

《中华人民共和国公司法》、《中华人民共和国公司登记管理条例》和《公司注册资本登记管理规定》等对不同企业在设立时所应达到的最低资本限额(即法定资本金)作出了具体的规定。其目的是保证企业设立后能正常进行生产经营,保证企业有足够的资本金以对外负债,并独立承担民事责任,维护投资者及债权人的权益。

现代企业的基本特征是有限责任,作为承担有限责任的法人,只能以其完整的法人财产权为担保,开展对外负债。为了保护债权人的权益,法律从各方面对企业的负债能力进行约束,如限制公司债券的发行额度、借款需要抵押担保、负债程度限制等。

(二)投资规模的依据

企业的投资规模是根据企业的经营目标、市场容量及份额、产业政策以及企业自身的其他素质等因素确定的,是企业生产经营的客观需要,包括固定资产投资和流动资产投资两个方面。投资规模是决定筹资规模的主要依据,它对筹资的影响主要包括:(1)投资总量决定筹资总量,或者说,只有先确定投资规模,方可确定筹资总量;(2)投资项目决定所筹资金的期限,固定资产投资项目要求所筹的资金占用期限长,而流动资产投资项目要求所筹的资金占用期限短。

二、筹资规模的特征

(一)层次性

正确确定筹资规模必须涉及三个规模层次:(1)筹资总规模;(2)权益资本规模;(3)企业外部筹资规模。其中,筹资总规模直接受制于投资总规模;权益资本规模包括企业本金规模和留存收益规模,它具有相对稳定性;对外筹资规模是筹资总规模减去权益资本规模之后的差额。因此,在假定投资总规模已经确定的前提下,筹资规模的确定直接表现为对外筹资规模的确定。

(二)对应性

为了保持财务结构的稳健和提高资产运营的效率,一般情况下,应保持资金来源与资产占用之间的对应关系。

第一，为维持正常生产经营所需要的最低数额的现金、原材料的保险储备、必要的成品或商品储备，以及固定资产等长期稳定占用的资产，应与企业长期稳定的资金来源相对应，也就是说，应与企业的权益资本和运用长期负债等筹资方式所筹集的资金的规模相对应。从其与企业业务量的关系看，这类筹资需要量的规模可称为不变资金规模。

第二，对于随业务量变动的资金占用，如最低储备以外的现金、存货、应收账款等波动性资产，则应与企业临时采用的筹资方式所筹集的资金规模相对应。这类筹资需要量规模从其与企业业务量的关系看可称为变动资金规模。

将筹资规模按其与业务量的习性关系分为不变规模与变动规模，有利于企业按照本量利分析的思想，在业务量预测的基础上，对筹资规模作出正确的预测。

由于不变资金规模所对应的资产经营风险与变动资金规模所对应的资产经营风险不同，且前者大于后者，因此，如果将临时资金规模用于长期资产占用，将不利于企业经营的稳定。

(三)时间性

筹资规模还应与投资需求的时间相对应。由于企业投资常常是分段进行的，因此，筹资也相应地要求分几个阶段。企业在一定时期内可能同时进行几项投资活动，它们所需要的资金会一次或分次筹措，因此，确定筹资规模时，必须弄清总体投资需要和某一年度(季度、月度)的筹资额。只有明确了筹资的时间要求，才能准确把握某一时期内的筹资需要量。适时、足额而不过量地筹资是最理性的。

第三节 资金预测方法

定性预测法主要有经验判断法和调查研究判断法。前者是直观判断，是由专家根据往年的资金占用数和计划年度的生产任务等因素考虑和计划后作出的预测。后者是经过调查同类企业、参照有关经验而作出的直接判断。

定量预测法是根据比较完备的财务数据资料，运用数学方法进行的科学分析处理，对资金的未来发展作出定量的测算和估计。常用的资金需用量预测方法有以下几种：

一、比率预测法

比率预测法是指依据有关财务比率与资金需要量之间的关系来预测未来资金需要量的方法。

常用的比率预测法是销售额比率法(也称销售百分比法)，是以资金与销售额的比率为基础，用以预测未来资金需要量的方法。

在一定范围内，一个企业的变动资产和变动负债往往与销售收入之间存在着较为稳定的百分比关系。如果用 A、B、S_1 和 S_2 分别表示基期变动资产、基期变动负债、基期销售额和预测期销售额，那么，预测期的外部筹资额与增量资产、增量负债的关系如下所述：

增量资产＝△收入×变动资产占销售额的百分比

$=\triangle S\times A/S_1$

$=\triangle S/S_1\times A$

增量负债＝△收入×变动负债占销售额的百分比

$=\triangle S\times B/S_1$

$=\triangle S/S_1\times B$

增量留存收益＝预计收入×预计销售净利率×预计留存收益率

$=S_2\times P\times E$

外部筹资额 $=\triangle S\times A/S_1-\triangle S\times B/S_1-S_2\times P\times E$

销售比率法的主要预测步骤如下：

(1)分别确定随销售收入变动而变动的资产合计 A 和负债合计 B。

(2)用基期资料分别计算 A 和 B 占销售收入(S_1)的百分比，并以此为依据计算在预测期销售收入(S_2)水平下资产和负债的增加数。

(3)确定预测期收益留存数($S_2\times P\times E$)。

(4)确定对外界资金的需求量。

例 **10－1** 某公司 2013 年有关资金预测的相关数据资料如表 10－2 所示。

表 10－2 资金预测相关数据摘要

项　目	金额(万元)	占销售收入的白分比(基期)
流动资产	4 000	100%，敏感
长期资产	0	无稳定关系，不敏感
应付账款	400	10%，敏感
其他负债	0	无稳定关系，不敏感
当年销售收入	4 000	
净利润	200	5%，敏感
分配股利	60	
留存收益	140	

如果 2014 年预计销售收入达到5 000万元，销售净利率和收益留存比率维持 2013 年的水平，计算需要补充多少外部资金。

增量资产＝(5 000－4 000)×100%＝1 000(万元)

增量负债＝(5 000－4 000)×10％＝100(万元)

增量所有者权益＝5 000×5％×140÷200＝175(万元)

需要外部补充资金＝1 000－100－175＝725(万元)

假如上述留存收益比率改为100％，销售净利率提高到6％，目标销售收入为4 500万元，则需要多少外部融资？

需要外部融资＝资产增加额－负债增加额－留存收益增加额

＝(4 500－4 000)×100％－(4 500－4 000)×10％－4 500×6％×100％

＝180(万元)

如果其他条件不变，留存收益比率改为50％，则需要多少外部融资？

需要外部融资＝(4 500－4 000)×100％－(4 500－4 000)×10％－4 500×6％×50％

＝315(万元)

如果其他条件不变，销售净利率能够提高到10％，留存收益比率仍为50％，则需要多少外部融资？

需要外部融资＝(4 500－4 000)×100％－(4 500－4 000)×10％－4 500×10％×50％

＝225(万元)

采用销售额比率法预测资金需求量还可以与编制预计利润表、预计资产负债表结合起来，有助于企业统筹规划。

例 **10－2** 丰产公司为小企业，2013年利润表的有关项目与销售百分比列示如表10－3所示。该公司的所得税税率为20％。2014年预计销售收入为180 000元。2014年预计利润经测算列示如表10－3所示。

表10－3 **2014年预计利润表** 单位：元

项　目	2013年实际数	占销售收入的百分比(％)	2014年预计数
营业收入	150 000	100.0	180 000
减：营业成本	114 000	76.0	136 800
营业利润	36 000	24.0	43 200
减：销售费用	600	0.4	720
管理费用	30 600	20.4	36 720
财务费用	300	0.2	360
税前利润	4 500	3.0	5 400
减：所得税费用	900		1 080
税后利润	3 600		4 320

预计资产负债表是运用销售百分比法的原理预测外部筹资额的一种报表。预计资产负债表与实际资产负债表的内容、格式基本相同。通过编制预计资产负债表，可预测资产和负债及留用利润等有关项目的数额，进而预测企业需要的外部筹资的数额。运用销售百分比法要选定与销售有关的敏感项目和与销售无直接关系的非敏感项目。敏感资产项目一般包括现金、应收账款、存货和预付费用等。如果生产能力已经饱和，固定资产属于敏感项目；如果生产能力没有饱和，固定资产属于非敏感项目。敏感负债项目一般包括应付账款和应付费用等。对外投资、短期借款、长期负债和实收资本等通常不属于敏感项目。

丰产公司2013年的实际销售收入为150 000元，资产负债表敏感项目与销售的比例如表10－4所示。编制2014年预计资产负债表并预测外部筹资额如表10－4所示。

表10－4　　2014年预计资产负债表　　单位：元

项　目 ①	2013年实际数 ②	销售百分比(%) ③	2014年预计数 ④
资产：			
现金	750	0.5	900
应收账款	24 000	16.0	28 800
存货	26 100	17.4	31 320
对外投资	100	—	100
预付费用	2 850	1.9	3 420
资产总额	53 800	35.8	64 540
负债及所有者权益：			
短期借款	5 000	—	5 000
应付账款	26 400	17.6	31 680
应付费用	1 050	0.7	1 260
长期负债	550	—	550
负债合计	33 000	18.3	38 490
实收资本	2 500	—	2 500
未分配利润	18 300	—	20 460
所有者权益合计	20 800		22 960
追加外部筹资额			3 090
负债及所有者权益总额	53 800		64 540

在表10－4中，采用2014年预计销售收入180 000元乘以第③栏所列的百分比，求

得第④栏列示的敏感项目金额，第④栏中的非敏感项目按第②栏的数额直接抄列，由此，确定了第④栏中除未分配利润外的各个项目的数额。

表 10－4 中的未分配利润增加额可根据利润、所得税税率和税后利润留存的比例来确定。2014 年累计未分配利润等于 2013 年累计未分配利润加上 2014 年留存利润增加额计算确定。2014 年的利润额为5 400元，所得税税率为 20％，税后利润留存比例为 50％，则 2014 年留存利润增加额为2 160[＝5 400×(1－20％)×50％]元。

2014 年累计未分配利润＝18 300＋2 160＝20 460(元)

最后，加总预计资产负债表的两方：2014 年预计资产总额为64 540元，负债合计与所有者权益合计为61 450(＝38 490＋22 960)元，其差额为3 090元。该差额是使资产负债表两方相符的平衡数，也是企业需要外部筹资的数额，即该公司 2014 年需要追加的外部筹资额。

外部融资额＝预计总资产－预计总负债－预计所有者权益

＝64 540－38 490－22 960＝3 090(元)

或＝预计资产增加－预计负债增加－预计留成收益增加

＝0.358×30 000－0.183×30 000－2 160＝3 090(元)

二、资金习性预测法

(一)资金习性预测法的含义

资金习性预测法是指根据历史上资金占用额与业务量(如产量、销量等)之间的关系，把资金分为不变和变动两个部分，然后结合预计的业务量来预测资金需要量的方法。

所谓资金习性，是指资金的变动与业务量变动之间的依存关系。按照依存关系，资金可以分为不变资金、变动资金和半变动资金(如图 10－1 所示)。

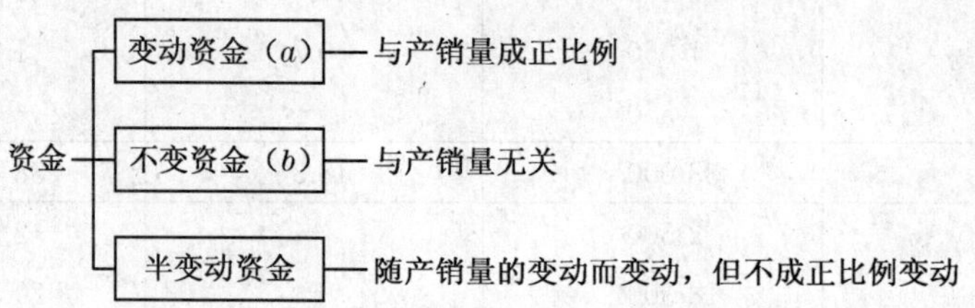

图 10－1 资金习性分类

不变资金是指在一定的业务量范围内，不受业务量变化的影响，保持固定不变的那部分资金，包括为维持营业而占用的最低数额的现金、原材料的保险储备、必要的成品储备，以及厂房、机器设备等固定资产占用的资金。

变动资金是指随业务量的变动而同比例变动的那部分资金，包括直接构成产品实体的原材料、外购件等占用的资金，以及最低储备以外的现金、存货和应收账款等。

半变动资金是指虽然受业务量变化的影响，但不成同比例变动的资金，如一些辅助材料所占用的资金。对于半变动资金，可采用高低点法或回归直线法予以分解。经过分解以后，最终资金总额分为不变资金和变动资金两个部分。

掌握筹资规模与资产占用之间的这种对应关系以及资金习性，对合理选择、预测和规划筹资方式与资产来源具有重要的现实意义。

(二)资金习性预测法的主要方式

1. 根据全部资金占用额与业务量的总体关系来预测资金需求量

设业务量为自变量 x，资金占用量为因变量 y，它们之间的关系可用下式表示：

$$y=a+bx$$

式中，y 表示全部资金总额，a 表示全部不变资金，b 表示全部单位变动资金，x 表示产销业务量。

上述计算过程中所涉及的 a 和 b 值均可采用前几章学习过的高低点法或回归直线法求得。

高低点法就是根据企业一定期间资金占用的历史资料，选用最高收入期和最低收入期的资金占用量之差，与这两个收入期的销售额之差进行对比，先求 b 的值，然后代入原直线方程求出 a 的值，从而估计资金的发展趋势。

采用高低点法的预测步骤如下：

(1)计算 a 和 b。

$$b=\frac{\text{最高收入期资金占用量}-\text{最低收入期资金占用量}}{\text{最高销售收入}-\text{最低销售收入}}$$

a＝最高收入期资金占用量－b×最高销售收入

或＝最低收入期资金占用量－b×最低销售收入

运用高低点法预测资金需要量时，选高、低点一般要以自变量为依据，即高、低点是指业务量的高、低点，与高点业务量对应的资金占用量并不一定是资金占用量的最大值，与低点业务量对应的资金占用量也不一定是资金占用量的最小值。

(2)建立总资金需求模型 $y=a+bx$。

(3)将预测期自变量代入 $y=a+bx$，即可求出预测期的总资金需求。

高低点法在企业的资金变动趋势比较稳定的情况下较适宜。

2. 采用先分项后汇总的方法预测资金需求量

这种方式是根据各资金占用项目和资金来源项目与业务量之间的关系，把各项目的资金分为变动和不变两个部分，然后汇总在一起，求出变动资金总额和不变资金总额，进而预测资金需求量。其分项计算的公式为：

$$y_i = a_i + b_i x$$

式中，y_i 表示某项资金总额，a_i 表示某项不变资金，b_i 表示某项单位变动资金，x 表示某产销业务量。

根据产销业务量，先估计出各项不变资金和单位变动资金，再选择下列两种方法之一预测全部资金总额。

方法一：将业务量代入 $y_i = a_i + b_i x$，分别预测出各项资金总额，再用资产项目的资金总额减负债项目的资金总额，得出全部资金总额预测数。

方法二：先计算全部不变资金 a 和全部单位变动资金 b，再将业务量代入 $y = a + bx$，预测出资金总额。

例 **10－3** 某企业某年度预测出与销售收入变化有关的资产负债表项目数据如表 10－5 所示。

表 10－5 **资金与销售收入变化情况表** 单位：万元

预测项目	年度不变资金(a)	每元销售收入所需变动资金(b)
现金	1 000	0.05
应收账款	570	0.14
存货	1 500	0.25
固定资产净值	4 500	0
应付费用	300	0.1
应付账款	390	0.03

根据表 10－5 列示的资料，可以计算出总资金需求的模型如下：

$a = 1\ 000 + 570 + 1\ 500 + 4\ 500 - 300 - 390 = 6\ 880$(万元)

$b = 0.05 + 0.14 + 0.25 - 0.1 - 0.03 = 0.31$

总资金需求模型为：$y = 6\ 880 + 0.31x$

三、销售收入资金率预测法

销售收入资金率预测法也称销售资金率法，它是用资金占用与销售收入两者之间的关系来预测资金需用量的方法。

企业资金占用的规律表明，资金占用的多少通常与销售收入的变化有一定的比例关系。一般来说，商品销售额的增长，一方面会导致企业货币资金、应收账款和库存商品等资金占用项目的相应增长，另一方面也会导致企业应交税金和应付账款等来源项目自动增加。销售资金率正是根据企业的全部资金占用和来源数额与商品销售额的比例关系来预测未来的全部资金需用数量。销售收入资金率预测法的计算公式如下：

预测年度资金需用量＝预测年度销售额×基期销售资金率×(1－预测年度资金周转加速百分比)

$$基期销售资金率=\frac{基期资金平均占用额-不合理占用额}{基期实际销售额}\times 100\%$$

例 10－4　某公司2014年预计商品销售额为2 000万元，该公司2013年销售额为1 800万元，全部资金平均占用额为460万元，其中，不合理占用10万元。预测年度要求资金周转加速10％。

上年销售资金率＝(460－10)÷1 800×100％＝25％

预测年度资金需用量＝2 000×25％×(1－10％)＝450(万元)

四、周转速度预测法

资金周转速度的快慢可用周转次数表示，也可用周转天数表示。周转次数是指一定量资金在一定时期(年、季、月)内周而复始循环的次数。资金周转天数是指一定量的资金周转一次所需要的天数。其计算公式如下：

$$资金周转次数=\frac{周转额}{资金平均占用额}$$

$$资金周转天数=\frac{资金平均占用额\times 日历天数}{周转额}$$

例 10－5　某公司上年度商品销售额为360万元，全部资金平均占用额为45万元，上年度资金周转次数与周转天数计算如下：

年度资金周转次数＝3 600 000÷450 000＝8(次)

年度资金周转天数＝450 000×360÷3 600 000＝45(天)

或＝360÷8＝45(天)

为计算方便，年度以360天计，季度以90天计，月度以30天计。

周转速度预测法就是利用资金周转次数或周转天数来测算资金需用量的方法。其计算公式如下：

资金需用量＝预测期平均每天周转额×周转天数×(1－资金周转加速率)

例 10－6　某公司预测年度商品销售收入为540万元，资金周转一次需要45天，本期资金周转要求加速2％，则资金需用量预测如下：

资金需用量＝5 400 000÷360×45×(1－2％)＝661 500(元)

五、基期调整预测法

基期调整预测法是以基期资金合理的平均占用额为基础，通过调整有关因素后确定资金需用量的方法。用基期调整预测法测算正常情况下资金需用量的计算公式如下：

资金需用量＝(基期资金平均余额－不合理占用额)×(1±预测期有关因素增减率)×(1－预测期资金周转加速率)

例 10—7 某公司上年资金平均占用额为900 000元，其中，积压等不合理占用额为50 000元。预测下期销售可增长 3%，这将对资金需求产生相应的影响，资金周转要求加速 2%。预测下期资金正常需用量如下：

资金需用量＝(900 000－50 000)×(1＋3%)×(1－2%)＝857 990(元)

销售收入资金率预测法、周转速度预测法和基期调整预测法既可以用于对全部资金需求量的测算，也可以用于对某一部分资金需求量的测算。这三种预测方法虽然简洁明了，但不够精确，一般适用于对资金需求量的粗略匡算。需要注意的是，采用以上公式时，应注意计算分析口径的一致性，应根据预测对象来确定采用什么因素的增减率。例如，用于全部资金预测，应使用影响商品销售总额的因素来调整确定资金的需用量；而用于预测与生产或销售增减不成比例的生产工具、修理用备件、劳保用品等项目的资金时，则宜使用设备台数或工人人数增减率等进行调整计算。

第四节　可持续发展谋划*

一、可持续发展的内涵

1980 年 3 月，联合国大会首次使用了“可持续发展”的概念。1987 年世界环境与发展委员会公布了题为《我们共同的未来》的报告，提出了可持续发展的战略，并把可持续发展定义为“持续发展是在满足当代人需要的同时，不损害人类后代满足其自身需要的能力”。1992 年 6 月，在巴西里约热内卢召开的联合国环境与发展大会通过了《21 世纪议程》，是可持续发展理论走向实践的一个转折点。1993 年，中国政府为落实联合国大会决议制定的《中国 21 世纪议程》指出“走可持续发展之路，是中国在未来和下世纪发展的自身需要和必然选择”。1996 年 3 月，中国第八届全国人民代表大会第四次会议明确把“实施可持续发展，推进社会主义事业全面发展”作为我国的战略目标。

可持续发展是一种新的发展观、道德观和文明观。它强调了发展的可持续性，人类的经济和社会发展不能超越资源和环境的承载能力；它体现了人与人之间关系的公平性，当代人在发展与消费时应努力做到使后代人有同样的发展机会，同一代人中一部分人的发展不应当损害另一部分人的利益；它要求人与自然协调共生，人类必须建立新的道德观念和价值标准，学会尊重自然、保护自然，与之和谐相处等。

树立全面、协调、可持续的发展观关系到整个企业的未来。财务上的可持续发展是指在企业的发展过程中寻找一条与资产增长、资金来源相互协调的，既可以满足当前企业发展的需求，又不会对以后需求的能力构成危害的道路。企业的可持续发展包括两个方面的意义：一方面是指企业只有不断发展才能更好地生存；另一方面是指发展必须是可持续性的，不应当超过一定的限度。

企业要以发展求生存，就得促使销售不断增长，但销售增长的企业需要补充资金，因为，限制销售增长的是与此相关的资产，而限制资产增长的是与此相关的资金来源(包括所有者权益和负债)，销售增长得越快，需要的资金就会越多。所以说，筹集企业发展所需的资金，并保持持续、稳定的增长，是对管理会计在新形势下提出的新要求。

企业的生存与发展是互相依存又互相矛盾的有机统一体。企业必须首先学会生存，不能生存，何以发展？生存第一，发展第二，发展是为了更好地生存，实际上生存也就是为了发展。在激励的市场经济中，不发展是难以生存的，只有发展才能为自身创造生存的空间。但发展是一个渐进的过程，需要有资本、客户、技术、经营经验、管理能力、企业文化和市场影响等的积累，所以，发展又必须是适度的，千万不能超越自身实际的承受能力而盲目发展。适度的发展规律就是走全面、协调、可持续的发展道路，企业在规划资金来源和未来发展前景时必须认真考虑这些重大问题。

二、企业实现资金增长的方式

(一)以内部资金增长作为来源

内部积累的资金主要来源于净利润，而净利润占收入的比重不会很高，不少净利润通过分配已经归属于投资者而离开了企业，所以，从企业增长所需的资金来源看，其财务资源可能是有限的，有时还会限制企业的快速发展。

(二)以外部资金增长作为来源

增加股东的投入资本可以支撑企业的发展，但会分散控制权、稀释每股盈利等；增加负债是企业主要的资金来源，但会导致资产负债率急剧上升，使财务风险加大、筹资能力下降，而且，当息税前资产利润率低于负债利息率时，还会降低资本净利润率。负债过度还会造成严重的后患。

(三)追求平衡增长

平衡增长就是要求在保持目前财务结构和与此相关的财务风险的前提下，按照所有者权益的增长比率增加借款，以此支持销售的增长。这种增长率一般不会消耗企业的财务资源，是一种可持续的增长。

三、可持续增长率的假设条件

经济运行是有一定规律可循的。虽然一家企业各年的财务比率总会有些变化，但大多数企业不会大起大落，除非有重大事件发生，如增发新股等。然而，即使是上市公司，也不能随时增发新股，何况还有严格的审批程序，至少要间隔一定年限。事实上，要改变经营效率（体现为资产周转率和销售净利率等）和财务政策（体现为资产负债率和收益留存率等），对于一个理智的企业来说是件大事，在很多情况下是比较困难的。当然，对于根本就没有明确的经营和财务政策的企业除外。

可持续增长率分析的假设条件有以下五个方面：(1)企业目前的资本结构是一个目标结构，并且打算维持下去；(2)企业目前的股利支付率是一个目标支付率，并且打算维持下去；(3)在不愿意或者不打算发售新股的前提下，增加债务是其唯一的外部筹资来源；(4)企业的销售净利率将维持当前水平，并且可以涵盖负债利息；(5)企业的资产周转率将维持当前水平。上述假设条件成立，销售的实际增长率与可持续增长率保持平衡，就能平衡增长了。平衡增长情况下的资产、负债和股东权益之间的关系如表10－6所示。

表10－6　　资产负债表与平衡增长关系

年初资产 1 000万元	年初负债400万元	原资产负债率为40%
	年初股东权益600万元	
新增资产 100万元	新增负债40万元	保持原资产负债率40%
	新增股东权益60万元	

由此看来，在不改变企业目前经营效率和财务政策的情况下，即认为当前经营效率和财务政策是处于理想目标的状态下，限制资产增长的是所有者权益即股东权益的增长率。因此，可持续增长率的计算公式可推导如下：[①]

$$\begin{aligned}可持续增长率&=股东权益增长率\\&=股利增长率\\&=\frac{股东权益本期增加额}{期初股东权益}\\&=\frac{本期净利\times 收益留存率}{期初股东权益}\\&=期初权益资本净利率\times 本期收益留存率\end{aligned}$$

① 详细计算过程与案例分析参见李敏主编：《财务报告解读与分析》，上海财经大学出版社2013年版。

$$=\frac{\text{净利润}}{\text{销售额}}\times\frac{\text{销售额}}{\text{资产总额}}\times\frac{\text{资产总额}}{\text{期初股东权益}}\times\frac{\text{本期收益}}{\text{留存率}}$$

$$=\text{销售净利率}\times\text{总资产周转率}\times\text{收益留存率}$$

$$\times\text{期初权益期末总资产乘数}$$

应注意，上述“权益乘数”是用“期初权益”计算的，而不要用“期末权益”计算。或者，根据期末股东权益计算的可持续增长率如下：

$$\text{可持续增长率}=\frac{\text{收益留存率}\times(\text{净利}/\text{销售})\times(\text{资产}/\text{权益})\times(\text{销售}/\text{资产})}{1-\text{收益留存率}\times(\text{净利}/\text{销售})\times(\text{资产}/\text{权益})\times(\text{销售}/\text{资产})}$$

四、可持续增长率与实际增长率分析

可持续增长率是企业当前经营效率和财务政策决定的内在增长能力，具体来说，是指在不增发新股并保持目前经营效率和财务政策的条件下，企业销售所能增长的最大比率。

实际增长率是企业的实际发展速度，是本年增长的销售额与上年销售额的增长百分比。

从财务资源角度分析，企业可持续发展是指在不耗尽财务资源的情况下，企业销售预期增长的最大比率。该比率与实际增长比率之间的差额越小，表明企业基于财务资源的可持续竞争优势水平越高；该差额越大，则表明企业基于财务资源的可持续竞争优势水平越低。为此，企业必须在销售目标与经营效率和企业财务资源方面搞好平衡，才能保持可持续、健康增长。由于企业要以发展求生存，销售增长是任何企业都必须重视的问题，而销售增长的财务意义是资金增长。

但实际增长率与可持续增长率经常不一致。通过分析两者之间的差异，可以了解企业的经营效率和财务政策发生了什么变化，其差异原因究竟是什么，并千方百计解决好由此带来的财务问题。

(一)实际增长率大于可持续增长率分析

实际增长率大于可持续增长率可能出现现金短缺。处于初创期和成熟期的企业最容易发生现金短缺。如果管理者认为，企业的增长速度超过可持续增长率只是短期状况，不久，随着企业逐步进入成熟期，其增长率将会降下来。从财务角度看，解决这种短缺问题最简单的办法是增加负债，当企业在不久的将来增长率下降时，用多余现金还掉借款，就会自动平衡。如果管理者认为企业将长期保持高速增长，这时从财务角度看，可通过增加权益资本、增加负债额(扩大负债比例和提高财务杠杆)、降低股利支付率、剥离非核心业务、兼并、寻求外购或外部服务等办法综合起来进行运用，以谋求平衡。

(二)实际增长率小于可持续增长率分析

实际增长率小于可持续增长率可能出现现金多余。处于成熟期的企业，当实际增长率达不到可持续增长率时，现金将出现富余而没有适当的投资机会，此时，管理者首先应该判断较低的增长率是否会持久，即是短期现象还是长期现象。如果管理者认为这种现象是暂时的，在不久的将来仍将会出现较大的增长，这时，管理者应将目前多余的现金积累起来，如购买一些安全性较高的债券来进行短期投资以备今后之需；而当这种现象长期存在时，管理者必须从根本上予以解决。

预期的低增长，一种情况是行业性的影响，即该行业已经进入成熟期，市场容量难以快速扩大；另一种情况是企业自身的问题，常常表现为增长速度落后于行业整体增长率，市场份额逐渐缩小。企业管理者应该检讨自己的经营方针和经营方式，找出内部妨碍企业快速增长的因素，并尽力予以消除，包括战略的改变、组织结构的改变及业务构架的改变等。

(三)可持续增长的战略要求

可持续增长的战略思想告诉人们，不是说企业的增长不可以高于或低于可持续增长率，问题在于管理人员必须事先预计并且加以解决在企业超过或低于可持续增长率时所导致的财务问题。任何企业都应控制销售的增长，使之与企业的财务能力平衡，而不应盲目追随市场。

然而，一些管理者总把企业销售的快速增长作为最重要的工作目标，花费大量时间和精力去研究如何使企业的销售收入不断增加及业务领域不断拓展，经济增长陷入粗放型经营方式。由于单纯追求规模与数量扩张，财务战略的制定偏重投资规模，忽视投资质量，且以外借债务来维持运营，导致资金结构不合理，资金周转困难，资源未能优化配置，长此以往，就容易造成企业的实际增长率经常性远高于其可持续增长率，最终陷入财务困境。

从长期来看，任何企业都应当理智地对待增长率的问题。一些企业因盲目增长而陷入危机，另一些企业因增长太慢而遇到困难，诸如此类的情况已经表明，不恰当的增长率足以毁掉一个企业。由于可持续增长率应是当前经营效率和财务政策决定的内在增长能力，因此，企业管理当局应当保持清醒的头脑，不要盲目扩张，注意适度负债，小心自食其果。违背可持续增长率的要求快速发展，会导致财务危机；不注意可持续发展，成功的企业也难免昙花一现。

可持续管理战略是科学的，其构建的理论基础主要有：

(1)可持续发展理论。企业在发展、运营及制定战略时，应充分考虑资源耗费和环境保护问题，使企业的投资决策符合国家可持续发展的政策方向。可持续发展理论强调企业应在经济增长中实现与人类社会和生态环境的协调发展，并不断提高经济增长质量。

(2)可持续增长理论。从财务管理角度看，企业的可持续增长就是在维持现有财务结构的前提下可获得的最大销售增长。在不需要进行财务结构大调整的情况下，可持续增长理论为企业追求销售增长比率最大化提供了可能。

(3)基于价值管理的经营模式。企业应当建立以追求企业价值最大化为内在要求、以规划价值为目标、以管理决策为手段,整合各种价值驱动因素和管理技术的新型管理框架,其意义在于使会计管理立足于价值创造而非单纯的账面收益。

(4)可持续财务预警机制。可持续财务预警机制作为衡量企业价值实现和运行状况的"晴雨表",具有监测、信息反馈和预警的功能。当企业在价值实现过程中出现潜在危机时,预警机制能及时找到导致企业可持续发展状况恶化的主要原因,以使经营者有的放矢、对症下药,制定出有效的措施,保证可持续发展目标的顺利实现。

复习思考题

1. 为什么说筹资动机是"因",筹资规划是"果",筹资管理可以达到理财的目的?

2. 简述权益资本与借入资金、直接筹资与间接筹资、内部筹资与外部筹资的主要区别。

3. 企业应当如何考虑筹资总规模、权益资本规模和企业外部筹资规模?请举例说明。

4. 为什么说资金需用量的预测是筹资管理的前提与基础?

5. 比率预测法、销售收入资金率预测法、周转速度预测法和基期调整预测法各有什么特点?

6. 怎样预测留存收益并编制预计利润表?请举例说明。

7. 简述财务上可持续发展的含义及其重大现实意义。

8. 怎样才能保持资金的平衡增长?请举例说明。

业务练习题

练习一

A公司上年末的资产负债表(简表)如下:

单位:万元

项　目	期末数	项　目	期末数
流动资产	240	短期借款	46
		应付票据	18
		应付账款	25

续表

项　目	期末数	项　目	期末数
长期投资	3	应付费用	7
		流动负债合计	96
固定资产	65	长期负债合计	32
无形资产及其他资产	12	股本	90
		资本公积	35
		留存收益	67
		股东权益合计	192
资产总计	320	负债及权益总计	320

根据历史资料考察，A公司销售收入与流动资产、固定资产、应付票据、应付账款和预提费用等项目成正比。A公司上年度销售收入4 000万元，实现净利100万元，支付股利60万元。预计A公司本年度销售收入5 000万元，销售净利率增长10%，股利支付率与上年度相同。

要求：

(1)分别计算变动资产占销售额的百分比、变动负债占销售额的百分比、上年销售净利率、本年预计净利润、本年增加的留存收益、本年增加的资产、本年需增加的资金及本年需要从外部追加的资金。

(2)假设其他条件不变，预计本年度销售净利率与上年度相同，董事会提议提高股利支付率10%以稳定股价，并发行股票融资25万元。你认为还需要追加多少债务资金？

练习二

B公司2013年12月31日的有关资料如下：

单位：万元

资　产	金额	与销售的关系	负债及所有者权益	金额	与销售的关系
现金	3 000	变动	应付账款	1 000	变动
应收账款	2 000	变动	长期借款(利率4%)	500	不变动
存货	3 000	变动	普通股股本(每股面值1元)	900	不变动

续表

资　产	金额	与销售的关系	负债及所有者权益	金额	与销售的关系
固定资产	1 000	不变动	优先股(股利率5%)	100	不变动
			留存收益	6 500	不变动
合　计	9 000		合　计	9 000	

B公司2013年的销售额为10 000万元,销售净利率为5%。2013年分配的股利为100万元,如果2014年的销售收入增长率为10%,假定销售净利率为6%,平均所得税税率为30%,公司采用的是固定股利政策。

要求:

(1)预计2014年的净利润及其应分配的股利。

(2)按销售额比率法预测2014年需增加的资金以及需要从外部追加的资金。

练习三

C公司的固定资产及长期负债不随销售收入的变动而变动,该公司2009～2013年的销售收入及流动资产、流动负债如下表所示,预计C公司2014年度的销售收入将达到75万元。

单位:万元

年　度	销售收入	流动资产	流动负债
2009	45	3.5	1.9
2010	58	3.8	2.2
2011	62	3.9	2.5
2012	58	4.0	2.8
2013	65	4.5	2.5

要求:

(1)用高低点法预测流动资产的不变资金和变动资金。

(2)用回归直线法预测流动负债的不变资金和变动资金。

(3)预测2014年度该公司的资金需要量。

练习四

D公司2014年末的所有者权益为560万元,销售净利率为8%,资产周转率为3

次，权益乘数为2，收益留存率为60%(上述比率指标所用资产负债表的数据均为年末数)。

要求：

(1)如果D公司2015年不发行新股，且经营效率与财务政策不变，预计2015年可实现的最大销售额。

(2)如果D公司2015年的销售收入计划增长60%，销售净利率、资产周转率和收益留存率不变，计算其超常增长的资金来源。

(3)如果D公司2015年的销售收入计划增长60%，销售净利率和收益留存率不变，资产周转率提高1次，计算其超常增长的资金来源。

(4)如果D公司2015年的销售收入实际增长100%并属于无效增长，计算其实际筹集的权益资金。

第十一章 全面预算与综合管控

第一节 全面预算的管理流程

一、全面预算的概念与特点

预算是企业运用科学的技术手段和计量方法，对预算期的财务状况、经营成果和现金流量进行预计的总称。

预算既是预测与决策的具体体现，又是控制与考核的有效依据，更是合理配置和使用有限资源，使其发挥最佳生产效率和获利能力的管理方法。预算应当成为企业方针、战略和资源整合的具体化，是企业的奋斗目标、协调工具、控制标准和考核依据。

全面预算重在“全面”，是对企业一定期间内全部经营活动、投资活动和财务活动等做出的预算安排，它集计划、控制、协调为一体，将企业确立的发展战略和经营目标逐层分解，下达至内部各责任单位、职能部门和具体岗位，因而具有全方位、全过程、全员参与的特点。全员参与，人人头上有指标，个个肩上有任务；每个环节、每个层面都实行预算控制，横向到边，纵向到底，而不仅仅是财会部门的事情。正如美国著名管理学家戴维·奥利所指出的那样：全面预算管理是为数不多的几个能把组织的所有关键问题融合于一个体系之中的管理控制方法之一。所以，全面预算管理可以成为基础管理、目标管理、战略管理、资源管理和系统管理的综合管控系统。

全面预算的组织领导与运行体制健全，是防止预算管理松散、随意，预算编制、执行、考核等各环节流于形式的关键。全面预算管理的组织系统一般包括全面预算管理决策机构、工作机构和执行机构三个层次。图 11－1 勾画出某集团公司预算组织与预算管理职能的划分，显示了预算管理及其职能在公司治理结构和组织结构中的分布。

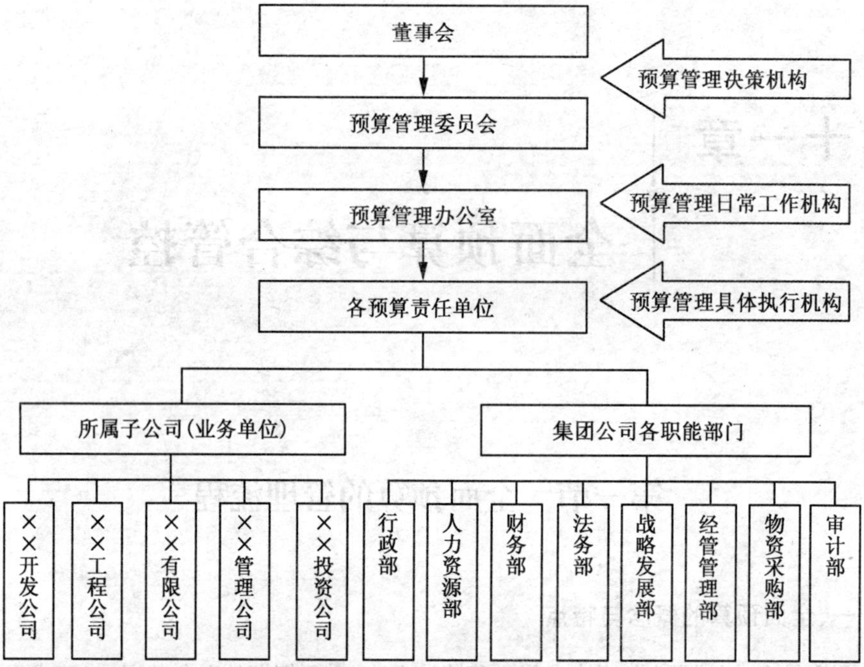

图 11－1　某集团公司全面预算管理组织架构

二、全面预算的主要内容

(一)业务预算

业务预算是反映预算期内企业可能形成现金收付的生产经营活动的预算,包括生产经营预算和技术开发预算。生产经营预算主要包括销售预算、生产预算、采购预算、直接人工预算、制造费用预算、成本预算、期末存货预算和期间费用预算。技术开发预算主要包括技术开发费用预算、技术开发研制预算、技术开发试生产预算和技术开发投产预算。

(二)资本预算

资本预算是企业在预算期内进行资本性投资活动的预算,包括固定资产投资预算、权益性资本投资预算和债券投资预算。

(三)筹资预算

筹资预算是企业在预算期内需要新借入的长短期借款、经批准发行的债券,以及对原有借款和债券还本付息的预算,包括增资预算和负债预算。

(四)财务预算

财务预算是围绕企业的战略要求和发展规划,以业务预算、资本预算和筹资预算为基础,以经营利润为目标,以现金流量为核心进行编制,并以财务报表形式予以充分反映,其中包括现金预算、利润表预算和资产负债表预算等。

财务预算与业务预算、资本预算和筹资预算共同构成企业的全面预算。全面预算是企业方针和战略的具体化,是企业的整体"作战"方案,是对企业的业务流、资金流、信息流和人力资源流的整合与控制。全面预算体系及其有关预算之间的关系可以图 11－2说明如下。

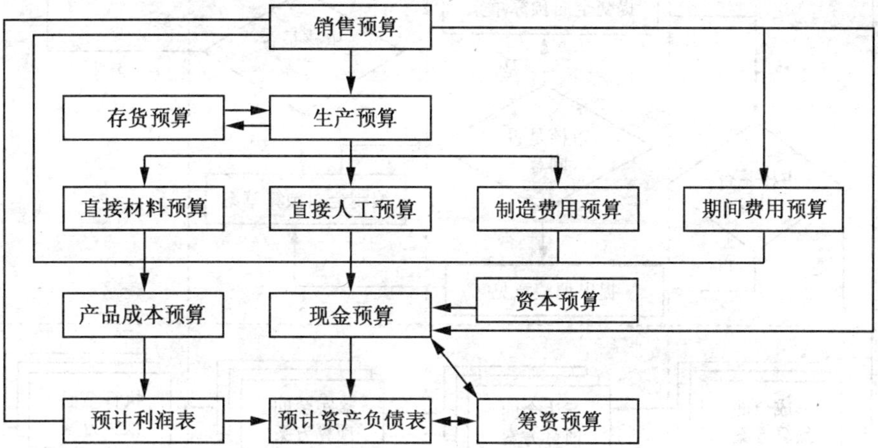

图 11－2　全面预算体系

三、全面预算的控制程序

编制全面预算一般按照"由上而下、上下结合、分级编制、逐级汇总"的要求进行,其主要程序是:下达目标、编制上报、审查平衡、审议批准、下达执行的名号,其主要环节集中表现在预算编制、预算审批和预算下达三个方面。图 11－3 反映出某集团公司全面预算的编制步骤及控制流程。

企业实行全面预算管理,至少应关注下列总体风险:(1)不编制预算或预算不健全,可能导致企业经营缺乏约束或盲目经营;(2)预算目标不合理、编制不科学,可能导致资源浪费或发展战略难以实现;(3)预算缺乏刚性、执行不力、考核不严、奖罚不到位,可能导致预算管理流于形式。

预算制定出来以后,预算执行者应当对预算进行管理,促进预算的实施,而不是被预算所"束缚"。必要时可以根据实际情况对预算进行检查、修订和调整。因为未来的

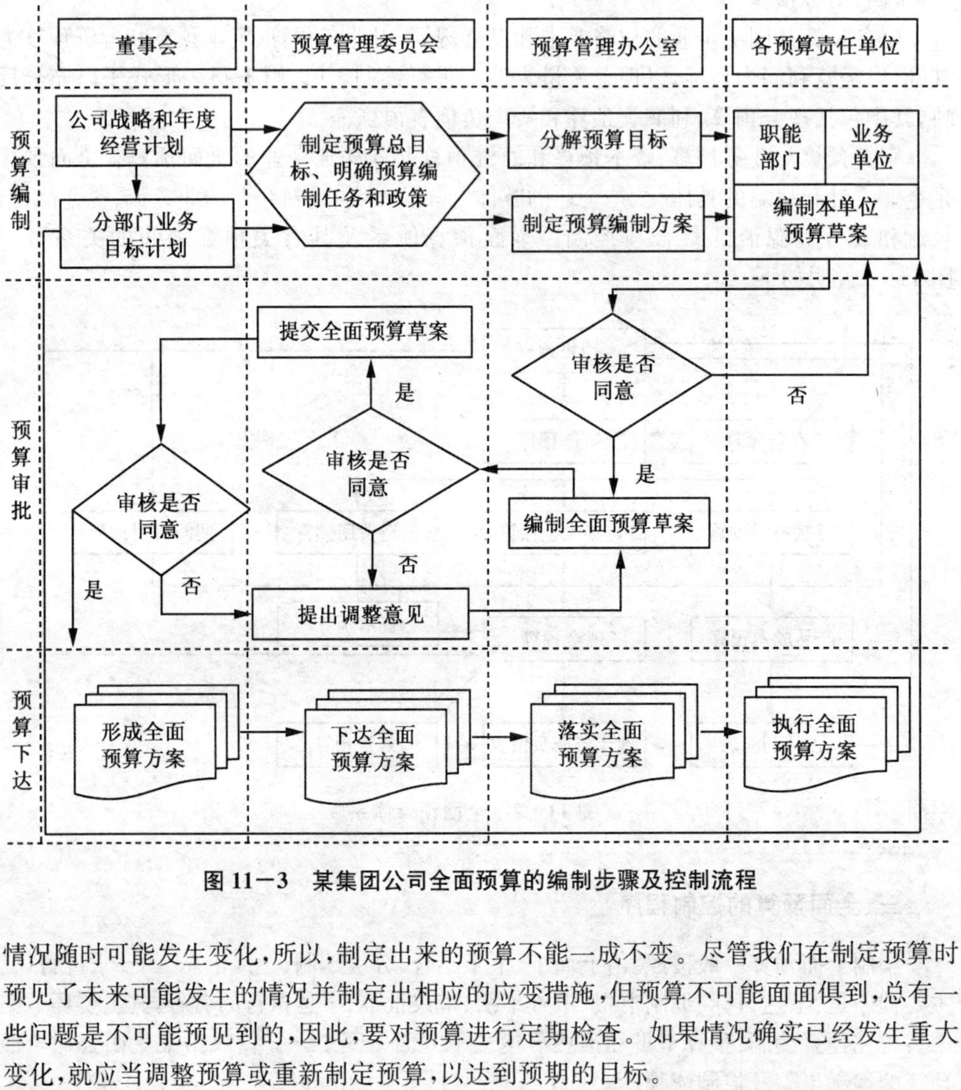

图 11—3　某集团公司全面预算的编制步骤及控制流程

情况随时可能发生变化，所以，制定出来的预算不能一成不变。尽管我们在制定预算时预见了未来可能发生的情况并制定出相应的应变措施，但预算不可能面面俱到，总有一些问题是不可能预见到的，因此，要对预算进行定期检查。如果情况确实已经发生重大变化，就应当调整预算或重新制定预算，以达到预期的目标。

第二节　全面预算的编制方法

一、全面预算的编制要求

预算编制是企业实施全面预算管理的起点。预算编制的合理性、准确性及可行性直接关系到后续执行与考核的成败。企业应建立和完善预算编制工作制度，明确编制依据、编制程序和编制方法等，确保预算编制的依据合理、程序适当、方法科学，避免预算指标过高或过低。

在对全面预算控制目标及指标体系进行设计时，至少应当关注以下几个方面：(1)将企业战略规划和经营目标体现在预算指标体系中；(2)按“财务指标为主体、非财务指标为补充”的原则设计预算指标体系；(3)将企业各项经济活动的各个环节、各项业务都纳入预算指标体系；(4)使预算指标体系与绩效评价指标协调一致；(5)按各预算责任单位在工作性质、权责范围、业务活动特点等方面的不同，设计不同或各有侧重的预算指标体系；(6)各预算项目的编制应说明计算依据和潜在影响因素等。

企业应当贯彻全面性原则，明确企业各部门、各单位的预算编制责任，将企业各部门、各单位的业务活动全部纳入预算管理，将企业经营、投资、融资、财务收支、项目建设等各项经济活动的各个方面、各个环节都纳入预算编制的范围，形成由经营预算、投资预算、筹资预算、建设预算和财务预算等一系列预算组成的相互衔接和勾稽的综合预算体系。

二、全面预算的编制依据

第一，制定明确的战略规划，并依据战略规划制定年度经营目标和计划，作为制定预算目标的首要依据，确保预算编制真正成为战略规划和年度经营计划的年度具体行动方案。

第二，开展外部环境的调研和预测，确保预算编制以科学预测为依据，与市场和社会环境相适应。

第三，分析企业上一期间的预算执行情况，充分评估预算期内企业的资源状况、生产能力和技术水平等自身环境的变化，确保预算编制符合企业生产经营活动的客观实际。

第四，重视和加强预算编制基础管理工作，包括历史资料记录、定额制定与管理、标准化工作及会计核算等，确保预算编制以可靠、翔实、完整的基础数据为依据。

三、全面预算的编制方法

企业应本着遵循经济活动规律，充分考虑符合自身经济业务特点、历史数据、基础数据管理水平、生产经营周期和管理需要的原则，选择或综合运用相关的方法编制预算。

(一)增量预算和零基预算

按照出发点的不同，预算编制方法可分为增量预算和零基预算两种。

1. 增量预算

增量预算是指以基期成本费用水平为基础，结合预算期业务量水平及有关降低成本的措施，通过调整有关原有费用项目而编制预算的方法。增量预算的方法是假定现有的业务活动是企业必需的。只有保留企业现有的每项业务活动，才能使企业的经营过程正常开展；同时，原有的各项开支都是合理的，所要求增加的费用预算也是值得的。采用此法可能对企业未来的发展考虑得不够充分，可能使原来不合理的费用开支继续存在下去，造成预算上的浪费，也容易导致预算中的“平均主义”和“简单化”。按照这种方法编制费用预算，那些未来实际需要开支的项目可能会因没有考虑未来情况的变化而造成预算不够确切。

2. 零基预算

零基预算是指在编制成本费用预算时，不考虑以往会计期间所发生的费用项目或费用数额，而是以所有的预算支出均为零为出发点，一切从实际需要与可能出发，逐项审议预算期内各项费用的内容及开支标准是否合理，在综合平衡的基础上编制费用预算的一种方法，即这是一种以零为基础编制计划和预算的方法。零基预算的优点是不受原有费用项目的限制，有利于调动各方面降低费用的积极性，有助于考虑企业未来的发展，但缺点在于这种方法一切从零出发，在编制费用预算时需要完成大量的基础工作，如历史资料分析、市场状况分析、现有资金使用分析和投入产出分析等，这势必带来很大的工作量，也需要比较长的预算编制时间。

(二)固定预算和弹性预算

按照业务量基础的不同，预算编制方法可分为固定预算和弹性预算两种。

1. 固定预算

固定预算又称静态预算，是指以预算期内正常的、可实现的某一业务量(如生产量、销售量)水平作为唯一基础来编制预算的方法，一般适用于业务量水平较为稳定的企业或非营利组织编制预算。

2. 弹性预算

弹性预算又称变动预算或滑动预算，是指在成本习性分析的基础上，以业务量、成本和利润之间的依存关系为依据，按照预算期可预见的各种业务量水平编制能够适应多种情况的预算的方法。业务量可以是产量、销售量、直接人工工时、机器工时、材料消耗量和直接人工工资等。弹性预算克服了固定预算的缺点，具有预算范围较宽、可比性较强等优点。

(三)定期预算和滚动预算

按照预算期的不同，预算编制方法可分为定期预算和滚动预算两种。

1. 定期预算

定期预算，是指在编制预算时以不变的会计期间(如日历年度)作为预算期的一种编制预算的方法。其优点是能够使预算期间与会计年度相配合，便于考核和评价预算的执行结果。其缺点是缺乏远期指导性，容易造成预算滞后性等。

2. 滚动预算

滚动预算又称连续预算或永续预算，是指在编制预算时，将预算期与会计年度脱离开，随着预算执行的不断延伸而不断补充预算，逐期向后滚动，使预算期永远保持为12个月的一种方法。

滚动预算的具体编制方法是：每过一个季度(或月份)，立即根据前一个季度(或月份)的预算执行情况对以后季度(或月份)进行修订，并增加一个季度(或月份)的预算，这样以逐期向后滚动、连续不断的预算形式规划企业未来的经营活动。按其预算编制和滚动的时间单位的不同，又可分为逐月滚动、逐季滚动和混合滚动三种方式。

与传统的定期预算相比，按滚动预算方法编制的预算具有透明度较高、及时性较强和预算年度完整等优点。

四、预算编制要点与实例分析

(一)销售预算

销售预算是编制全面预算的出发点，也是日常业务预算的基础。在编制过程中，应根据有关年度内各季度市场预测的销售量和售价，确定计划期销售收入(有时要同时预计销售税金)，并根据各季现销收入与回收赊销货款的可能情况反映现金收入，以便为编制现金收支预算提供信息。

例 **11－1**　申强公司经营A、B两种产品，预计2014年各季度各种产品销售量、售价的部分资料见表11－1的上半部分。该表上半部分是按权责发生制(应计制)编制的。据估计，A产品的现销比例为100%；B产品每季销售收入中有70%能于当期收到现金，其余30%要到下一季收回，假定不考虑坏账因素。申强公司的营业税金为营业收入的5%，并于当季以现金完税。2014年年末的应收账款余额为70 000元。

表 11－1　　　　申强公司 2014 年销售预算　　　　单位:元

项　目	第一季度	第二季度	第三季度	第四季度	本年合计
销售量:					
A 产品(件)	1 000	1 000	1 000	1 000	4 000
B 产品(盒)	4 000	5 000	6 000	5 000	20 000
销售单价:					
A 产品	100	100	100	100	100
B 产品	50	50	50	50	50
销售收入:					
A 产品	100 000	100 000	100 000	100 000	400 000
B 产品	200 000	250 000	300 000	250 000	1 000 000
营业收入合计①	300 000	350 000	400 000	350 000	1 400 000
营业税金支出②	15 000	17 500	20 000	17 500	70 000
现销收入③	240 000	275 000	310 000	275 000	1 100 000
回收前期应收货款④	70 000	60 000	75 000	90 000	295 000
现金收入合计⑤	310 000	335 000	385 000	365 000	1 395 000

注:①＝A 产品销售收入＋B 产品销售收入;②＝①×5%;③＝A 产品销售收入＋B 产品销售收入×70%;④＝上季度 B 产品销售收入×30%;⑤＝③＋④。

根据上述资料,可计算分季销售收入和与销售业务有关的现金收支数据,详见表 11－1 的下半部分,该部分应当按收付实现制(现金制)编制。

销售预算表的上、下两个部分既有联系又有区别,可以看成是将销售额由权责发生制转换为收付实现制的编制过程,从而可以满足编制现金预算的要求。

(二)生产预算

生产预算是为规划预算期生产规模而编制的一种业务预算。它是在销售预算的基础上编制的,并可以为下一步编制成本和费用预算提供依据。

编制生产预算的主要依据是预算期各种产品的预计销售量及存货量资料。其具体计算公式为:

预计生产量＝预计销售量＋预计期末存货量－预计期初存货量

由于预计销售量可以直接从销售预算中查到,预计期初存货量等于上季期末存货量,因此,编制生产预算的关键是正确确定各季预计期末存货量。在实践中,可按事先估计的期末存货量占一定时期销售量的比例进行估算，当然还要考虑季节性等因素的影响。

申强公司A产品2013年年末的存货量为500件，单位变动成本为91.6元；每季末的存货量均为500件。B产品每季末的存货量按下季预计销售量的10%估算，预计2014年第四季度期末的存货量为600盒，已知2013年年末的实际存货量为400盒。该公司存货采用先进先出法计价。

根据以上资料编制申强公司2014年的产品生产预算（如表11—2所示）。

表11—2　　申强公司2014年产品生产预算　　单位：件

A产品	第一季度	第二季度	第三季度	第四季度	本年合计
本期销售量①	1 000	1 000	1 000	1 000	4 000
期末存货量②	500	500	500	500	500
期初存货量③	500	500	500	500	500
本期生产量④	1 000	1 000	1 000	1 000	4 000

单位：盒

B产品	第一季度	第二季度	第三季度	第四季度	本年合计
本期销售量①	4 000	5 000	6 000	5 000	20 000
期末存货量②	500	600	500	600	600
期初存货量③	400	500	600	500	400
本期生产量④	4 100	5 100	5 900	5 100	20 200

注：④=①+②-③。

（三）直接材料消耗及采购预算

直接材料消耗及采购预算简称直接材料预算，是为规划预算期直接材料消耗情况及采购活动而编制的，用于反映预算期各种材料消耗量、材料消耗成本和采购成本等计划信息的一种业务预算。

这种预算的主要编制依据是生产预算、材料单耗和材料采购单价等资料。其编制程序如下：

第一，计算各季各种直接材料的消耗量预算，其有关公式如下：

某产品消耗某材料的数量=该产品当期生产量×该材料消耗定额

根据A、B产品耗用各种直接材料的消耗定额（单耗）和A、B产品的预计产量，可计算出申强公司预算期内各种材料消耗量预算值（如表11—3所示）。

表 11—3　　申强公司 2014 年直接耗用材料预算　　单位：千克

项　目	第一季度	第二季度	第三季度	第四季度	本年合计
A 产品生产量(件)	1 000	1 000	1 000	1 000	4 000
材料消耗定额					
甲材料	10	10	10	10	—
乙材料	5	5	5	5	—
材料消耗数量					
甲材料	10 000	10 000	10 000	10 000	40 000
乙材料	5 000	5 000	5 000	5 000	20 000
B 产品生产量(盒)	4 100	5 100	5 900	5 100	20 200
材料消耗定额					
甲材料	3	3	3	3	—
乙材料	2	2	2	2	—
材料消耗数量					
甲材料	12 300	15 300	17 700	15 300	60 600
乙材料	8 200	10 200	11 800	10 200	40 400

第二，计算每种直接材料的总耗用量，其有关公式如下：

某期某直接材料的总耗用量＝∑当期某产品所消耗该材料的数量

第三，计算每种直接材料的当期采购量及采购成本，其有关公式如下：

某材料采购量＝该材料当期耗用总量＋该材料期末库存量－该材料期初库存量

某期某种材料的采购成本＝该材料单价×该材料当期采购量

第四，计算预算期材料采购总成本，其有关公式如下：

预算期直接材料采购总成本＝∑当期各种材料采购成本

申强公司 2014 年 A 产品的甲材料单位消耗定额为 10 千克/件，乙材料单位消耗定额为 5 千克/件；B 产品的甲材料单位消耗定额为 3 千克/盒，乙材料单位消耗定额为 2 千克/盒。甲材料单价 2 元/千克，乙材料单价 7 元/千克。预计甲材料期初存量为 6 690千克，乙材料期初存量为3 960千克。各种材料的季末存量均为下季生产总耗用量的 30%。每季消耗的材料总量、该材料期末期初存量及其单价如表 11—4 有关栏目所示，进而可计算出各种材料的本期采购量及采购成本，最后计算出各种材料的采购成本总额。经测算，每季材料采购总额的 60%用现金支付，其余 40%在下季付讫。根据技术开发预算，公司计划第四季度用现金购买100 000元丙材料，用以开发新产品。2013 年末的应付账款余额为50 000元。根据上述资料计算的与材料采购业务有关的现金支出项目如表 11—4 的下半部分所示。

表 11—4　　**申强公司 2014 年直接耗用材料预算**　　单位:元

材料种类	项目	第一季度	第二季度	第三季度	第四季度	全年合计
甲材料	A产品耗用	10 000	10 000	10 000	10 000	40 000
	B产品耗用	12 300	15 300	17 700	15 300	60 600
	甲材料总耗用量	22 300	25 300	27 700	25 300	100 600
	加:期末材料存量	7 590	8 310	7 590	8 400	8 400
	减:期初材料存量	6 690	7 590	8 310	7 590	6 690
	本期采购量	23 200	26 020	26 980	26 110	102 310
	甲材料单价	2	2	2	2	2
	甲材料采购成本	46 400	52 040	53 960	52 220	204 620
乙材料	A产品耗用	5 000	5 000	5 000	5 000	20 000
	B产品耗用	8 200	10 200	11 800	10 200	40 400
	乙材料总耗用量	13 200	15 200	16 800	15 200	60 400
	加:期末材料存量	4 560	5 040	4 560	5 100	5 100
	减:期初材料存量	3 960	4 560	5 040	4 560	3 960
	本期采购量	13 800	15 680	16 320	15 740	61 540
	乙材料单价	7	7	7	7	7
	乙材料采购成本	96 600	109 760	114 240	110 180	430 780
丙材料采购成本		0	0	0	100 000	100 000
各种材料采购成本总额		143 000	161 800	168 200	262 400	735 400
当期现购材料成本		85 800	97 080	100 920	197 440	481 240
偿付前期所欠材料款		50 000	57 200	64 720	67 280	239 200
当期现金支出小计		135 800	154 280	165 640	264 720	720 440

(四)直接工资及其他直接支出预算

直接工资及其他直接支出预算又称直接人工预算，是一种既反映预算期内人工工时消耗水平，又规划人工成本开支的业务预算。该预算的编制程序如下：

第一，计算预算期各产品有关直接人工工时的预算，其有关公式如下：

某产品消耗直接人工总工时＝∑某车间生产该产品消耗直接人工工时

其中：

$$\begin{matrix}\text{某车间生产该产品}\\\text{消耗直接人工工时}\end{matrix}=\begin{matrix}\text{该车间生产}\\\text{该产品的产量}\end{matrix}\times\begin{matrix}\text{该产品在该车间发}\\\text{生的人工单耗定额}\end{matrix}$$

申强公司2014年A产品一车间的直接人工单位消耗定额为3小时/件，二车间的直接人工单位消耗定额为2小时/件；B产品一车间的直接人工单位消耗定额为2小时/盒，二车间的直接人工单位消耗定额为1小时/盒。一车间与二车间的直接人工单价均为4元/小时。根据上述资料编制申强公司2014年直接人工工时预算(如表11—5所示)。

表11—5　**申强公司2014年直接人工工时预算**　单位:小时

项　目	第一季度	第二季度	第三季度	第四季度	本年合计
A产品生产量:	1 000	1 000	1 000	1 000	4 000
单位产品定额人工工时:					
一车间	3	3	3	3	3
二车间	2	2	2	2	2
直接人工总工时:					
一车间	3 000	3 000	3 000	3 000	12 000
二车间	2 000	2 000	2 000	2 000	8 000
合　计	5 000	5 000	5 000	5 000	20 000
B产品生产量:	4 100	5 100	5 900	5 100	20 200
单位产品定额人工工时:					
一车间	2	2	2	2	2
二车间	1	1	1	1	1
直接人工总工时:					
一车间	8 200	10 200	11 800	10 200	40 400
二车间	4 100	5 100	5 900	5 100	20 200
合　计	12 300	15 300	17 700	15 300	60 600

第二，计算各种产品的直接工资预算额，其有关公式如下：

某种产品直接工资预算额＝该产品预计直接人工总工时×单位工时工资率

第三，计算各种产品的其他直接支出预算额，其有关公式如下：

某种产品其他直接支出预算额＝该产品直接工资预算额×预计百分比

第四，计算直接工资及其他直接支出总预算，其有关公式如下：

直接工资及其他直接支出总预算＝∑(某种产品直接工资预算额＋该产品其他直接支出预算额)

如果其他直接支出已被归并入直接人工成本统一核算，则可不必分别反映直接工资与其他直接支出。通常，直接人工成本假定均需用现金开支。

申强公司 2014 年的直接人工成本预算如表 11—6 所示。

表 11—6　　申强公司 2014 年直接人工成本预算　　单位：元

项　目	第一季度	第二季度	第三季度	第四季度	本年合计
直接人工总工时：					
A 产品①	5 000	5 000	5 000	5 000	20 000
B 产品	12 300	15 300	17 700	15 300	60 600
合计②	17 300	20 300	22 700	20 300	80 600
单位工时人工成本③	4	4	4	4	4
单位产品人工成本：					
A 产品④	20	20	20	20	20
B 产品	12	12	12	12	12
直接人工成本总额：					
A 产品⑤	20 000	20 000	20 000	20 000	80 000
B 产品	49 200	61 200	70 800	61 200	242 400
合计	69 200	81 200	90 800	81 200	322 400

注：①人工工时预算；②＝∑直接人工总工时；③题目已知；④＝⑤÷产量；⑤＝①×③。

（五）制造费用预算

制造费用预算是指用于规划除直接材料和直接人工预算以外的其他一切生产费用的一种业务预算。

在编制制造费用预算时，可按变动成本法将预算期内除直接材料和直接人工成本以外的预计生产成本（即制造费用）分为变动部分与固定部分，并确定变动性制造费用分配率标准，以便将其在各产品之间进行分配；固定部分的预算总额作为期间成本，可以不必分配。

$$预算分配率=\frac{变动性制造费用}{相关分配标准}$$

相关分配标准包括生产量预算和直接人工工时预算等。

申强公司 2014 年的制造费用预算如表 11—7 所示。

表 11－7 申强公司 2014 年制造费用预算 单位:元

固定性制造费用	金额	变动性制造费用			金额
管理人员工资	33 000	工人工资			48 000
保险费	13 000	辅助材料			38 000
设备租金①	10 000	水电费			34 000
折旧费	40 000	维修费			41 200
其他固定费用	24 000	合计			161 200
合计	120 000	直接人工总工时			80 600
其中:付现费用	80 000	预算分配率			2
项　目	第一季度	第二季度	第三季度	第四季度	全年合计
变动性制造费用②	34 600	40 600	45 400	40 600	161 200
付现的固定性制造费用③	20 000	20 000	20 000	20 000	80 000
现金支出小计	54 600	60 600	65 400	60 600	241 200

注:①年初租入生产专用设备一台,按季付租金2 500元;②＝预算分配率×各季度预计总工时;③＝全年付现费用÷4。

(六)产品生产成本预算

产品生产成本预算又称产品成本预算,它是反映预算期内各种产品生产成本水平的一种业务预算。这种预算是在生产预算、直接材料消耗及采购预算、直接人工预算和制造费用预算的基础上编制的,通常应反映各产品的单位生产成本与总成本,有时还要反映年初、年末产品存货预算。

申强公司按变动成本法确定的产品生产成本预算如表 11－8 所示。

表 11－8 申强公司 2014 年产品生产成本预算 单位:元

成本项目	A 产品全年产量4 000件				B 产品全年产量20 200盒				总成本合计
	单耗	单价	单位成本	总成本	单耗	单价	单位成本	总成本	
直接材料									
甲材料	10	2	20	80 000	3	2	6	121 200	201 200
乙材料	5	7	35	140 000	2	7	14	282 800	422 800
小计			55				20	404 000	624 000
直接工资									
一车间	3	4	12	48 000	2	4	8	161 600	209 600
二车间	2	4	8	32 000	1	4	4	80 800	112 800
小计			20	80 000			12	242 400	322 400

续表

成本项目	A产品全年产量4 000件				B产品全年产量20 200盒				总成本合计
	单耗	单价	单位成本	总成本	单耗	单价	单位成本	总成本	
变动性制造费用									
一车间	3	2	6	24 000	2	2	4	80 800	104 800
二车间	2	2	4	16 000	1	2	2	40 400	56 400
小计			10	40 000			6	121 200	161 200
变动生产成本合计			85	340 000			38	767 600	1 107 600
产成品存货	数量		单位成本	总成本	数量		单位成本	总成本	合计
年初存货变动成本	500		91.6	45 800	400		38	15 200	61 000
年末存货变动成本	500		85	42 500	600		38	22 800	65 300

(七)期间费用预算

期间费用预算是以价值形式反映整个预算期内发生的销售费用、管理费用和财务费用等各项应当计入会计期间的费用支出，一般按项目反映全年预计水平。申强公司2014年的期间费用预算如表11－9所示。

表11－9　申强公司2014年期间费用预算　单位:元

费用项目	全年预算	费用项目	全年预算
①销售人员工资	14 300	⑩行政人员工资	12 800
②专设销售机构经费	10 000	⑪差旅费	3 700
③业务招待费	5 000	⑫审计费	5 000
④装卸运杂费	6 000	⑬财产税	500
⑤办公费用	4 000	⑭财务费用(不含利息)	200
⑥广告费	10 000	⑮其他	3 500
⑦宣传教育费	2 000	费用合计	100 000
⑧土地使用费	3 000	付现费用＝100 000－20 000	80 000
⑨折旧费	20 000	每季平均＝80 000÷4＝20 000	

季度	1	2	3	4	全年合计
现金支出	20 000	20 000	20 000	20 000	80 000

(八)资本支出预算

资本支出预算涉及长期建设项目的资金投放与筹措等，并经常跨年度，因而，除个别项目以外，一般不纳入业务预算，但应计入与此有关的现金收支预算和预计资产负债表。

2014 年第四季度申强公司计划投资250 000元开发一条新的产品生产流水线，并于当年完工投产使用。作为资本支出预算，其资金来源拟通过投资者追加投资解决。

(九)现金预算

申强公司的所得税采用按季预交、年终汇算清缴的核算办法，预计每季度预交所得税2 000元。每季预分现金股利3 000元。期初现金余额为10 000元，各季末的现金余额分别为下季度预计现金收入的 5%，但第四季度末要求的现金余额为20 000元，以实现公司提出的现金净流量比年初增加 1 倍的目标。各季度现金余缺可通过短期借款来解决。申强公司 2014 年第四季度还计划取得长期借款80 000元，用以发展生产，弥补资金不足，应纳入现金预算。经测算，四个季度预计支付利息分别为 650 元、920 元、160 元和 230 元。

2014 年年底，申强公司按权益法核算的对外投资收益预计有20 000元，但当年没有现金流量。

现根据上述资料编制申强公司 2014 年现金预算(如表 11—10 所示)。

表 11—10　　申强公司 2014 年现金预算　　单位:元

项　目	第一季度	第二季度	第三季度	第四季度	全年合计	备　注
期初现金余额①	10 000	16 750	19 250	18 250	10 000	
经营性现金收入②	310 000	335 000	385 000	365 000	1 395 000	表 11—1
经营性现金支出③	299 600	338 580	366 840	699 020	1 704 040	
直接材料采购	135 800	154 280	165 640	264 720	720 440	表 11—4
直接工资及其他支出	69 200	81 200	90 800	81 200	322 400	表 11—6
制造费用	54 600	60 600	65 400	60 600	241 200	表 11—7
期间费用	20 000	20 000	20 000	20 000	80 000	表 11—9
营业税金及附加	15 000	17 500	20 000	17 500	70 000	表 11—1
预交所得税	2 000	2 000	2 000	2 000	8 000	
预分股利	3 000	3 000	3 000	3 000	12 000	
资本性现金支出④	0	0	0	250 000	250 000	
现金余缺⑤	20 400	13 170	37 410	—315 770	—299 040	
资金筹措及运用⑥	—3 650	6 080	—19 160	335 770	319 040	
短期银行借款	0	7 000	0	6 000	13 000	
归还短期借款	—3 000		—19 000		—22 000	

续表

项　目	第一季度	第二季度	第三季度	第四季度	全年合计	备　注
投入资本				250 000	250 000	
长期借款				80 000	80 000	
支付利息	−650	−920	−160	−230	−1 960	
购买有价证券						
期末现金余额⑦	16 750	19 250	18 250	20 000	20 000	

注:⑤=①+②−③−④;⑥=⑤−⑦;⑦=⑤+⑥;第一、二、三季度的⑦=第二、三、四季度的②×5%。

现金预算表中的银行借款一般为1 000元的倍数,支付利息应按照借款种类、期限与利率分别估计。

现金预算的编制应以各项营业预算和资本预算为基础,用以反映预算期内全部现金流入与流出的数额,并加以对比说明,其目的在于现金多余时及时处理现金余额,现金不足时及时筹措资金,并提供现金收支的控制限额,从而能够起到控制现金和管理现金的作用。

(十)预计会计报表

公司的总预算一般是指预计资产负债表、预计利润表和预计现金流量表。这三张预计会计报表的编制格式可参考现行财务报表的格式,也可以根据企业的实际情况作适当的调整。其中,编制了预计现金表的单位可不再编制预计现金流量表。

预计会计报表是企业进行财务管理的重要工具之一。将预计会计报表与实际会计报表进行对比分析,可以反映出公司预算管理的水平与现状,并有利于发现问题、分析问题和解决问题。

预计利润表是以货币为单位,全面、综合地表现预算期内经营成果的利润计划。该表既可以分季,也可以按年编制。表11−11是申强公司2014年按变动成本法编制的全年预计利润表。

表11−11　　申强公司预计利润表

2014年度　　单位:元

项　目	金　额
营业收入	1 400 000
减:营业税金及附加	70 000
营业成本(变动成本)	1 103 300
边际贡献总额	226 700

续表

项　目	金　额
减:固定制造费用与期间费用	221 960
加:投资收益	20 000
利润总额	24 740
减:所得税费用	8 164
净利润	16 576

预计资产负债表是以货币单位反映预算期末财务状况的总括性预算,表中除上年期末数事先已知外,其余项目均应在前面所列的各项预算指标的基础上分析填列,并应注意表与表之间的勾稽关系。表 11－12 为申强公司编制的 2014 年 12 月 31 日的预计资产负债表。

表 11－12　　　　申强公司预计资产负债表

2014 年 12 月 31 日　　　　单位:元

资　产	年初数	年末数	负债与股东权益	年初数	年末数
货币资金	10 000	20 000	负债:		
应收账款	70 000	75 000	短期借款	20 000	11 000
材料	41 100	152 500	应付账款	50 000	64 960
产成品	61 000	65 300	应付债券	0	80 000
长期投资	100 000	120 000	应交所得税	0	164
固定资产	402 400	652 400	股东权益:		
减:累计折旧	120 000	180 000	实收资本(普通股)	350 000	600 000
固定资产净值	282 400	472 400	留存收益	144 500	149 076
资产总计	564 500	905 200	负债与股东权益总计	564 500	905 200

申强公司 2014 年预计资产负债表中有关年末数据的主要勾稽关系如下:

应收账款＝第四季度销售额350 000－现销收入275 000＝75 000(元)

材料＝2×8 400＋7×5 100＋100 000＝152 500(元)

长期投资＝年初数100 000＋当年投资收益20 000＝120 000(元)

固定资产＝年初数402 400＋本年第四季度新增250 000＝652 400(元)

累计折旧＝年初数120 000＋本年新增60 000＝180 000(元)

短期借款＝年初数20 000＋本年新增13 000－归还借款22 000＝11 000(元)

应付账款＝第四季度采购额262 400－现购付款197 440＝64 960(元)

应交所得税＝所得税费用8 164－预交所得税8 000＝164(元)

实收资本＝年初数350 000＋本年新增发的股票250 000＝600 000(元)

留存收益＝年初数144 500＋本年新增净利润16 576－预分股利12 000＝149 076(元)

第三节　全面预算的管控措施

一、预算执行的管控措施

企业应当建立预算执行责任制度，明确相关部门及人员的责任，定期或不定期地进行检查。单位预算的执行在单位负责人的领导下，实行分级负责、归口管理。

第一，预算文件或预算指标的下达。全面预算草案完成后，由预算管理委员会提交董事会审批。企业董事会在审核全面预算草案时，重点关注预算的科学性和可行性，以确保全面预算与企业发展战略、年度生产经营计划相协调。为保证全面预算方案的权威性，全面预算方案应经过审批，并以正式文件的形式下达；为保证全面预算的可操作性，预算管理机构应将预算指标合理分解，层层落实到各预算责任单位、岗位和个人，并以此作为预算执行和控制的依据。

第二，预算一经批复下达，各预算执行单位必须认真组织实施，将预算指标层层分解，从横向和纵向落实到内部各部门、各单位、各环节和各岗位，形成全方位的预算执行责任体系。

应当将年度预算作为预算期内组织、协调各项生产经营活动和管理活动的基本依据，将年度预算细分为季度和月度预算，通过分期预算控制实现年度预算目标。

第三，加强对资金收支业务的预算控制，及时组织预算资金的收入，严格控制预算资金的支付，调节资金收付平衡，严格控制支付风险。

纳入单位预算的资金拨付按照授权审批程序执行。未纳入单位预算的支出项目不予支付。虽已纳入单位预算，但支付手续不健全、凭证不合规的支出项目，不得支付。

第四，建立预算执行情况内部报告制度，及时掌握预算执行的动态及结果。预算管理部门应当运用财务会计报告和其他会计资料监控预算的执行情况，及时向单位决策机构和各预算执行单位报告或反馈预算执行进度、执行差异及其对单位预算目标的影响，促进单位完成预算目标。

第五，建立预算执行情况预警机制，通过科学选择预警指标、合理确定预警范围，及时发出预警信号，积极采取应对措施。

第六，建立预算执行结果质询制度，要求预算执行单位对预算指标与实际结果之间的重大差异进行解释和答辩。预算管理部门应当加强对单位内部预算执行单位的指导、监督和服务，对预算编制不及时或编制质量不高的单位，应当及时作出报告。

二、预算调整的管控措施

为了提高预算制定的效率，保证信息流动的秩序性，企业应当对预算制定控制流程，并实施监控。为了维护全面预算的严肃性并有利于控制，对预算进行调整，必须遵循一定的程序。一般情况下，预算调整需要经过申请、审议和批准等主要程序。

（一）预算调整的申请

企业内部的预算执行单位在执行过程中由于市场环境、经营条件和国家法规政策等发生重大变化，或出现重大自然灾害、公共紧急事件等致使预算的编制基础不成立，或者将导致预算执行结果产生重大差异的，经单位决策机构批准，可以调整预算。

调整预算应当由预算执行单位逐级向单位决策机构提出书面报告，阐述预算执行的具体情况、客观因素的变化情况及其对预算执行造成的影响，提出预算的调整幅度。审批预算调整方案应当符合以下要求：(1)预算调整事项应当符合单位发展战略和年度生产经营目标；(2)预算调整方案应当客观、可行；(3)预算调整重点应当放在预算执行中出现的重要的、非正常的、不符合常规的关键性差异方面。

如果需要调整预算，首先应由预算执行人或编制人提出申请。调整申请应说明调整的理由（如内、外环境发生了怎样的变化，执行原预算遇到怎样不可克服的困难或损失等）、调整的初步方案（具体的调整点、调整方法等）、调整前后的预算指标对比（调整后的预算指标测算、指标前后对比的差异、相应的补偿措施等）以及调整后预算的负责人和执行人等情况。单位预算管理部门应当对预算执行单位提交的预算调整报告进行审核分析，集中编制出年度预算调整方案，提交决策机构审议批准，然后下达执行。

对于不符合上述要求的预算调整报告和调整方案，预算管理部门和单位决策机构应当予以否决。

（二）预算调整的审议

预算执行或编制人提出调整申请后，应经审议并提出审议意见。担任审议的部门通常是预算工作组。由预算工作组担任审议人也应要求申请人的上级部门首先对申请签署意见。审议意见应说明审议参与人和过程，包括对申请同意、反对或补充修改的内容（修改意见应征得申请人同意）。为了使审议意见切合实际和有理有据，审议人有必要对申请调整事项做深入的调查研究和论证，不可随意作出同意或否定的意见。审议人应对审议意见负责。

（三）预算调整的批准

经审议后的预算调整申请即可报送有关部门批准。批准人应在审阅有关资料后提出同意或不同意调整的书面意见。不同意的，应简单说明理由；同意的，应说明补充意见，然后下发给申请人遵照执行。

由于预算调整属于非正常事项，而且其牵扯面广，对其他相关部门也会产生影响，并且可能引起一系列变化，因此，需要从严把握。鉴于此，预算调整的审批权限应该高度集中。通常，预算的编制及重大调整均应在董事会的领导下进行。公司经理的职权是组织实施公司年度经营计划、财务预算和投资计划等，但董事会可以授权公司经理层，如预算委员会或总经理办公会议等具体办理预算编制与调整事宜，并可授权其在一定范围内批准预算调整事项，如补充临时预算、增加急需资金、调整销售方式和产品结构等。

(四)审批后的预算调整方案以文件的形式下达

表 11－13 为预算调整申请及审批表。

表 11－13　　预算调整申请及审批表

预算项目	
原预算数	
预算增加额	
预算增减幅度	
调整原因	
申请部门负责人审核	年　月　日
预算管理办公室审核	年　月　日
预算管理委员会审核	年　月　日
董事会审核	年　月　日

第四节　全面预算的分析考核*

一、预算执行情况分析制度

企业应当建立预算执行情况分析制度。预算管理部门应当定期召开预算执行分析会议，全面掌握预算执行情况，研究、解决预算执行中存在的问题，提出改进措施。

预算管理部门和各预算执行单位应当充分收集有关财务、业务、市场、技术、政策和法律等方面的信息资料，根据不同情况分别采用比率分析、比较分析、因素分析和平衡分析等方法，从定量和定性两个层面充分反映预算执行单位的现状、发展趋势及其存在的潜力。对于预算执行差异，应当客观分析产生的原因，提出解决措施或建议，提交单位决策机构研究决定。表 11－14 为某公司某项目预算执行差异分析表。

表 11－14　　　　　　　　　　某公司预算执行差异分析表

项目名称	本期差异数			累计差异数			原因分析	拟采取的控制措施
	预算数	实际数	差异数	预算数	实际数	差异数		
办公费								
职工薪酬								
培训费用								
会务费								
差旅费								
水电费								
相关税费								
研发费用								
董事会会费								
其他								
合计								

企业应及时采取措施恰当处理预算执行偏差，根据造成预算差异的不同原因采取不同的处理措施：因内部执行导致的预算差异，应分清责任归属，与预算考评和奖惩挂钩，并将责任单位或责任人的改进措施的实际执行效果纳入业绩考核；因外部环境变化导致的预算差异，应分析该变化是否长期影响企业发展战略的实施，并作为下期预算编制的影响因素。

二、预算执行情况审计制度

企业应当建立预算执行情况审计制度，通过定期或不定期地实施审计监督，及时发现和纠正预算执行中存在的问题，维护预算的严肃性。

三、预算执行情况考核制度

预算管理部门应当定期向单位决策机构报告预算执行情况，并组织对预算执行单位进行考核。有条件的单位也可设立专门机构负责考核工作。

预算执行情况考核应当依照预算执行单位上报预算执行报告、预算管理部门审查核实、单位决策机构批准的程序进行。单位内部预算执行单位上报的预算执行报告，应经本部门、本单位负责人签章确认。

预算执行情况考核以单位正式下达的预算方案为标准，以经注册会计师或上级部门审定的年度财务会计报告信息为依据。实行中期考核的单位，以中期预算会计为标准，以中期财务报告为依据。预算执行情况考核应当坚持公开、公平、公正的原则，考核结果应有完整的记录。

应当建立预算执行情况奖惩制度，奖惩办法应当明确，奖惩措施应当落实。

复习思考题

1. 简述全面预算管理的特点及其主要内容。
2. 简述全面预算控制的程序与预算调整程序的要点。
3. 为什么说全面预算是奋斗目标、协调工具、控制标准和考核依据？
4. 简述增量预算与零基预算、固定预算与弹性预算的优缺点。
5. 为什么要编制滚动预算？滚动预算有哪些编制方法？如何编制？
6. 简述材料预算、工资预算、制造费用预算与生产预算之间的关系。
7. 简述现金预算与预计会计报表的特点、作用和编制方法。
8. 联系实际阐述如何才能将全面预算管控措施落到实处。

业务练习题

练习一

甲公司 2014 年 1～3 月的实际销售额分别为38 000万元、36 000万元和41 000万元，预计 4 月份销售额为40 000万元。每月销售收入中有 70%能于当月收现，20%于次月收现，10%于第三个月收讫，不存在坏账。该公司销售产品在流通环节的税负为 10%，并于当月以现金缴纳。该公司 3 月末的现金余额为 80 万元，应付账款余额为 5 000万元(需在 4 月份付清)，不存在其他应收应付款项。

4 月份有关项目的预计资料如下：采购材料8 000万元(当月付款 70%)，工资及其他支出8 400万元(用现金支付)，制造费用8 000万元(其中，折旧费等非付现费用为 4 000万元)，销售费用和管理费用1 000万元(用现金支付)，预缴所得税1 900万元，购买设备12 000万元(用现金支付)。现金不足时，通过向银行借款解决。4 月末的现金余额要求不低于 100 万元。

要求：

(1)计算该公司 4 月份的经营性现金流入。

(2)计算该公司 4 月份的经营性现金流出。

(3)计算该公司 4 月份的现金余缺。

(4)计算该公司4月份应向银行借款的最低金额。

(5)计算该公司4月末的应收账款余额。

练习二

乙公司2014年有关预算资料如下:

(1)预计该公司3~7月份的销售收入分别为400万元、500万元、600万元、700万元和800万元,每月销售中,当月收到现金30%,下月收到现金70%。

(2)各月材料采购成本按下一个月销售收入的60%计算,所购材料款于当月支付现金50%,下月支付现金50%。

(3)预计该企业4~6月份的制造费用分别为40万元、45万元和42万元,每月生产设备的折旧费为10万元。

(4)4月份购置固定资产需现金150万元。

(5)预计该公司在现金不足时向银行借款为10万元的倍数,现金有剩余时归还借款(为10万元的倍数),借款在期初,还款在期末,借款利率为12%。

(6)预计该公司期末现金余额最低为60万元。

其他资料见下表。

现金预算表 单位:万元

项　目	4月份	5月份	6月份
期初现金余额	70		
经营现金收入			
材料采购支出			
直接工资支出	20	35	28
制造费用支出			
其他付现费用	8	9	6
预交所得税			80
购置固定资产			
现金余额			
向银行借款			
归还银行借款			
支付借款利息			
期末现金余额			

要求:完成乙公司4~6月份现金预算表的编制工作。

练习三

乙公司是一家零售业上市公司，其2014年的会计报表及有关资料如下：

利润表

2014年 单位：万元

项 目	金 额
销售收入	1 260
销货成本(80%)	1 008
毛利	252
经营和管理费用：	
变动费用(付现)	63
固定费用(付现)	63
折旧	26
营业利润	100
利息支出	10
利润总额	90
所得税费用	27
税后利润	63

资产负债表

2014年12月31日 单位：万元

资 产	金额	负债及所有者权益	金额
货币资金	14	短期借款	200
应收账款	144	应付账款	246
存货	280	股本(每股面值1元)	500
固定资产原值	760	保留盈余	172
减：折旧	80		
固定资产净值	680		
资产总额	1 118	负债及所有者权益总计	1 118

其他有关会计信息资料如下：

(1)下一年度的销售收入预计为1 512万元。

(2)预计毛利率上升5个百分点。

(3)预计经营和管理费的变动部分与销售收入的百分比不变。

(4)预计经营和管理费的固定部分增加20万元。

(5)购置固定资产支出220万元,并因此使公司年折旧额达到30万元。

(6)应收账款周转率(按年末余额计算)预计不变,上年应收账款均可在下年收回。

(7)年末应付账款余额与当年进货金额的比率不变。

(8)期末存货金额不变。

(9)现金短缺时,用短期借款补充,借款的平均利息率不变,借款必须是5万元的倍数。假设新增借款需年初借入,所有借款全年计息,年末不归还。年末现金余额不少于10万元。

(10)预计所得税为30万元。

(11)假设年度内现金流动是均衡的,无季节性变化。

要求:

(1)确定下年度现金流入、现金流出、新增借款数额和期末现金余额。

(2)预测下年度税后利润。

(3)预测下年度每股盈余。

第十二章 责任会计与责任考核

第一节 责任会计与内部控制

一、责任会计的产生与发展

责任会计是指以企业内部建立的各级责任中心为主体，以责、权、利的协调统一为目标，以责任预算为控制依据，通过编制责任报告进行业绩考核评价的一种制度安排。

责任会计产生于加强内部控制和经济责任的需求，可追溯到 19 世纪 20 年代。当时，随着工业革命及资本经济的快速发展，成本会计也快速进步，尤其是以科学管理理论为基础的标准成本制度的出现，使人们认识到，为控制成本，必须将其作为各种责任赋予业务执行人员；同时，预算管理的出现使责任制度从成本控制领域扩展到利润和资金等管理领域。会计数据与经济责任一旦结合就萌发了责任会计。

第二次世界大战以后，责任会计在实践中发挥出作用，许多大公司由于推行分权化管理，采用事业部制的公司组织体系，需要推行和完善责任会计制度。责任会计的重要特性在于强调以责任中心为组织基础收集资料、编制计划并提供计划实际完成情况的会计信息，同时突出责任核算、责任控制、责任考核，并与分配制度相结合，是一种新型的会计管理形式。随着现代经济的发展，分权管理模式应运而生。为使分权管理兴利除弊，责任会计应运而生。责任会计与分权管理休戚相关。企业的规模越大，管理层次越多，责任会计越重要。

进入 20 世纪 80 年代以后，随着我国经济体制的改革，企业开展了各种类型的经济责任制，在企业内部通过划分核算单位、明确经济责任，将企业职工的工资、奖金与企业的经济效益紧密结合起来，并在不同程度上开展了现代化的目标管理、价值工程及多种管理会计的方法，从而使我国责任会计系统逐步地发展和完善起来。

综上所述，责任会计可以说是在分权管理的条件下，为适应经济责任制的要求和强化内部经济管理责任而实施的一种内部控制制度。

二、责任会计的主要内容

（一）建立责任中心

根据企业的具体情况和内部管理的实际需要，把所属各部门、各单位划分为若干责任中心，并规定这些责任中心的负责人（包括经理、主任、组长甚至工人），确定分工负责的成本、收入、边际贡献、税前利润和投资效益等重要指标，各级负责人向其上级管理部门承担经营管理责任；同时，也赋予他们一定的经济权力。

（二）编制责任预算

把全面预算所确定的目标和任务进行层层分解，并对每个责任中心编制预算，作为今后控制和评价其经济活动的主要依据。

（三）建立跟踪系统

为各个责任中心建立一套控制其责任预算执行情况的跟踪系统，包括提出、记录、计算和积累有关数据，并在规定的时间编制业绩报告（亦称责任报告）。

（四）进行反馈控制

经常根据各责任中心编制业绩报告，分析预算差异发生的原因，及时通过信息反馈控制和调节其经济活动；督促各责任单位迅速采取有效措施，纠正缺点，巩固成绩，不断降低成本，压缩资金占用，借以扩大利润，提供经济效益。

（五）考评工作绩效

通过对各责任中心业绩报告的实际数与预算数的对比，评价和考核各责任中心的工作业绩和经营效果，并分别指出其取得的成绩和存在的问题，以保证经济责任制的贯彻执行。

设立责任会计、明确责任内容是为了把经济管理的会计数据与责任者联系起来，将他们的责、权、利结合起来，迫使他们负起责任，鼓励他们积极工作，以便将庞大的经济组织分而治之。责任会计在不同类型的企业中往往由于具体情况的不同，其具体做法也各有特点。但为了有利于贯彻企业内部经济责任制和保证经营目标的一致性，责任会计制度一般需要遵循以下原则：一是责任主体原则，二是目标一致原则，三是责、权、利相结合原则，四是可控性原则，五是激励原则，六是反馈原则，七是重要性原则。

三、责任会计的主要作用

对于大多数企业来说，某种程度的分权是必不可少的。但是，当下级管理人员被赋予一定自主权时，会引起一些值得注意的问题。例如，他们可能以牺牲公司整体的和长远的利益为代价，来使自己的业绩达到最大化；各内部单位之间可能互相冲突和竞争，彼此推卸责任或争夺利益；也可能为了避免风险，放弃某些可能获取的长远利益而追求短期行为；又可能为获取好评而弄虚作假或欺上瞒下；还可能在扩大规模的同时趁机扩张自己的势力，或精心装修办公室、购置昂贵的办公设备，引起浪费或损失等。

为兴利除弊，发挥分权型管理的作用，必须规定各内部单位的目标，测定下级管理人员的工作业绩，控制他们的活动，防止其滥用权力，责任会计正是解决这些问题最有效的手段。责任会计之所以重要，就在于它能扬长避短，提供客观信息与客观评价，减少下级管理人员作出对整个公司不利的决策，从而有助于内部控制。分权管理下的责任会计具有许多优点，例如：(1)有利于将经营决策权限下放给有必要行使这种职权的管理人员，使他们可以根据实际情况灵活决策；(2)可以促使人们发挥主动性和创造性，提高工作效率和工作质量；(3)能够促进产品产销的专业化和分工；(4)使得各部门职责明确，便于考察各级管理人员的工作业绩；(5)有利于培养经理人才和选拔上层领导；等等。

第二节 责任中心与考核指标

一、责任中心的概念与特征

责任会计是管理会计的组成内容，它要求将单位内部独立发挥作用的各级、各部门确定为权责范围不同的各个责任中心，按其权责范围分别编制预算，记录预算的执行情况，定期提出报表，用来评价和考核单位内部责任中心的管理业绩。

责任中心是指有专人负责、承担一定的经济责任并具有相应权利的部门和单位。责任中心可按其控制区域和责任范围划分为成本中心、利润中心和投资中心等。

设置责任中心的目的是为了使各单位在其规定的责任范围内有责有权，积极工作，保证各中心目标的实现，因而责任中心具有以下主要特征：(1)它是一个责、权、利相结合的实体，具有相对独立的地位，能独立承担一定的经济责任；(2)具有承担责任的条件和拥有一定的管理或控制责任范围内有关经营活动的权利，且责任和权利皆可控制；(3)能制定明确的目标，并具有达到目标的能力；(4)有一定的经营业务和财务收支活动；(5)便于进行责任会计核算。

二、责任中心管理的主要内容

第一，赋予单位内部不同等级的管理人员特定的权限和经济责任，即根据控制的程度，把单位的各个环节分成若干责任中心或责任单位，并提供相应的条件。

第二，设立单位经营目标，并分解成若干个可以计量的指标，由各个责任中心或责任单位负责，并注意目标的一致性。

第三，按经济责任进行记录和核算，计算经营成果，划清经济责任，并规定测定责任中心或责任单位管理业绩的会计核算手续和程序，控制其执行情况。

第四，定期编制业绩报表，评价和反映责任中心或责任单位的工作情况，分析取得成绩和存在缺点的原因，及时采取措施，调整经济活动，改进工作。

三、可控成本和不可控成本

责任成本是指特定的责任中心所发生的耗费。为了正确计算责任成本，必须先将成本按已确定的经济责权分管范围分为可控成本和不可控成本。划分可控成本和不可控成本是计算责任成本的先决条件。

可控成本和不可控成本是指产品在生产过程中所发生的耗费能否为特定的责任中心所控制。可控成本应符合三个条件：(1)能在事前知道将发生什么耗费；(2)能在事中发生偏差时加以调节；(3)能在事后计量其耗费。三者都具备则为可控成本，缺一则为不可控成本。例如，生产部门对材料的消耗是可以控制的，所以材料的耗用成本是生产部门的可控成本；而材料的价格，因由供应部门所控制，所以是供应部门的可控成本。由于可控成本对各责任中心来说是可控制的，因此，必须对其负责。不可控成本是指考核对象对成本的发生不能予以控制的成本，因而也不予负责的成本，如水、电、气的供应成本对生产部门来说是不可控成本。

可控成本与不可控成本是相对的，对于一个部门来说是可控的，对于另一个部门来说可能是不可控的。但从整个企业来考察，所发生的一切费用都是可控的，只是这种可控性需分解落实到确切的部门。所以，从整体上看，所有成本都是可控成本，这样也就能同时调动各责任中心的积极性。

可控成本与不可控成本是按费用的发生能否为考核对象(即责任中心)所控制来划分的成本。区分可控成本与不可控成本的目的在于明确各个责任中心的经济责任，便于评价和考核其工作业绩，促使可控成本的不断降低。

四、成本中心与考核指标

(一)成本中心的含义

成本中心是指只对成本或费用负责的责任中心。成本中心的范围最广，只要有成本费用发生的地方，都可以建立成本中心，从而在企业形成逐级控制、层层负责的成本中心体系。

(二)成本中心的类型

成本中心包括技术性成本中心和酌量性成本中心。

技术性成本是指发生的数额通过技术分析可以相对可靠地估算出来的成本，如产品生产过程中发生的直接材料、直接人工和间接制造费用等。技术性成本的投入量与产出量之间有着密切联系，可以通过弹性预算予以控制。

酌量性成本是否发生以及发生数额的多少由管理人员的决策所决定，主要包括各种管理费用和某些间接成本项目，如研究开发费用、广告宣传费用和职工培训费等。酌量性成本的投入量与产出量之间没有直接关系，其控制应着重于对预算总额的审批。

(三)成本中心与责任成本

成本中心只考虑成本费用，只对可控成本承担责任，只对责任成本进行考核和控制。可控成本应同时具备三个条件，即可以预计、可以计量和可以控制。在对成本中心进行考核时，应注意区分可控成本和不可控成本，不可控成本不应计入其责任成本。

责任成本与产品成本既有区别，又有联系。两者核算的原始成本信息是相同的，只是加工整理的主体不同；两者归集的成本都是企业生产经营过程中实际发生的耗费，然而，责任成本与产品成本是两种不同成本核算组织体系，责任成本按责任者归类，即按成本的可控性归类，产品成本则按产品的对象来归集成本。分清产品成本与责任成本是责任中心核算的一个基本前提。

(四)成本中心的考核指标

由于成本中心只对成本负责，职责比较单一，因此，对其业绩进行评价和考核的重点是责任成本。成本中心的考核指标主要包括目标成本降低额和目标成本降低率，其计算公式如下：

$$目标成本降低额=目标(或预算)成本-实际成本$$

$$目标成本降低率=\frac{目标成本降低额}{目标成本}\times 100\%$$

五、利润中心与考核指标

(一)利润中心的含义

利润中心是指既对成本负责，又对收入和利润负责的责任中心，它有独立或相对独立的收入和生产经营决策权。

(二)利润中心的类型

利润中心可分为自然利润中心和人为利润中心。自然利润中心具有全面的产品销售权、价格制定权、材料采购权及生产决策权。人为利润中心也有部分的经营权，能自主决定本利润中心的产品品种(含劳务)、产品产量、作业方法、人员调配和资金使用等。一般来说，只要能够制定出合理的内部转移价格，就可以将企业大多数生产半成品或提供劳务的成本中心改造成人为利润中心。

(三)利润中心的成本计算

在共同成本难以合理分摊或无需共同分摊的情况下，人为利润中心通常只计算可控成本，而不分担不可控成本。在共同成本易于合理分摊或者不存在共同成本分摊的情况下，自然利润中心不仅计算可控成本，也应计算不可控成本。

(四)利润中心的考核指标

利润中心业绩评价的主要指标是“责任利润”。责任利润的评价指标有以下几种：

1. 可控边际贡献

可控边际贡献也称部门经理可控边际，是部门经理在其权责范围内有能力控制，因而应对其负责的全部边际贡献，是最符合“责任利润”概念的指标。其计算公式如下：

可控边际贡献＝营业收入总额－变动成本总额－部门经理可控的可追溯固定成本
＝边际贡献－部门经理可控的可追溯固定成本

2. 部门边际贡献

部门边际贡献又称部门毛利，反映利润中心为整个企业实际作出的贡献，评价其在企业中所具有的重要作用。其计算公式如下：

部门边际贡献＝营业收入总额－变动成本总额－部门经理可控的可追溯固定成本－部门经理不可控但高层管理部门可控可追溯的固定成本

3. 税前部门利润

税前部门利润是将部门边际贡献调整到与整个企业税前利润相一致的指标，其意义在于提醒部门经理，企业中还有共同成本存在，只有当各个利润中心都产生了足够的边际贡献来弥补这些共同成本时，整个企业才有可能获利。以税前部门利润指标评价利润中心的业绩，能够促使各个利润中心自觉地为实现企业整体目标而努力。其计算公式如下：

税前部门利润＝部门边际贡献－分摊的企业共同费用

例 **12－1** 某利润中心 2014 年实现销售收入780 000元，利润中心销售产品的变动成本为460 000元，利润中心负责人的可控固定成本为80 000元，利润中心负责人不可控而应由该中心负担的固定成本为42 000元。

边际贡献＝780 000－460 000＝320 000(元)

可控边际贡献＝320 000－80 000＝240 000(元)

部门边际贡献＝240 000－42 000＝198 000(元)

六、投资中心与考核指标

(一)投资中心的含义

投资中心是指既对成本、收入和利润负责，又对投资效果负责的责任中心。投资中心是最高层次的责任中心，其拥有最大的决策权，也承担最大的责任。投资中心必然是利润中心，但利润中心并不都是投资中心。利润中心没有投资决策权，而且在考核利润时也不考虑所占用的资产。

(二)投资中心的考核指标

除考核利润指标外,投资中心主要考核能集中反映利润与投资额之间关系的指标,包括投资利润率和剩余收益。

1. 投资利润率

投资利润率又称投资收益率,是指投资中心所获得的利润与投资额(指投资中心的总资产扣除对外负债后的余额)之间的比率,可用于评价和考核由投资中心掌握和使用的全部投资(或资产)的盈利能力。其计算公式为:

$$投资利润率=\frac{利润}{投资额}\times 100\%$$

为了评价和考核由投资中心掌握和使用的全部资产的总体盈利能力,还可以使用总资产息税前利润率指标。其计算公式为:

$$总资产息税前利润率=\frac{息税前利润}{总资产}\times 100\%$$

投资利润率指标的优点是:能反映投资中心的综合盈利能力;具有横向可比性;可以作为选择投资机会的依据;可以正确引导投资中心的经营管理行为,使其长期化。但是,也有可能出于本位考虑,会导致某投资中心放弃低于本投资中心投资报酬但高于整个公司投资报酬的项目,会造成投资中心与整个企业利益的不一致。

2. 剩余收益

剩余收益是指投资中心获得的利润扣减其按投资额(或资产占用额)和约定的收益率计算的投资收益后的余额。其计算公式为:

剩余收益=利润-投资额×规定或预期的投资收益率

或=息税前利润-总资产占用额×规定或预期的总资产息税前利润率

剩余收益指标能够反映投入产出关系,避免本位主义,驱使个别投资中心的利益与整个企业的利益统一起来。

例 **12-2** 某公司下设A、B两个投资中心。A投资中心原投资额为200万元,营业利润为30万元。B投资中心原投资额为400万元,营业利润为68万元。该公司要求的最低投资收益率为12%。

该公司拟追加投资200万元。若投向A投资中心,每年可增加利润40万元;若投向B投资中心,每年可增加利润30万元。有关A和B投资中心业绩评价的对比情况如表12-1和表12-2所示。

表 12－1　　A 投资中心业绩评价对比表

项　目	投资前	投资后	简要评价
投入资本	200 万元	200＋200＝400 万元	追加投资后，投资利润率上升 2.5 个百分点，剩余收益增加 16 万元
营业利润	30 万元	30＋40＝70 万元	
投资利润率	30÷200×100％＝15％	70÷400×100％＝17.5％	
最低投资收益额	200×12％＝24 万元	400×12％＝48 万元	
剩余收益	30－24＝6 万元	70－48＝22 万元	

表 12－2　　B 投资中心业绩评价对比表

项　目	投资前	投资后	简要评价
投入资本	400 万元	400＋200＝600 万元	追加投资后，投资利润率下降 0.67 个百分点，剩余收益仅增加 6 万元
营业利润	68 万元	68＋30＝98 万元	
投资利润率	68÷400×100％＝17％	98÷600×100％＝16.33％	
最低投资收益额	400×12％＝48 万元	600×12％＝72 万元	
剩余收益	68－48＝20 万元	98－72＝26 万元	

站在公司的立场，分别计算追加投资前后的有关指标如下：

(1)追加投资前该公司的投资利润率＝(30＋68)÷(200＋400)＝16.33％

追加投资前该公司的剩余收益＝6＋20＝26(万元)

(2)追加 A 投资后该公司的投资利润率＝(70＋68)÷(400＋400)＝17.25％

追加 A 投资后该公司的剩余收益＝22＋20＝44(万元)

(3)追加 B 投资后该公司的投资利润率＝(30＋98)÷(400＋400)＝16％

追加 B 投资后该公司的剩余收益＝6＋26＝32(万元)

显然，追加投资 A 后，该公司的投资利润率和剩余收益都有所增长。

综上所述，责任中心根据其控制区域和权责范围的大小，一般可分为成本中心、利润中心和投资中心等类型，它们之间的区别可归纳如表 12－3 所示。

表 12－3　　成本中心、利润中心、投资中心一览

责任中心	实际应用范围	权　利	考核范围	考核办法	组织形式
成本中心	最广	最小(可控成本的控制权)	可控的成本费用	只以货币形式计量投入，不以货币形式计量产出	一般不是法人
利润中心	较窄	较大(经营权)	成本费用、收入、利润	不进行投入产出比较	法人或不是法人均可
投资中心	最小	最大(投资决策权)	成本费用、收入、利润、投资效果	进行投入产出比较	一般是法人

第三节　责任会计的核算模式

企业责任会计核算是责任会计设计的一个重要环节，同时，它也是有别于财务会计核算的一个特殊体系。按照责任会计核算与财务会计核算的相互关系，责任会计的核算方法可分为双轨制和单轨制两种核算模式。

一、双轨制核算模式

双轨制核算，是指在不影响和改变企业原有财务会计核算的前提下，根据企业内部控制和责任管理的需要，在财务会计核算体系之外构建一套独立的责任会计核算体系，进行责任收入、责任成本和责任利润等方面的核算。

实行双轨制核算，在责任会计核算上，可以完全按照内部控制管理的要求设置独立的账户、独立编制凭证、独立登记账簿，从而专门提供企业各责任中心责任预算的完成情况，但也存在着以下两个缺点：一是由于设置双重的核算体系，加大了日常账务处理的工作量，造成重复性劳动；二是由于两个彼此具有相互联系的核算内容相互脱节，致使财务会计和责任会计所提供的信息之间缺少直接联系，不利于企业管理当局将企业的整体财务状况、经营成果与各责任中心的责任考核相结合进行综合分析。因此，双轨制核算一般只适用于实行责任会计初期，随着企业管理水平的提高和会计人员在业务实践中的经验积累，一般都会转向单轨制核算。

二、单轨制核算模式

单轨制核算是指将责任会计的核算纳入财务会计的核算体系，使责任会计核算与财务会计核算合二为一，通过设置一套账簿同时进行责任会计与财务会计的核算。

在这种核算模式下，企业必须根据对各责任中心进行考核的需要，增设内部核算账户，或在正常的财务会计账户下，按对各责任中心的考核内容增设二级或三级明细分类账户。在按统一的财务会计制度反映企业财务状况和经营成果的同时，也根据内部管理的需要，反映各责任中心的财务状况和经营成果。例如，在“主营业务成本”账户下，按不同的成本或利润中心设置二级账户，如果企业需要分门别类地反映成本项目，也可按成本项目设置三级明细账户，或按成本项目设置二级账户，按责任中心设置三级明细账户。这类账户主要还有“主营业务收入”、“营业税金及附加”、“销售费用”、“管理费用”、“财务费用”和“本年利润”等。

采用单轨制核算时，成本中心既计算责任成本，又计算产品成本。两者如何有效结合，有以下两种形式可供选择：

一种是采用责任成本与产品成本结合核算的形式，其核算方法有两种：一是以传统的产品成本核算体系为基础设置账簿，计算产品制造成本，并将成本责任中心当期发生的不可控费用剔除，计算责任成本。责任成本的计算是通过编制调整成本计算表完成的，无需另设账簿。二是在成本中心的生产费用账户下分设“可控费用”和“不可控费用”明细账，将可控费用和不可控费用分别进行登记，并分别在各种产品之间进行分配。成本责任中心各种产品的当期可控成本之和为实际责任成本，某种产品的可控费用与不可控费用之和为该产品的实际成本。以上核算方法能够避免双轨制会计核算下成本计算工作的重复。

另一种是责任成本与产品变动成本结合核算的形式，一般是以变动成本法为基础设置账簿并进行核算。具体地说，车间及以下层次的成本责任中心按照变动成本法计算产品成本，变动成本按产品进行归集，固定成本按成本中心进行归集，分为可控成本和不可控成本。成本中心当期发生的可控变动成本与可控固定成本之和为成本责任中心的责任成本。这种核算形式能够清晰地表明产量变动和成本控制水平引起的成本变动，便于合理考核成本责任中心的工作业绩。

此外，责任会计核算至少还需要满足以下两个条件：

一是建立以内部转移价格为基础的内部结算制度，用以及时、准确地反映各责任中心之间的相互联系和责任关系。内部结算制度的形式有多种，如内部转让通知单、内部托收承付结算方式、内部货币结算方式和内部银行支票方式等。各种结算制度的繁简程度不一，适合于各种不同类型的企业和责任单位。

二是制定内部转移价格。为了正确反映各责任中心的工作业绩，需要对企业内部各责任中心之间相互提供的，即内部所转移的各种产品和劳务等进行结算，并确定其转移价格。

内部转移价格是指企业内部有关责任中心之间转移中间产品和相互提供劳务的结算价格，其设计类型主要有市场价格、协商价格、双重内部转移价格和以“成本”作为内部转移价格（由于成本有不同的概念，如实际成本、标准成本和变动成本等，在制定转移价格时也分别有不同的方法）。采用内部转移价格进行内部结算，可以使企业内部的两个责任中心处于类似于市场交易中的买卖双方的位置，起到与外部市场价格相似的作用，以强化现金流量的观念。但从企业总体来看，内部转移价格无论怎样制定，都不影响企业的利润总数，影响的只是内部利润在各责任中心之间的分配情况。

第四节 责任会计报告*

一、责任会计报告编制的基本要求

（一）内容系统

责任会计制度要求以按责任中心编制的责任预算为起点，对预算的执行情况进行系统地记录和计量，按期编制责任报告，对责任中心进行考核。责任报告要能够系统地反映企业内部经济活动的全貌，在不同层次的责任中心编制不同的责任报告，其详细程度应根据各责任中心管理人员的管理需要。因此，各企业责任报告的内容不尽相同，但必须以最低的责任层次为起点，将责任报告逐级汇总，如成本中心从班组到车间、直至向企业最高管理层的报告，形成企业的一个责任报告系统。

(二)信息相关

责任会计报告所披露的信息必须与所要报告的管理者的需要相关。一方面，它要能够提供该层管理人员所能控制的因素并对责任预算指标有影响的指标；另一方面，它要保持指标的形成具有清晰的逻辑层次，同时，还要以文字形式提出需要管理当局引起特别注意的地方。

(三)形式灵活

由于责任会计报告是对各责任中心的责任履行情况所作出的专门报告，因此，在将责任预算、实际执行情况及其产生的差异用报表列示的同时，还必须对重大差异予以分析，查找原因，并作出说明或提出改进建议。可见，与财务会计的财务报告不同，由于责任会计报告是企业的一种内部报告，它必须根据管理当局的需要进行灵活多样的设计，除了编制报表以外，还必须采用数据分析、文字说明等方式进行报告。

二、责任会计报告的种类

(一)成本中心的责任报告

成本中心的责任报告应主要反映其责任成本的预算额、实际发生额及其差异额，并按成本或费用项目分别列示。采用不同成本计算方法的责任中心，其责任报告的成本或费用项目也不相同。表12—4是采用变动成本法计算成本的成本中心的责任报告。

表12—4　成本中心的责任报告

年　月　日

项　目		本期预算额	实际发生额	差异额	差异率	差异原因
可控成本						
变动成本	直接材料					
	直接人工					
	变动制造费用					
	其他变动成本					
固定成本	固定制造费用					
	其他固定成本					
责任成本合计						

续表

项　目	本期预算额	实际发生额	差异额	差异率	差异原因
不可控成本					
成本合计					

通过成本中心的责任报告,可以了解成本中心责任成本预算的完成情况和产生差异的原因,有助于对成本中心进行控制,并据此对各成本中心的业绩进行考核。

(二)利润中心的责任报告

利润中心的责任报告主要反映其责任利润的预算额、实际发生额和差异额,并按利润的形成过程分项列示。其一般格式如表12—5所示。

表12—5　　利润中心的责任报告

年　月　日

项　目	本期预算额	实际发生额	差异额	差异率	差异原因
销售净额					
减:变动成本					
变动生产成本					
变动销售费用					
变动成本合计					
边际贡献					
减:可控固定成本					
责任中心可控利润					
减:不可控固定成本					
营业利润					

利润中心的利润差异较大时,应在责任报告中进行分析并作出说明。通过利润中心的责任报告,可以了解利润中心的销售和成本等情况,分析影响责任中心目标利润完成的主要原因,并据以对利润中心的工作业绩进行评价。

(三)投资中心的责任报告

投资中心的责任报告主要反映投资利润预算的完成情况,包括责任利润预算的完成情况、责任投资利润率和资金周转率指标的完成情况。其一般格式如表12—6所示。

表 12—6 **投资中心的责任报告**

年 月 日

项 目	本期预算额	实际发生额	差异额	差异率	差异原因
销售净额					
减:变动成本					
变动生产成本					
变动销售费用					
变动成本合计					
边际贡献					
减:可控固定成本					
分部可控利润					
减:不可控固定成本					
分部营业利润					
资产平均占用额					
投资周转率					
销售利润率					
投资利润率					
剩余收益					

在投资中心的责任报告中,应对投资利润率预算的完成情况和影响投资利润率变动的原因进行重点分析。

复习思考题

1. 简述责任会计与分权管理和内部控制之间的关系。
2. 在设计责任会计制度时,一般应遵循哪些基本原则?
3. 简述成本中心、利润中心和投资中心的联系与区别。
4. 理论联系实际谈谈如何建立与完善责任会计核算模式。
5. 内部转移价格有几种类型?各自的优缺点是什么?
6. 简要说明产品成本与责任成本的联系与区别。
7. 简述责任报告的作用及在设计时应当关注的问题。
8. 举例并说明投资利润率和剩余收益指标的优缺点。

业务练习题

练习一

发达公司下设A、B两个投资中心。A投资中心的投资额为400万元，投资报酬率为26%；B投资中心的投资报酬率为17%，剩余收益为40万元。发达公司的资本成本为12%。发达公司决定追加投资100万元，若投向A投资中心，可增加部门边际贡献20万元；若投向B投资中心，可增加部门边际贡献15万元。

要求：

(1)计算追加投资前发达公司的投资报酬率和剩余收益。

(2)从投资报酬率的角度看，A、B投资中心是否愿意接受该投资？

(3)从剩余收益的角度看，A、B投资中心是否愿意接受该投资？

(4)判断发达公司决定向哪个投资中心追加投资并计算追加投资后的剩余收益。

练习二

某机械加工制造有限公司下设机械分部、机床分部和其他分部，均为投资中心。其中，机械分部专门生产为机床配套的自动化配件。该自动化配件既售给本公司的其他分部，也可以对外直接出售。计划年度机械分部准备生产10 000台自动化配件，其中，4 000台直接对外出售，销售单价为575元；其余6 000台转给本公司其他分部，作为机床等的配套产品出售。

机械分部中的自动化配件的单位标准成本数据如下（按产销10 000台为基础预计）：变动制造费用100元，固定制造费用50元，变动销售及管理费用55元，固定销售及管理费用25元，单位成本合计230元。

该公司财务科长提出下列四个标准作为制定内部转移价格的基础：(1)标准变动成本；(2)标准变动成本加成40%；(3)全部成本；(4)市场价格（即575元）。

要求：

(1)先按上述四种标准分别计算机械部转给本公司其他部门6 000台自动化配件的内部销售收入，并确定机械部销售10 000台自动化配件（包括对外出售的4 000台）的全部销售利润。

(2)对于内部转移价格的上述四个标准，就机械分部来说，宁愿选用哪一个？若站在其他分部的立场，应选用哪一个？

练习三

成本中心业绩报告

2013 年 12 月 31 日

单位:元

项目		预算金额	实际执行	差异分析	简要评价
可控成本	直接材料	2 300	2 400		
	直接人工	1 700	1 500		
	制造费用	900	600		
	合　计	4 900	4 500		
不可控成本	设备折旧	1 360	1 200		
	其他费用	500	800		
	合　计	1 860	2 000		

要求:根据上述成本中心的业绩报告,填列差异数字,并分析可控成本与不可控成本的实际执行与预算金额的增减变动情况及其原因,并作出简要评价。

练习四

利润中心业绩报告

2013 年 12 月 31 日

单位:元

项目		实　际	计　划	差异分析	简要评价
销售收入		210 000	200 000		
变动成本	制造成本	50 000	52 000		
	销售成本	30 000	31 000		
	行政管理费	10 000	9 000		
	小　计	90 000	92 000		
边际贡献		120 000	108 000		
固定成本	制造成本	40 000	30 000		
	销售成本	8 000	7 500		
	行政管理费	2 000	1 500		
	小　计	50 000	39 000		
税前利润		70 000	69 000		

要求:根据上述利润中心的业绩报告,填列差异数字,分析边际贡献、税前利润实际与计划的增减变动情况及其原因,并作出简要评价。

第十三章 绩效评价与战略管理

第一节　绩效评价现状分析

一、传统业绩评价的局限性分析

传统业绩评价体系由纯粹的财务指标构成，其最初形式为单一的财务指标，如销售、成本、利润和投资报酬率等。当人们发现单一指标难以全面评价企业的财务状况和经营成果时，便开始采用由多个指标构成的评价指标体系，如美国杜邦财务分析指标体系、沃尔比重评分法等。传统的绩效评价体系面对当今企业的经营环境显得力不从心：(1)传统的绩效评价体系以财务衡量为主，重视对有形资产的分析，而对无形资产或智力资产难以衡量；(2)传统的绩效评价注重企业内部的管理水平和生产效率，而忽视了企业的外在因素，如企业产品的市场份额、竞争对手的财务状况、客户对企业产品和服务的要求、企业的创新能力等；(3)传统的绩效评价体系偏重于企业过去和现在的经营成果，而忽视了企业创造未来价值的潜在能力；(4)传统绩效考核制度与公司的战略和竞争优势关系不大，并且只看重短期绩效，忽视了企业长期需要；等等。

20世纪80年代的美国银行(Bank of America)在目标管理中片面地依赖财务指标曾带来不良后果。美国银行曾一度制定了全美国最有雄心的绩效考核激励制度，以发放贷款的数额决定贷款员的表现，表现最佳者可获得超过中等表现者50%的收入奖励。结果，美国银行得到了它想要也该得到的东西——大批坏账。虽然实现了管理目标，但随后银行却因此遭受了巨大损失。只看贷款数额而不去考虑贷款的质量、风险和客户忠诚等因素，如此年复一年是非常愚蠢的管理方法。

传统的业绩评价是与工业经济时代相适应的，曾起到了积极的作用。因为在那个时代，企业在经营上的成功主要依赖于规模经营所带来的利润，产品市场主要以卖方市场为主，企业要提高利润水平，只要通过加强内部管理、提高生产效率就可以达到；物质资本在企业生产经营活动中占据主导地位，投资回报最大化成为企业经营者所追求的最高目标。但工业时代的企业竞争模式已经无法适应现在的信息、知识经济时代，企业之间的竞争在空间上得到延伸，在时间上得到加强，企业要想得到长期的生存和发展，必须更注重自己的战略管理，保证企业的持续发展。

二、绩效评价指标体系的设计思想

绩效评价指标体系应当是由一系列与绩效评价相关的评价制度、评价指标、评价方法、评价标准以及评价机构等组成的有机整体。它通过建立综合评价指标体系，对照相应的评价标准，采用定量分析与定性分析相结合的方法，对单位一定期间的绩效和经营者的努力程度等方面进行综合评判。

绩效评价指标体系设计的科学性、实用性和可操作性是实现对企业绩效客观、公正评价的前提。所以，设计应当遵循内容全面、方法科学、制度规范、客观公正、操作简便、适应性广的基本原则，并随着经济环境的不断变化而不断发展完善。从战略管理和综合评价的要求出发，一个完善的绩效评价指标体系至少应当满足以下几个方面的要求：

第一，既关注财务指标，又关注非财务指标（如市场占有率、客户满意度、企业学习和成长能力、社会责任等）。财务指标在绩效评价体系中具有举足轻重的地位。企业的各项业务情况如何，最终都会在财务指标中得到体现。但由于某些因素反映到财务指标中具有一定的滞后性，因此，在评价中需要引入一些非财务指标。或者说，一套完整的绩效评价指标还必须同时兼顾内部效率与外部效果的改善。内部效率主要在于确保企业资源的有效利用等，外部效果主要是强调顾客对企业产品与服务的满意程度等。

第二，既面向过去和现在，又应当面向未来。传统的绩效评价一般以已经发生了的经济业务及其成果作为衡量的依据，因此，往往具有短期性和滞后性。绩效标准的确定不应以优于历史绩效为满足，标准最好以市场为基础，使绩效评价制度的实施能起到发挥企业竞争优势并促进长远发展的作用。两个利润基本相同的公司，由于员工素质、管理能级、技术储备和未来市场等影响不一致可能导致未来出现较大的差异。为此，企业要建立自己的竞争优势，不能只与自己的过去比，必须与竞争对手比，只有比竞争对手做得更好，才能真正在市场竞争中立于不败之地。

第三，既关注外部计量（股东和客户的要求），又关注内部计量（内部流程/学习和成长）；既关注所求结果，又关注这些结果的执行动因；既关注客观性测量指标，又关注主观性测量指标；等等。

真正有价值的绩效评价应当有助于战略管理及其实施，即应当面向企业的战略计划和未来发展并为之奋斗。绩效评价与价值管理的整合应当构成一个连贯的、整体的绩效评价系统，通过战略的形成和有效执行来支持和推动企业对价值的追求。其整个过程应当包括：确定与阐述战略、形成收益与实现目标、分析与考评绩效、调整行动或战略。前两个过程旨在将为股东创造价值的战略逐步细化为可供考评的绩效指标，后两个过程旨在通过绩效考评促使企业在行动中改进，使绩效评价与价值管理实现有机结合。

三、我国的综合绩效评价指标体系

我国的综合绩效评价是以投入产出分析为基本方法，运用数理统计和运筹学的方法，通过建立综合评价指标体系，对照相应行业的评价标准，定量分析与定性分析相结合，对企业特定经营期间的盈利能力、资产质量、债务风险、经营增长以及管理状况等进行综合评判。

我国自 1999 年开始进行国有资本金效绩评价，现改为企业综合效绩评价，其主要内容是资本金运营效绩，并以净资产收益率为核心。其评价指标体系设计全面并不断改进，每年公布《企业绩效评价标准值》，可供分析、评价使用。

企业综合绩效评价的计分方法采用功效系数法和综合分析判断法。其中，功效系数法用于财务绩效定量评价指标的计分，综合分析判断法用于管理绩效定性评价指标的计分。企业综合绩效评价最终的计分计算公式为：

企业综合绩效评价分数＝财务绩效定量评价分数×70％＋管理绩效定性评价分数×30％

表 13－1 是我国目前正在实施的企业综合效绩评价指标及其权重分配情况。

表 13－1　　企业综合效绩评价指标及权重

评价内容与权数		财务绩效(70％)				管理绩效(30％)	
评价内容	权数 100	基本指标	权数 100	修正指标	权数 100	评议指标	权数 100
盈利能力状况	34	净资产收益率	20	销售(营业)利润率	10	战略管理	18
		总资产报酬率	14	盈余现金保障倍数	9	发展创新	15
				成本费用利润率	8	经营决策	16
				资本收益率	7	风险控制	13
资产质量状况	22	总资产周转率	10	不良资产比率	9	基础管理	14
		应收账款周转率	12	流动资产周转率	7	人力资源	8
				资产现金回收率	6	行业影响	8
债务风险状况	22	资产负债率	12	速动比率	6	社会贡献	8
		已获利息倍数	10	现金流动负债比率	6		
				带息负债比率	5		
				或有负债比率	5		
经营增长状况	22	销售(营业)增长率	12	销售(营业)利润增长率	10		
		资本保值增值率	10	总资产增长率	7		
				技术投入比率	5		

表13－1中的基本指标反映企业一定期间财务绩效的主要方面，并得出财务绩效定量评价的基本结果。修正指标是根据财务指标的差异性和互补性，对基本指标的评价结果做出进一步的补充和矫正。例如，净资产收益率反映盈利能力，但其利润的质量究竟如何需要通过盈余现金保障倍数等修正指标加以调整。

综合评价工作一般包括取得评价基础数据、基础数据调整、评价计分和形成评价结果等内容。在评价过程中，应当贯彻全面性、客观性、效益性和发展性等原则，在综合反映企业年度财务状况和经营成果的基础上，客观分析企业年度之间的增长状况及发展水平，科学预测企业的未来发展能力。

评价结果应当及时报告。综合评价报告是根据业绩评价结果编制和反映被评价企业业绩状况的文件，由报告正文和附件构成。正文应当包括评价目的、评价依据与评价方法、评价过程、评价结果、评价结论以及需要说明的重大事项等内容。附件应当包括企业经营业绩分析报告、评价结果计分表、问卷调查结果分析、专家咨询报告、评价基础数据及调整情况等内容。

第二节　经济利润与经济增加值

一、经济利润分析

业绩考核一直都在寻求如何使评价指标既精简又有效。简洁明了的指标才令人赏心悦目。

会计利润虽然简洁，却没有考虑企业权益资本的机会成本，难以正确反映企业的真实经营绩效；经营现金流量虽然能正确反映企业的长期绩效，却难以衡量企业的年度经营绩效。相反，经济利润与经济附加值能够弥补这两个指标的缺憾，因而是一种可以广泛用于企业内部和外部的绩效评价指标。

企业真正的业绩可能就是经济利润。经济利润是经济收入减去经济成本后的差额。经济收入不同于会计收入，经济成本不同于会计成本，因而经济利润也不同于会计利润，它是以机会成本为基础的。

(一)经济收入

经济收入包含期末净资产与期初净资产的差量。期末财产的市值超过期初财产市值的部分是本期收入。

收入＝期末财产－期初财产

(二)经济成本

经济成本不仅包括会计上实际支付的成本，而且包括机会成本。例如，股东投入企业的资本也是有成本的，是本期成本的一部分，在计算利润时应当扣除。这样做的理由是，股东投入的资本是生产经营不可缺少的条件之一，并且这笔钱也不是没有代价的。股东投资回报的正当要求不亚于债权人的利息要求。

(三)经济利润

计算经济利润可以是逐项调整会计收入使之变为经济收入，同时逐项调整成本使之变为经济成本，然后计算经济利润。而简单的方法就是用息前税后利润减去企业的全部资本费用。即：

经济利润＝息前税后利润－全部资本费用

息前税后利润＝息税前利润－息税前利润所得税

＝息税前利润×(1－所得税税率)

＝投资资本×投资资本报酬率(息前税后利润率)

息税前利润＝收入－成本－不包括利息的费用＝利润总额＋利息

例 13－1 某公司股东投入的资本为480万元，向银行借款320万元，全部投资资本(投入资本加上有息负债)合计为800万元。本年度投资资本报酬率(息前税后利润率)为20%，加权平均资本成本为10%。

经济利润的计算可以采用以下两种方法：

经济利润＝800×20%－(800×10%)＝80(万元)

或＝800×(20%－10%)＝80(万元)

上述两种方法的推导过程如下：

经济利润＝税后净利润－股权费用

＝息前税后利润－税后利息－股权费用

＝息前税后利润－全部资本费用

＝投资资本×投资资本报酬率－投资资本×加权平均资本成本

＝投资资本×(投资资本报酬率－加权平均资本成本)

以经济利润为基础的企业价值评估模型的优点之一是能把投资决策所需的折现现金流量法与业绩考核必需的权责发生制统一起来，促进企业价值和治理质量的提升，所以，有学者提出应当优先考虑使用经济利润价值评估模型。

以经济利润为基础的企业价值评估模型如下：

企业价值＝(期初)投资成本＋预计经济利润现值

＝(期初)投资资本＋预测期经济利润现值＋后续期经济利润现值

二、经济增加值的含义

经济增加值(Economic Value Added，EVA)是由美国著名的思腾思特咨询公司

(Stern Stewart & Co.)注册并实施的一套以经济增加值理念为基础的财务管理系统、决策机制及激励报酬制度。

经济增加值属于经济利润范畴，是一种度量企业经营绩效的指标，其理论渊源出自剩余收益或经济利润的思想；但它矫正了传统财务指标的信息失真，并引入了资本资产定价模型用以确定企业的资本成本，正越来越受到企业界的关注与青睐。管理学之父彼得·德鲁克指出："作为一种度量全要素生产率的关键指标，EVA反映了管理价值的所有方面。" EVA不仅是一个全面的绩效衡量指标，而且是一个全面财务管理的框架、一种经理人的薪酬激励机制。从本质上说，EVA管理是基于价值的管理，它揭示了价值创造的途径，指出了创造财富的真正关键所在，是一种变革性战略。

我国自2010年1月1日起施行的《中央企业负责人经营绩效考核暂行办法》(国务院国有资产监督管理委员会令第22号)中提出的年度经营绩效考核指标，包括基本指标与分类指标，其中，基本指标包括利润总额和经济增加值指标。

三、经济增加值的计算

计算企业经济增加值的基础可以是资产负债表、利润表及附注等资料，在对企业会计利润作出一系列调整后计算出税后净营业利润；然后分析确定企业投入的资本总额，计算出加权平均资本成本率和企业全部资本的成本。目前，我国采用的最基本的经济增加值计算公式如下：

经济增加值＝税后净营业利润－资本成本

＝税后净营业利润－调整后资本×平均资本成本率

经济增加值的计算结果主要取决于三个基本变量：税后净营业利润、调整后资本和加权平均资本成本率。

(一)税后净营业利润

税后净营业利润＝净利润＋(利息支出＋研究开发费用调整项－非经常性收益调整项×50%)×(1－25%)

其中：利息支出是指企业财务报表中"财务费用"项下的"利息支出"。

研究开发费用调整项是指财务报表中"管理费用"项下的"研究与开发费"和当期确认为无形资产的研究开发支出。对于为获取国家战略资源，勘探投入费用较大的企业，可以将其成本费用情况表中的"勘探费用"视同研究开发费用调整项按照一定比例(原则上不超过50%)予以加回。

非经常性收益调整项主要包括变卖主业优质资产收益、主业优质资产以外的非流动资产转让收益和其他非经常性收益(如与主业发展无关的资产置换收益、与经常性活动无关的补贴收入等)。

(二)调整后资本

调整后资本＝平均所有者权益＋平均负债合计－平均无息流动负债－平均在建工程

其中:资本是指所有投资者投入公司经营的全部资金的账面价值,包括债务资本和股权资本。债务资本是指债权人提供的短期和长期贷款,不包括应付账款、应付票据和其他应付款等不产生利息的商业信用负债(无息负债);股本资本不仅包括普通股,而且包括少数股东权益。

无息流动负债是指企业财务报表中的“应付票据”、“应付账款”、“预收款项”、“应交税费”、“应付利息”、“其他应付款”和“其他流动负债”。对于因承担国家任务等原因造成“专项应付款”、“特种储备基金”余额较大的,可视同无息流动负债扣除。

在建工程是指企业财务报表中符合主业规定的“在建工程”。

(三)加权平均资本成本率

加权平均资本成本率＝股权资本成本率×股权占总资本的比率＋债权资本成本率×债务占总资本的比例×(1－所得税税率)

例 13－2 某公司根据 2013 年度的财务报表实际数据,经分析判断,本期税后净利润为3 800万元,利息支出为 500 万元,研究开发费用调整项为 200 万元,非经常性收益调整项为 100 万元。调整后平均资本总额为9 000万元,不存在无息流动负债和在建工程。企业的加权平均资本成本率经测算为 10%,所得税税率为 25%。该公司经济增加值的计算结果如下:

税后净营业利润＝3 800＋(500＋200－100×50%)×(1－25%)＝4 287.5(万元)

经济增加值＝4 287.5－9 000×10%＝3 387.5(万元)

该公司 2013 年度创造的经济增加值为3 387.5 万元,可以与本企业历史同期相比较,还可以与同行业规模相当的其他企业相比较,分析评价企业的经营绩效。

四、经济利润或经济增加值的优势

经济利润与会计利润计算过程最主要的区别是它扣除了全部资本的费用,而会计利润仅仅扣除了债务利息。

会计利润和经济利润虽然都是业绩评价指标,却存在着明显的区别。采用的评价指标不同,有可能得出完全不同的结论。经济利润考虑了股权投资的机会成本,消除了传统会计核算无偿耗用股东资本的弊端,更能全面地反映经营业绩,揭示利润产生的轨迹,可以引导企业转变经营思想、更新经营管理理念,在相关性、真实性和有用性上优于会计利润。现代企业要求建立以价值管理为核心的战略目标,应以经济利润作为绩效评价指标,用以客观考评企业的经营绩效。

在传统的会计利润条件下,大多数企业可能都在盈利。但是,许多企业实际上是在损害股东财富，因为所得利润是小于全部资本成本的。经济利润或经济增加值纠正了这个错误并明确指出，管理人员在运用资本时，必须为资本付费，就像付工资一样，应当考虑包括净资产在内的所有资本的成本。从股东的角度看，只有当企业的税后收益高于投资的机会成本时，该项投资才是真正盈利的。

由于经济利润的持续增长意味着企业市场价值的不断增加和股东财富的持续增长，因此，经营者必须表现得比竞争对手更好。一旦他们获得资本，必然要求在资本上获得的收益超过由其他风险相同的资本资金需求者提供的报酬。如果达到了这个目标，企业投资者投入的资本就会获得增值，投资者就会加大投资，其他潜在投资者也会把他们的资金投向这家企业，从而使企业股票价格上升，表明企业的市场价值得到了提高。

经济利润指标更加注重可持续发展。一个企业是否优秀，要看企业有没有持续发展的能力。经济利润不鼓励企业以牺牲长期利益来夸大短期效果，而是要求经营者着眼于企业的长远发展，促使经营者进行能给企业带来长远利益的投资决策，如新产品的研究和开发、品牌的拓展、人才的培养等。

然而，经济利润或经济增加值毕竟是在利润的基础上计算的，属于财务指标，未能充分反映产品、员工、客户、创新等非财务信息，计算经济增加值还需要对资本成本作出预测并取得相关参数，具有一定的难度。经济利润或经济增加值属于绝对数，不具有比较不同规模企业业绩的能力。

第三节　平衡计分卡指标体系

一、平衡计分卡的产生与发展

平衡计分卡(Balanced Scorecard，BSC)是哈佛大学商学院管理学教授罗伯特·S.卡普兰(Robert S. Kaplan)和复兴全球战略集团总裁戴维·P.诺顿(David P. Norton)基于战略管理的重要性和在实际操作中的不尽如人意，在20世纪90年代提出的战略管理和绩效管理理论。当时该计划的目的在于找出超越传统以财务量度为主的绩效评价模式，以使组织的策略能够转变为行动。

在罗伯特·S.卡普兰和戴维·P.诺顿研究平衡计分卡之前，亚德诺半导体公司(Analog Device，ADI)最早于1987年就进行了平衡计分卡的实践尝试。ADI是一家半导体公司，主要生产模拟、数字及数模混合信号处理装置，其产品广泛应用于通信、计算机和工业自动化领域。与其他大多数公司一样，ADI每5年进行一次战略方案调整，在制定新的战略方案的同时检讨原方案的执行情况。但是，如同管理者们经常遇到的战略问题一样，在“制定战略方案”被当作一项“任务”完成后，形成的文件便被束之高阁，并不能在公司的日常生产经营工作中得以执行。1987年,ADI公司又开始了公司战略方案的调整。与以前不同的是,这次公司决策层意识到战略不仅仅要注重制定过程本身,而且要更加注意战略实施。他们希望通过与公司员工面对面的交流与沟通,使他们充分理解并认同公司战略。同时,公司高层还希望将战略落实到日常管理中来以推动战略的执行。此次ADI公司的战略文件在形式上发生了重大的变化,他们摒弃了以往那种长达几十甚至几百页的战略文件,将全部战略文档资料精简到几页纸的长度。在制定战略的过程中,ADI公司首先确定了公司的重要利益相关者为股东、员工、客户、供应商和社区,然后在公司的使命、价值观与愿景下,根据上述利益相关者的“利益”分别设定了战略目标并明晰了战略重点,还将战略目标实现的关键成功要素转化为年度经营绩效计划,由此衍生出了平衡计分卡的雏形。

在ADI公司实施全面质量管理的过程中,公司为了推行作业成本法(ABC),特地邀请了一部分管理学者参与,哈佛商学院的教授罗伯特·S.卡普兰就是其中的一位。他本人是这样描述他是如何发现ADI公司计分卡的过程的:“在参观和整理案例的过程中,我们也将一个公司高层用来评价公司整体绩效的计分卡加以文本化。这个计分卡除了传统的财务指标外,还包括客户服务指标(主要涉及供货时间、及时交货)、内部生产流程(产量、质量和成本)和新产品发展(革新)……”在帮助ADI公司推行平衡计分卡的过程中,罗伯特·S.卡普兰发现并认识到平衡计分卡的重要价值。罗伯特·S.卡普兰和戴维·P.诺顿在后期又做了学术上的深化,并把它推广到全球。

平衡计分卡在保留了传统财务指标的基础上,增加了客户、内部业务流程、学习和成长三方面的非财务指标,试图达到全面计量企业绩效的目的。其最突出的特点是:将企业的愿景、使命和发展战略与企业的绩效评价系统联系起来,把企业的使命和战略转变为具体的目标和测评指标,以实现战略和绩效的有机结合。

自20世纪80年代末平衡计分卡出现以来,平衡计分卡从初期着重于将非财务性绩效指标纳入绩效衡量系统的平衡设计,如今已经发展成为全面的战略管理模式,其理论和应用经历了以下三个发展阶段:

(一)第一代平衡计分卡——产生时期——四维度框架

平衡计分卡的研究首先是从公司绩效考核开始的。1990年,美国的复兴全球战略集团专门设立了一个为期1年的新的公司绩效考核模式开发项目,参加此次项目开发的还有通用电气公司、杜邦、惠普等12家著名公司。项目小组重点对ADI公司的计分卡进行了深入研究,并将其在公司绩效考核方面进行扩展、深化,将研究成果命名为“平衡计分卡”。

1992年第1/2月号《哈佛商业评论》上发表了罗伯特·S.卡普兰和戴维·P.诺顿关于平衡计分卡的第一篇文章《平衡计分卡——业绩衡量与驱动的新方法》。此后,人们不再只从一家企业的财务指标来判断它的业绩好坏,而是从包括财务、客户、内部管理,以及学习与发展四个维度来考察企业。该论文发表后，罗伯特·S. 卡普兰和戴维·P. 诺顿很快就受到了几家公司的邀请，平衡计分卡开始得到企业界的关注。

第一代平衡计分卡的主要特点是：提出了四个角度的框架，认为企业单纯依靠财务指标存在很大的问题，建议应该从多个角度来审视企业（即财务角度、客户角度、内部流程角度和员工的学习与成长角度），强调既要看结果，更要注重过程，设置均衡的衡量指标体系。这时的平衡计分卡是作为一个对绩效评估的改进工具来使用的，以弥补传统目标管理在业绩指标体系设计方面的弊端。

（二）第二代平衡计分卡——应用时期——战略图工具

平衡计分卡理论研究的第二个重要里程碑是：1993 年，罗伯特·S. 卡普兰和戴维·P. 诺顿将平衡计分卡延伸到企业的战略管理之中。他们认为，平衡计分卡不仅仅是公司绩效考核的工具，而且是一个公司战略管理的工具。

1993 年 9/10 月号《哈佛商业评论》上，罗伯特·S. 卡普兰和戴维·P. 诺顿又发表文章《平衡计分卡的实际应用》，介绍了多家公司成功实施平衡计分卡的案例，并明确指出企业应当根据企业战略实施的关键成功要素来选择绩效考核的指标。

第二代平衡计分卡的主要特点是：运用战略图工具，帮助企业解决如何筛选和归类衡量指标的问题，强调衡量指标应该反映企业特有的战略意图，企业应设置具有战略意义的衡量指标体系。战略使指标体系有了灵魂和方向，而战略图是一个能够帮助企业明晰战略和沟通战略的有效工具。

（三）第三代平衡计分卡——完善时期——战略性绩效管理体系

平衡计分卡在美国乃至全球的企业中得到广泛认同，标志着平衡计分卡已经进入推广与应用时代。2003 年，平衡计分卡合作有限公司（Balanced Scorecard Collaborative Pty Ltd.）的调查统计显示：在全世界范围内，有 73%的受访企业正在或计划在不久的将来实施平衡计分卡；有 21%的企业对平衡计分卡保持观望态度；只有 6%的企业不打算实施平衡计分卡。

在平衡计分卡推广与应用的过程中，其理论体系也在不断丰富与完善。1996 年，罗伯特·S. 卡普兰和戴维·P. 诺顿继续在《哈佛商业评论》上发表关于平衡计分卡的论文。他们一方面重申了平衡计分卡作为战略管理工具对于企业战略实践的重要性；另一方面从管理大师彼得·德鲁克的目标管理中吸取精髓，在论文中解释了平衡计分卡作为战略与绩效管理工具的框架，该框架包括设定目标、编制行动计划、分配预算资金、绩效的指导与反馈及连接薪酬激励机制等内容。同年，他们还出版了第一本关于平衡计分卡的专著——《平衡计分卡》，该著作更加详尽地阐述了平衡计分卡上述两个方面的内容。2001 年，随着平衡计分卡在全球的风靡，罗伯特·S. 卡普兰和戴维·P. 诺顿在总结众多企业成功经验的基础上，又出版了他们第二部关于平衡计分卡的专著——《战略中心组织》。在该著作中，罗伯特·S. 卡普兰和戴维·P. 诺顿指出，企业可以通过平衡计分卡，依据企业的战略来建立企业内部的组织管理模式，让企业的核心流程聚焦于企业的战略实践。该著作的出版标志着平衡计分卡开始成为组织管理的重要工具。

第三代平衡计分卡的主要特点是：已经上升为战略性绩效管理体系，作为战略执行的工具来使用，强调企业应建立基于平衡计分卡的战略管理体系，调动企业所有的人力、财力和物力等资源，集中起来协调一致地去达到企业的战略目标。

平衡计分卡的演变发展历程充分说明了平衡计分卡最大的成功之处在于它为理论与实践搭起了一座桥梁。这一理论的提出并非空穴来风、闭门造车，而是有着深厚的实践基础。罗伯特·S. 卡普兰和戴维·P. 诺顿在实践中总结、提炼出了平衡计分卡之后，在全球的企业界得到广泛的应用、检验和提升。作为一个先进的管理工具，平衡计分卡离不开实践，实践赋予平衡计分卡生命力，使其得到不断的提升和发展。平衡计分卡在中国的运用肯定也需要结合中国企业的实际，解决中国企业的实际问题，才能在实践中与时俱进。

二、平衡计分卡的基本原理

平衡计分卡重在“平衡”，其“平衡原理”主要体现在以下几个方面：

（一）以企业发展战略为导向，实现短期目标与长期目标的衔接与平衡

平衡计分卡通过战略转换，可以将企业的绩效指标与战略联系起来，即按照目的、指标、指标值和措施四个阶段依次将战略转换为整个组织的年度绩效指标体系或可操作性标准，按照组织层级将整个组织的绩效指标体系最终转换为每个组织成员的绩效指标或日常工作。

（二）有效进行管理评价，实行财务指标与非财务指标的相互补充与平衡

财务视角是整个平衡计分卡的出发点和归宿，企业仍以谋取股东利益最大化为出发点，但以满足客户需要（如价格、质量、功能、品牌和服务等）为前提条件，从客户需要出发来优化内部业务流程（如运营流程、客户管理流程、创新流程和行政管理流程等），内部业务流程的优化则取决于学习和成长方面，也就是人力资源、信息资源和组织资源的状况能否创造出优化的内部业务流程；反之，企业拥有优良的人力资源、信息资源和组织资源是为了获得优化的内部业务流程，满足客户需要，进而谋取股东利益最大化。平衡计分卡的四个视角连接成一个“闭路循环”。

（三）通过目标和战略细化，构建起新的综合绩效评价平衡系统

平衡计分卡将企业的目标和战略细化为财务、客户、内部业务流程、学习与成长四个方面以后，不仅形成了一系列被管理人员认可的测评指标和目标值，还在外部计量（股东和客户）与内部计量（内部流程/学习和成长）之间、所求结果与这些结果的执行动因之间、客观性测量与主观性测量之间寻求新的平衡，从而充分描述了实现企业长期战略目标的推动因素，并将各部门的具体目标联系起来，为实行绩效结果评价与运营过程

评价相结合、企业内部评价与外部评价相结合提供了一种新的平衡系统。

平衡计分卡由于是以企业战略为导向，通过财务、客户、内部业务流程和学习与成长四个方面及其绩效指标的因果关系，全面管理和评价企业综合绩效的，因此，财务、客户、内部业务流程、学习与成长四个视角均由愿景与战略转化而来，每个视角下所列示的目标、指标、指标值和措施是愿景与战略转化的四个阶段（如图 13－1 所示）。

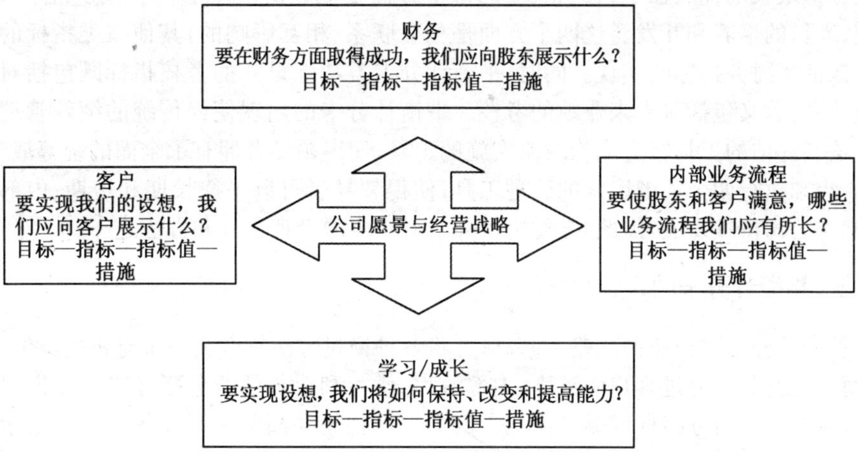

图 13－1　平衡计分卡原理

在构造公司的平衡计分卡时，高层管理人员需要强调保持各方面平衡的重要性。为了达到该目的，可使用一些循序渐进的过程，例如：

第一步，阐明与战略计划相关的财务措施，然后以这些措施为基础，设定财务目标并且确定为实现这些目标而应当采取的适当行动。

第二步，在客户和消费者方面重复该过程，在此阶段应注重的问题是："如果我们打算完成我们的财务目标，我们的客户必须怎样看待我们？"

第三步，公司明确向客户和消费者转移价值所必需的内部过程，然后公司管理层问自己的问题是：自己是否具备足够的创新精神？自己是否愿意为了公司以一种合适的方式发展和变革？

经过上述过程，公司需要确保各个方面达到平衡，并且所有参数和行动都能向同一个方向变化，公司在各方达到完全平衡之前有必要把不同的步骤再重复几次。

在上述过程中，将平衡计分卡的概念分解到每个员工很关键，并尽量依靠那些个人能够影响的计量因素来评估个人业绩，根据员工在几个指标上的得分建立奖金制度，从而保障公司控制或者聚焦于各种战略计划。

在实施过程中，每一关键指标应有实施方案作保证，每一个人对指标体系有确切的认识和确保完成的保障措施，必须有制度保证每一个管理者关心下属指标的完成情况和对执行结果的时时反馈，同时，管理者必须有能力使下属保持热情和团队合作精神等。

平衡计分卡是绩效管理中的一种新思路，它打破了传统单一使用财务指标衡量业绩的方法，改变了企业以往只关注财务指标的缺陷，因为仅仅关注财务指标会使企业过分关注短期行为而牺牲长期利益，如员工的培养和开发、客户关系的开拓和维护等。平衡记分卡最大的优点在于：它从企业的四个方面建立起衡量体系——财务、客户、业务管理、人员的培养和开发。这四个方面是相互联系、相互影响的，其他三类指标的实现最终保证了财务指标的实现。同时，平衡计分卡方法下设立的考核指标既包括对过去业绩的考核，又包括对未来业绩的考核。平衡计分卡的出现使得传统的绩效管理从人员考核和评估的工具转变成为战略实施的工具；使得领导者拥有了全面的统筹战略、人员、流程和执行四个关键因素的管理工具；使得领导者可以平衡长期和短期、内部和外部，确保公司持续发展，因此，被誉为世界上最重要的管理工具和方法之一。

三、平衡计分卡的设计思想

平衡计分卡以企业的战略为基础，并将各种衡量方法整合为一个有机的整体，它既包含财务指标，又通过客户满意度、内部流程、学习和成长的业务指标来补充说明财务指标，从而成为财务指标的驱动因素。四个方面视角之间的关系如图 13－2 所示。这

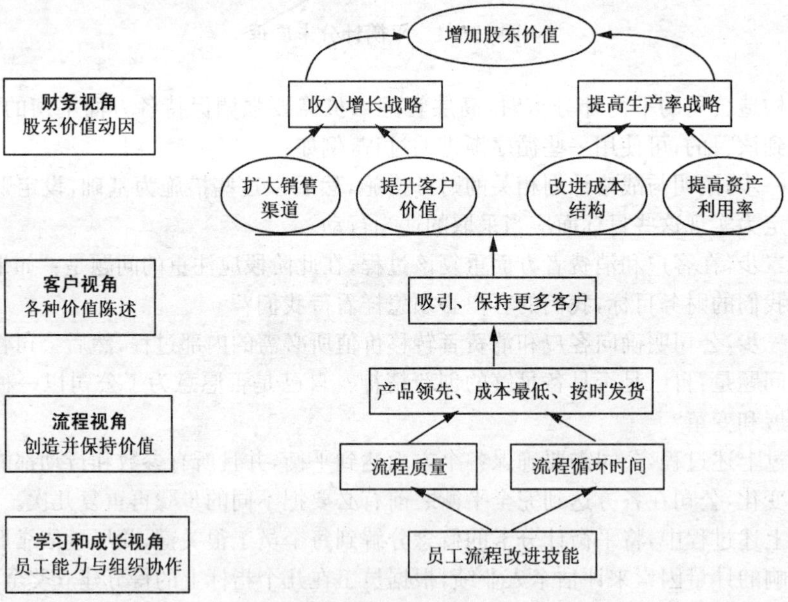

图 13－2　平衡计分卡与公司业绩指标的关系

样，就促使一个组织能够一方面追踪财务结果，另一方面密切关注能使企业提高能力并获得未来增长潜力等方面的进展。

从评价指标设计的内容分析，平衡计分卡主要包括以下四个方面，其中每一个方面都有其明确的目标和相应的核心指标（如表13－2所示）。

表13－2　　　　平衡计分卡的构成要素

指标分类	解决的目标	绩效指标
财务指标	我们怎样满足股东？	收入增长指标，成本减少或生产率提高指标，资产利用或投资战略指标
客户指标	顾客如何看待我们？	市场份额，客户保留度，客户获取率，客户满意度，客户利润贡献率
内部流程指标	我们必须擅长什么？	评价企业创新能力的指标，评价企业生产经营绩效的指标，评价企业售后服务绩效的指标
学习/成长指标	我们是在进步吗？	评价员工能力的指标，评价企业信息能力的指标，评价激励、授权与协作的指标

表13－2中的财务指标是其他三个方面的出发点和归宿。平衡计分卡要求企业根据不同发展时期的不同要求，相应地选择财务绩效指标。例如，当企业处于增长期时，由于企业在提供产品和劳务从而获得收入方面有着较大的增长潜力，投资规模较大、投资报酬率较低，其财务目标主要是不断提高收入的增长率及目标市场、客户群和区域的销售额，因此，对处于这一时期的企业应主要采用销售增长率、目标市场收入增长率和成本率等财务绩效指标来加以评价。

客户指标以目标顾客和目标市场为方向，关注于是否满足核心顾客的需求，而不是企图满足所有客户的偏好。客户最关心的不外乎五个方面：时间、质量、性能、服务和成本。企业必须为这五个方面树立清晰的目标，然后将这些目标细化为具体的指标。

内部流程指标的目标在于解决"我们必须在何处追求卓越？"之类的问题，特别是对顾客满意度有重要影响的业务流程，如生产进度、生产成本、合格品率和人工生产率等。内部过程是企业改善其经营业绩的重点。

学习和成长指标的目标要求解决"我们能否提升并创造价值？"将注意力引向企业未来成功的基础，涉及人员、信息系统和市场创新等问题。学习和成长维度是企业所有战略的基础，是驱使上述其他三个方面获得卓越成果的动力。

平衡计分卡的上述四个维度相互支持，互为关联维度，是以信息化为基础，系统考虑企业业绩驱动因素，多维度平衡评价的一种新型的企业业绩评价体系。平衡计分卡应当告诉企业管理者：员工需要什么样的知识、技能和系统（学习和成长维度）来建立恰当的战略能力，获得适当的效率（内部流程维度），从而给市场（客户维度）带来特殊的价值，最终创造出更高的企业价值。

设计一张结构严谨的平衡计分卡，应包含一连串相互连接的目标和量度，这些量度和目标不仅前后连贯，同时互相强化。上述四部分内容虽然各自有特定的评价对象和指标，但彼此之间存在着密切的联系。其中，财务指标体系是根本，其他三方面的指标体系最终都要体现在财务指标上；各个评价指标之间存在着企业战略所体现的因果关系；等等。所有这些指标共同构筑了一个完整的评价体系。

从事过业绩考核工作的人都知道，绩效管理的难点之一是如何提炼出少而精的关键衡量指标。我们常见到有些人把握不住工作重点，又怕失去控制，就多多设置衡量指标，企图控制一切，但由于时间和精力有限，结果什么也控制不了，这种现象在中国企业中相当普遍。

如何解决过多指标造成的信息泛滥？答案是先明晰战略，后设置指标。成功实施绩效管理的关键在于，要知道关注什么和不关注什么。知道什么是真正的战略重点，才能够设计出有效的关键绩效指标，做到关注真正重要的问题，这样，管理人员就能够做出解决关键问题的决策，从而提高决策的质量和解决问题的能力，针对这些问题和企业的实际需求，战略图应运而生。如果竞争环境发生了激烈的变化，原来的战略及与之适应的评价指标可能会丧失有效性，此时就需要重新修订。

四、平衡计分卡的实施流程

平衡计分卡的编制要按照一定的流程规则进行，遵循一个系统化的过程（如图 13－3所示）。

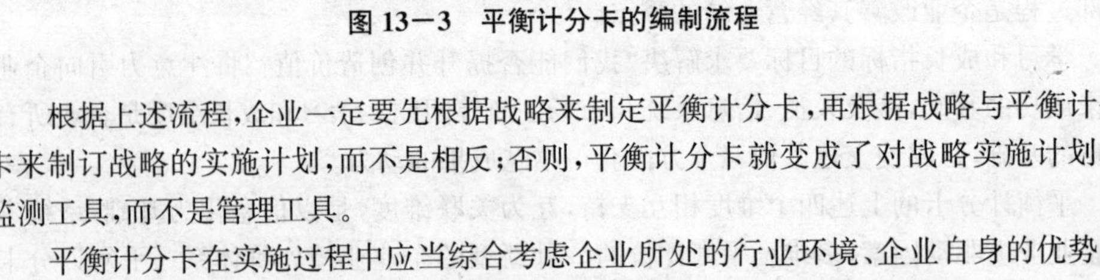

图 13－3　平衡计分卡的编制流程

根据上述流程，企业一定要先根据战略来制定平衡计分卡，再根据战略与平衡计分卡来制订战略的实施计划，而不是相反；否则，平衡计分卡就变成了对战略实施计划的监测工具，而不是管理工具。

平衡计分卡在实施过程中应当综合考虑企业所处的行业环境、企业自身的优势与劣势、企业所处的发展阶段、企业自身的规模与实力等。企业应用平衡计分卡来建立绩效评价体系时，一般会经过以下应用流程：

第一，公司的远景和战略的建立与实施。公司首先要建立远景和战略，使每一个部门可以采用一些绩效衡量指标去完成公司的远景和战略；另外，也可以考虑建立部门级战略；同时，成立平衡计分卡小组或委员会去解释公司的远景和战略，并确立财务、客户、内部流程、学习和成长四个方面的具体目标。

第二，绩效指标体系的设计与建立。本阶段的主要任务是依据企业的战略目标，结合企业的长、短期发展需要，为四类具体的指标找出其最具有意义的绩效衡量指标，并对所设计的指标自上而下、从内部到外部进行交流，征询各方面的意见，吸收各方面、各层次的建议。这种沟通与协调完成之后，使所设计的指标体系达到平衡，从而能全面反映和代表企业的战略目标。

第三，加强企业的内部沟通与教育。利用各种不同沟通渠道，如定期或不定期的刊物、信件、公告栏、标语和会议等让各层管理人员知道公司的远景、战略、目标与绩效衡量指标。

第四，确定每年、每季、每月绩效衡量指标的具体数字，并与公司的计划和预算相结合。注意各类指标之间的因果关系、驱动关系和连接关系。

第五，绩效指标体系的完善与提高。对于平衡计分卡在该阶段应首先重点考察指标体系的设计是否科学，是否能真正反映本企业的实际。其次要关注的是采用平衡计分卡后，对于绩效的评价中的不全面之处，以便补充新的测评指标，从而使平衡计分卡不断完善。最后要关注的是已设计的指标中的不合理之处，要坚决取消或改进，只有经过这种反复、认真地改进，才能使平衡计分卡更好地为企业战略目标服务。

在平衡计分卡实施的过程中，应该注意切勿照抄照搬其他企业的模式和经验；要注意权衡选用评价指标，将注意力集中在几个关键的评价指标上；要找出衡量企业经营成功与否的主导指标，其他一般性指标应与主导指标保持一致；要将平衡计分卡与企业的激励措施结合起来；正确对待平衡计分卡实施时投入的成本与获得的效益之间的关系；等等。

五、平衡计分卡的主要特点

平衡计分卡具有以下几个方面的显著特点：

第一，平衡计分卡既是一种评价系统，又是战略管理的重要组成部分，还是一种企业管理制度。

第二，平衡计分卡重视对企业长远发展和可持续发展能力的评价，即评价指标中包括影响企业长远利益的因素。

第三，平衡计分卡所设计的评价指标体系做到了财务指标与非财务指标的有机结合，能够对企业的经营绩效和竞争能力进行系统评价。

第四，平衡计分卡重视对企业经营过程的评价，即指标中包括评价企业的经营活动能否满足客户的需要。

第五，平衡计分卡重视企业与外部利益相关者，如客户、供应商、战略伙伴以及政府等的关系。

第六，平衡计分卡从分析创造企业经营绩效的驱动因素入手，有助于找出企业存在问题的症结所在，以确定企业为实现某种战略目标所必须改进或发展的方面。例如，平衡计分卡在对企业要提高资本回报率进行分析时，就可按照下列因果关系链展开：提高投资回报率—提高客户对产品的认可程度—提高准时交货率—缩短产品生产周期并控制产品质量—提高员工技能等。

综上所述，平衡计分卡是一个对企业长期战略目标进行综合评价的方法，同时也是一个从价值和战略的角度对企业各个部门和员工的绩效进行评价和引导，以便形成共同为实现企业的战略价值而努力的管理体系，是一种全新的绩效评价方法。

第四节　平衡计分卡与推行战略管理*

一、战略管理与平衡计分卡的作用

战略管理是企业高层管理人员为了企业长期的生存与发展，在充分分析企业内外部环境的基础上，确定和选择达到目标的有效战略，并将战略付诸实施、控制和评价的一个动态管理过程。近些年来，信息技术迅猛发展，导致竞争环境日趋复杂，企业不得不把眼光从外部市场环境转向内部环境，注重对自身独特的资源和知识（技术）的积累，以形成企业独特的竞争力（核心竞争优势）。核心竞争优势是指企业能够长期获得竞争优势的能力，是企业所特有的、能够经得起时间考验的、具有延展性，并且是竞争对手难以模仿的技术或能力。1990 年，普拉哈拉德和哈默在《哈佛商业评论》发表了《企业核心能力》，该理论强调了企业内部条件对于保持竞争优势以及获取超额利润的决定性作用，并形成了战略理论中的“核心能力学派”。

正确的战略管理有助于企业走向成功，但不正确的战略管理会适得其反。为此，战略管理一般要遵循适应环境原则、全过程管理原则、全员参与原则、整体最优原则和反馈修正原则。

设计平衡计分卡的目的就是要建立“实现战略指导”的绩效管理系统，从而保证企业战略得到有效的执行。一张合理的平衡计分卡不仅可以反映企业的战略和策略，还可以将其转化为一系列相互联系的指标，并且明确结果指标与产生这些结果的执行动因之间的因果关系。因此，人们通常称平衡计分卡是加强企业战略执行力的最有效的战略管理工具。也就是说，平衡计分卡应当成为帮助企业统一管理思想和策略执行方向的有效管理手段。企业可以通过运用平衡计分卡建立战略性的绩效管理体系，并围绕战略，把各个分散的管理体系整合成一体化的管理体系，使企业的战略行动和财力、物力共同服务于企业战略。

由于平衡计分卡与战略管理密切相关，因此，必须贯穿于战略管理的整个阶段。平衡计分卡的衡量系统不仅有助于企业上上下下对战略形成共识，而且可以将战略展开为可执行的各种方案，将组织整体的资源及行动聚焦在战略上，促进企业战略的有效执行，进而发挥企业的整体力量，并持续地朝成功的目标前进。图 13－4 给出了如何运用平衡计分卡促进战略的有效执行。

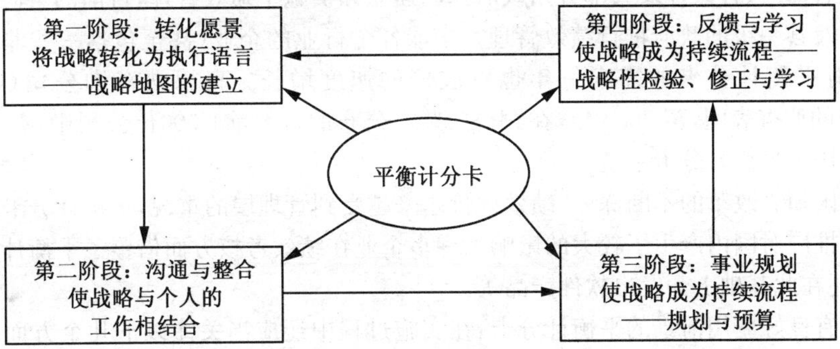

图 13－4　以平衡计分卡分步创造战略的执行优势

第一，在制定平衡计分卡时与战略挂钩，用平衡计分卡解释战略。由于制定平衡计分卡时要把组织经营战略转化为一系列目标和衡量指标，此时，管理层往往需要对战略进行重新审视和修改，这样，平衡计分卡就为管理层提供了就经营战略的具体含义和执行方法进行交流的机会。同时，因为战略的制定和实施是一个交互式的过程，在运用平衡计分卡之后，人们了解了战略执行情况，可对战略进行检验和调整。

第二，利用平衡计分卡宣传战略。实施战略的重点是使所有雇员、高级经理和董事会成员都了解这项战略。通过宣传平衡计分卡，可以使雇员加深对战略的了解，提高其实现战略目标的自觉性。同时，通过定期、不间断地将平衡计分卡中的评估结果告诉雇员，可以使其了解平衡计分卡带来的变化。

第三，将平衡计分卡与团队、个人的目标挂钩。这一工作可以通过分解平衡计分卡的目标和衡量指标来完成。

第四，把平衡计分卡用于执行战略和计划的过程，将战略转化为行动。在战略实施阶段，平衡计分卡也是一个战略实施机制，它把组织的战略与一整套衡量指标相联系，弥补了制定战略和实施战略之间的差距。

二、平衡计分卡的应用前景

1993年,罗伯特·S.卡普兰和戴维·P. 诺顿将平衡计分卡延伸到企业的战略管理系统之后,平衡计分卡开始广泛得到全球企业界的接受与认同,越来越多的企业在平衡计分卡的实践项目中受益;同时,平衡计分卡还延伸到非营利性的组织机构中。以美国为例,有关统计数字显示,到1997年,美国财富500强企业已有60%左右实施了绩效管理,而在银行、保险公司等行业中的比例则更高。1993年,美国政府通过了《政府绩效与结果法案》(The Government Performance and Result Act)。目前,美国联邦政府的几乎所有部门、各兵种及大部分州政府都已建立和实施了绩效管理,目前的重心已转入在城市及县一级的政府推行绩效管理。全球各个行业的企业(甚至包括一些非营利性机构)对平衡计分卡的需求每年也以成倍的速度增长。高德纳咨询公司(Gartner Group)的调查表明,至2000年,在《财富》杂志公布的世界前1 000位公司中,有40%的公司采用了平衡计分卡系统。

中国随着改革的不断深入,绩效评价越来越受到管理层的重视,平衡计分卡的提出与应用推广对国内产生了较大的影响。许多企业在绩效考核方面借鉴了平衡计分卡的思想,还在此基础上开发出软件产品等。

具有良好应用前景的平衡计分卡,在实施过程中还应当关注以下几个方面的配套事项:

(一)平衡计分卡应当为企业战略管理提供强有力的支持

平衡计分卡的评价内容和相关指标与企业战略目标紧密相连,企业战略的实施可以通过对平衡计分卡的全面管理来完成。但员工一般不做你想让他做的事,而只做你考核的事。如果战略是一套,考核时又是另一套,战略就很难得到执行。所以,企业必须建立战略导向的绩效管理机制。

(二)平衡计分卡应当提高企业的整体管理效率

平衡计分卡所涉及的四项内容都是企业未来发展成功的关键要素,通过平衡计分卡所提供的管理报告,将看似不相关的要素有机结合在一起,可以大大节约企业管理者的时间,提高企业管理的整体效率,为企业未来的成功发展奠定坚实的基础。

(三)平衡计分卡应当注重团队合作,防止企业管理机能失调

团队精神是一个企业文化的集中表现。平衡计分卡通过对企业各要素的组合,让管理者能同时考虑企业各职能部门在企业整体中的不同作用,使他们认识到某一领域的工作改进可能是以其他领域的退步为代价换来的,促使企业管理部门决策时从企业出发,慎重选择可行方案。

(四)平衡计分卡应当具有激励作用,扩大员工的参与意识

传统的业绩评价体系强调管理者希望(或要求)下属采取什么行动,然后通过评价

来证实下属是否采取了行动以及行动的结果如何，整个控制系统强调的是对行为结果的控制与考核。而平衡计分卡则强调目标管理，鼓励下属创造性地（而非被动）完成目标，这一管理系统强调的是激励动力。因为在具体管理问题上，企业高层管理者并不一定会比中下层管理人员更了解情况，所作出的决策也不一定比下属更明智，所以，由企业高层管理人员规定下属的行为方式是不恰当的。另一方面，目前企业业绩评价体系大多是由财务专业人士设计并监督实施，但是，由于专业领域的差别，财务专业人士并不清楚企业经营管理、技术创新等方面的关键性问题，因此，无法对企业整体经营的业绩进行科学、合理的计量和评价。

（五）平衡计分卡应当使企业信息负担降到最轻

在当今信息时代，企业很少会因为信息过少而苦恼。随着全员管理的引进，当企业员工或顾问向企业提出建议时，新的信息指标总是不断增加，这样，会导致企业高层决策者处理信息的负担大大加重。而平衡计分卡可以使企业管理者仅仅关注少数而又非常关键的相关指标，在保证满足企业管理需要的同时，尽量减少信息负担成本。

三、扬长避短，充分发挥平衡计分卡的积极效用

平衡计分卡的优越性非常明显：(1)克服单一财务评估方法的短期行为；(2)有助于使整个组织行动一致，服务于战略目标；(3)能有效地将组织的战略转化为组织各层的绩效指标和行动；(4)有助于各级员工对组织目标和战略进行沟通；(5)有利于对组织和员工的学习成长和核心能力的培养；(6)可以提高组织整体的管理水平，能够实现组织的长远发展；等等。

平衡计分卡存在以下缺点值得关注：(1)实施难度大，管理基础差的企业不可以直接引入平衡计分卡，必须先提高自己的管理水平，才能循序渐进地引入平衡计分卡；(2)指标体系建立较困难，除财务指标外的其他三个方面的指标比较难以收集，而且不同的企业面临着不同的竞争环境，需要不同的战略，进而设定不同的目标，需要仔细斟酌相关指标；(3)指标数量过多，舍弃指标有难度，生怕导致业绩评价的不完整；(4)各指标的权重分配比较困难，不但要在不同层面之间分配权重，而且要在同一层面的不同指标之间分配权重；(5)部分指标的量化工作难以落实，如客户指标中的客户满意程度和客户保持程度、员工的学习与发展指标及员工对工作的满意度等；(6)实施成本较大，要从财务、客户、内部经营过程、学习和成长四个方面考虑战略目标的实施，并为每个方面制定详细而明确的目标和指标，需要全体成员参加，使每个部门、每个人都有自己的平衡计分卡，必须付出较大代价。

复习思考题

1. 为什么说传统的企业经营绩效评价模式与如今的知识经济不相适应？其主要表现在哪些方面？

2. 没有战略目标能够实施平衡计分卡吗？

3. 简述平衡计分卡最突出的特点及其最主要的作用。

4. 简述财务、客户、内部管理以及学习和成长四方面指标之间的内在关系。

5. 平衡计分卡为什么注重将非财务性绩效指标纳入绩效衡量系统的平衡设计？请谈谈你的看法。

6. 为什么每一关键指标必须有实施方案的保证，每一个人必须对自己的指标体系有确切的认识和确保完成的保障措施？

7. 你认为平衡计分卡是一个战略管理系统吗？它为什么表明了源于战略的一系列因果关系？它对发展和强化战略管理系统有什么作用？

8. 理论联系实际分析平衡计分卡的优缺点，并阐述企业应当如何根据自身的具体情况选取关键性的指标。

业务练习题

练习一

甲公司有三个业务类似的投资中心，使用相同的预算进行控制。经汇总，2014 年的有关资料如下：

单位：万元

评价指标	预算数	实际数		
		A 中心	B 中心	C 中心
营业收入	200	180	210	200
部门边际贡献	18	19	20	18
平均资产占用额	100	90	100	100

在年终进行业绩评价时，董事会对三个部门的评价发生分歧：有人认为，C 部门已经全面完成了预算任务，业绩最佳；有人认为，B 部门的营业收入和部门边际贡献均超过预算，并且部门边际贡献最大，应是最好的；还有人认为，A 部门的部门边际贡献超过预算并节省了资金，理应是最好的。该公司的资本成本为 16%。

要求：对上述三个部门的业绩进行分析评价，排出先后次序并说明理由。

练习二

大方公司2014年度的资产负债表摘要如下：

资产负债表

单位：万元

资 产	金 额		负债及权益	金 额	
	年初	年末		年初	年末
货币资金	100	110	流动负债	250	280
短期投资	60	90	长期负债	300	300
应收账款	75	50	负债合计	550	580
存 货	200	150	所有者权益	285	320
固定资产	400	500			
合 计	835	900	合 计	835	900

上述短期投资均为股票投资，其成本与市价基本一致。应收账款与存货没有发生价值损失。

上年营业额为400万元，本年营业额为500万元，营业成本占营业收入的比重约为90%，所有者权益的增加来源于当年的净利润，当年还没有进行利润分配。该公司当年的利息费用为45万元，适用的所得税税率为20%，没有应纳税调整额。

要求：

(1)该公司一年中的速动比率和净营运资金有何变动？短期偿债能力有什么变化？

(2)该公司一年中的财务结构(资产负债率)如何？资产和负债情况发生怎样的变动？变化的主要原因是什么？

(3)该公司一年中的净资产有何变化？这种变化说明了什么？总资产报酬率和净资产收益率各是多少？

练习三

甲公司成立于2007年，成立时的投资成本为8 000万元。为加快发展步伐，甲公司以实现利润最大化作为其财务目标，并将利润作为其绩效考评的核心指标。2013年，甲公司实现净利润600万元；2013年的所有者权益总额为5 000万元，有息长期负债为5 000万元(年利率为8%)，长期负债水平在2013年度内基本不变。甲公司的加权平均资金成本率为10%，适用的所得税税率为25%。

乙公司成立于2008年，成立时的投资成本为8 000万元。为求得长期稳定的发展，以增加企业价值为其战略目标，并确定以经济利润作为其绩效考核的核心指标。乙公司2013年实现净利润550万元；2013年的所有者权益总额为5 500万元，有息长期负债为4 500万元（年利率为7.6%），长期负债水平在2013年度内基本不变。乙公司的加权平均资金成本率为8%，适用的所得税税率为25%。

要求：

(1)根据上述资料分别计算上述甲公司和乙公司的息前税后利润、期初投资资本回报率和经济利润。

(2)分析上述两个公司的财务目标，并对会计利润和经济利润的差异及其作用进行简要分析。

业务练习题参考解答

第一章 总 论

练习一

(1)财务会计的主要目的是向企业外部有经济利害关系的组织和个人报告企业的财务状况和经营成果,要定期编制和报送有关财务报表,以便让报表使用者作出决策。管理会计的主要目的是帮助企业各级管理人员利用会计信息和其他有关资料,针对特定的问题作出专门的预测和决策,并对企业生产经营业务进行规划、控制与评价,借以改善经营管理。

(2)财务会计主要把整个企业作为一个核算主体(对象),提供总括的财务会计信息,用来评价和考核整个企业的财务状况和经营成果,所以要求提供完整的、系统的、连贯的、综合的会计信息。管理会计主要以企业内部各层次的责任中心和各专门项目为核算主体(对象),对责任中心的日常工作业绩进行控制和考核,责任主体更具体,更突出以人为中心的行为管理;同时,兼顾企业主体,也从整个企业的全局出发,认真考虑各项决策与计划之间的协调配合和综合平衡,如编制全面预算、实行责任会计制度等。

(3)财务会计的核算必须遵守公认的会计原则,在我国,必须遵守会计法、企业会计准则和相关的会计制度等,以便财务报表的外部使用者能有一个公认的、较为客观的标准来看待企业的财务状况、经营成果和现金流量。管理会计可以不受公认会计原则的约束,企业管理部门可以按照内部管理的需要编制各种报表,编制方法和原则可以灵活多样。

(4)财务会计着重反映已经发生的经济活动,根据历史成本对发生的经济业务进行计算和编制财务报表,属于事后核算。管理会计的重点在于利用已发生的财务会计信息和其他有关资料进行预测,并参与决策,重点在于控制现在和规划未来。

(5)财务会计的核算程序比较固定,具有强制性。财务会计所提供的各种财务报表的内容、格式、编制方法和编制时间等必须符合公认会计原则的要求。管理会计的核算程序不固定,没有强制性,可以自由选择,一般不涉及填制凭证、复式记账、平行登记等记账技术问题。为了取得某种资料,管理会计所使用的技术方法可灵活多样。管理会计的报表没有统一规定的格式,可按管理需要自行设计。

(6)财务会计采用规范的核算方法,如设置账户、复式记账、填制和审核凭证、登记账簿、计算成本、清查财产、编制财务会计报告等会计核算的专门方法,重点放在如何全面、系统、连贯地反映企业的财务状况、经营成果和现金流量;在反映企业的经济活动时,一般只需要应用简单的算术方法，要求数字精确，并体现会计要素上的平衡关系和复式记账等要求。管理会计采用的方法大多属于分析性的方法，借以从动态上掌握企业生产经营和管理活动过程中形成的现金流量，从而为预测、决策、规划、控制和考评服务，并在计算时大量应用运筹学和电子计算机技术来确定最优方案，一般不强调会计要素上的平衡关系和复式记账等会计核算方面的要求。

(7)财务会计报告要求按月、按季、按半年、按年定期编制。管理会计不要求定期编制报告，完全可以根据管理的需要自行决定，有些报告可能每天编制，也可能隔一段时间编制一次；可以定期，也可以不定期。

(8)财务会计的计量以货币为主，以实物单位为辅，力求计算与核算准确无误，一般要求计算精确到小数点后两位。管理会计可以采用多种计量单位，如货币的、实物的、时间的、比率的、指数的等，一般不要求绝对精确，有时只要求计算近似值即可。

(管理会计的特点与作用略)。

练习二

(1)按照传统的财务会计观点分析，确实超额 20%完成了利润计划任务。

(2)由于本年度实际产量1 200台，每件产品的固定成本为 25(＝30 000÷1 200)元，即每台产品降低了单位固定成本 5 元，所以，该公司本年度的利润增加数应为 5×1 200＋10×200＝8 000(元)。为此，该公司实际实现利润应达到18 000元才能与产量的增长相适应。

(3)有道理。

练习三

(略)

第二章 成本制度更新

练习一

支出总额＝180 000＋20 000＋12 000＋268 000＋8 800＋32 000＝520 800(元)

成本费用总额＝180 000＋20 000＋2 000＋1 000＋1 200＋8 800＋32 000＝245 000(元)

产品成本总额＝180 000＋20 000＋2 000＝202 000(元)

其中：甲产品成本总额＝100 000＋(20 000＋2 000)×70%＝115 400(元)

乙产品成本总额＝80 000＋(20 000＋2 000)×30%＝86 600(元)

完工甲产品成本＝115 400－30×500＝100 400(元)

完工乙产品成本＝86 600(元)

练习二

(1)定额消耗量比例分配法：

甲产品材料定额消耗量＝140×4＝560(千克)

乙产品材料定额消耗量＝80×5.5＝440(千克)

材料消耗量分配率＝1 200÷(560＋440)＝1.2

甲产品应分配的材料数量＝560×1.2＝672(千克)

乙产品应分配的材料数量＝440×1.2＝528(千克)

甲产品应分配的材料费用＝672×4＝2 688(元)

乙产品应分配的材料费用＝528×4＝2 112(元)

(2)定额费用比例分配法：

甲产品材料定额消耗量＝140×4＝560(千克)

乙产品材料定额消耗量＝80×5.5＝440(千克)

材料费用分配率＝(1 200×4)÷(560＋440)＝4.8

甲产品应分配的材料费用＝560×4.8＝2 688(元)

乙产品应分配的材料费用＝440×4.8＝2 112(元)

以上两种方法的计算结果相同。第一种方法有利于加强成本核算和管理，但计算较繁琐；第二种方法简化了计算分配过程，但缺少了材料实际耗用量的数据。

练习三

分配率＝40 000÷(50 000＋30 000)＝0.5(元／工时)

A产品应分配的制造费用＝50 000×0.5＝25 000(元)

B产品应分配的制造费用＝30 000×0.5＝15 000(元)

借：生产成本——基本生产成本(A产品)	25 000.00	
生产成本——基本生产成本(B产品)	15 000.00	
贷：制造费用		40 000.00

练习四

(1)直接材料分配率＝8 400÷(2 400＋1 800)＝2

甲产品应分配的材料费用＝2 400×2＝4 800(元)

乙产品应分配的材料费用＝1 800×2＝3 600(元)

直接人工分配率＝4 960÷(700＋540)＝4

甲产品应分配的直接人工＝700×4＝2 800(元)

乙产品应分配的直接人工＝540×4＝2 160(元)

本期发生额＝600＋1 600＋500＋400＝3 100(元)

制造费用分配率＝3 100÷(700＋540)＝2.5

甲产品分配制造费用＝700×2.5＝1 750(元)

乙产品分配制造费用＝540×2.5＝1 350(元)

(2)第一工序完工程度＝3×50％÷10＝15％

第二工序完工程度＝(3＋2×50％)÷10＝40％

第三工序完工程度＝(3＋2＋5×50％) ÷10＝75％

在产品约当产量＝60×15％＋40×40％＋100×75％＝100(件)
直接材料费分配率＝(1 600＋4 800)÷(600＋200)＝8
产成品负担材料费＝600×8＝4 800(元)
在产品负担材料费＝200×8＝1 600(元)
直接人工费分配率＝(700＋2 800)÷(600＋100)＝5
产成品负担直接人工费＝600×5＝3 000(元)
在产品负担直接人工费＝100×5＝500(元)
制造费用分配率＝(1 050＋1 750)÷(600＋100)＝4
产成品负担制造费用＝600×4＝2 400(元)
在产品负担制造费用＝100×4＝400(元)
甲产品完工总成本＝4 800＋3 000＋2 400＝10 200(元)
单位成本＝8＋5＋4＝17(元)
　　或＝10 200÷600＝17(元)
期末在产品成本＝1 600＋500＋400＝2 500(元)

第三章　成本管理会计

练习一

(1)合计：$x=265$，$y=29\ 100$，$xy=1\ 638\ 000$，$x^2=16\ 225$

(2)①高低点法：

b＝(7 200－3 600)÷(90－30)＝60(元)

a＝7 200－5 400＝1 800(元)

或＝3 600－1 800＝1 800(元)

预测 100 台的总成本＝1 800＋100×60＝7 800(元)

单位成本＝78(元)

②回归分析法：

b＝(5×1 638 000－265×29 100)÷(5×16 225－16 225)＝43.90(元)

a＝(29 100－43.90×265)÷5＝3 493.30(元)

预计 100 台的总成本＝3 493.30＋43.90×100＝7 883.30(元)

单位成本＝78.83(元)

(3)上述两种方法都是采用历史资料分析法，即根据企业的历史成本资料，利用数理统计的方法，确定成本预测的数学模型为 $y=a+bx$，再根据预测期的产销量情况作出相应的成本预测。

(4)差异原因讨论(略)。

练习二

差别收入＝100×(900－600)＝30 000(元)

差别成本＝100×200＝20 000(元)

差别收入超过差别成本＝30 000－20 000＝10 000(元)

上述计算表明，进一步加工后再出售比立即出售多得收入30 000元，追加成本20 000元。所以，在目前的情况下，应对A半成品继续加工。

练习三

(略)

第四章　成本性态与变动成本法

练习一

(1)用高低点法计算：

$b=(4\,400-2\,000)\div(600-200)=2\,400\div400=6$(元/件)

$a=4\,400-600\times6=800$(元)

或$=2\,000-200\times6=800$(元)

$y=800+6\times700=5\,000$(元)

用回归直线法计算：

$$\begin{cases}19\,400=6a+2\,400b\\8\,360\,000=2\,400a+1\,060\,000b\end{cases}$$

$$\begin{cases}a=833.33\\b=6\end{cases}$$

$y=833.33+6\times700=5\,033.33$(元)

(2)高低点法计算简单，易于运用，但以高、低两点决定成本性态，有时可能与现实不符，除非这两点恰好能代表所求的有关成本和业务量的正常水平。

回归直线法利用了离差平方和最小的原理，计算结果较为准确，但计算工作量较大。随着计算机的推广应用，这种方法会得到广泛应用。

练习二

(1)①本期产品成本合计＝6 000＋4 000＋1 000＝11 000(元)

单位产品成本＝11 000÷500＝22(元/件)

期间成本＝5 000＋1 600＋2 800＋500＝9 900(元)

②本期产品成本合计＝6 000＋4 000＋6 000＝16 000(元)

单位产品成本＝16 000÷500＝32(元/件)

期间成本＝1 600＋2 800＋500＝4 900 (元)

计算结果表明，按变动成本法确定的产品成本总额和单位产品成本比按完全成本法计算的相应数值要低，而其期间成本却高于完全成本法的计算结果。这种差异源于两种成本计算方法对固定性制造费用的处理不同。

(2)期末存货成本＝单位期末存货成本×期末存货量＝32×200＝6 400(元)

本期销货成本＝单位销货成本×本期销货量＝32×300＝9 600(元)

营业收入＝100×300＝30 000(元)

营业成本＝16 000－6 400＝9 600(元)

毛利＝30 000－9 600＝20 400(元)

营业费用＝1 600＋2 800＋500＝4 900(元)

营业利润＝20 400－4 900＝15 500(元)

(3)期末存货成本＝单位期末存货成本×期末存货量＝22×200＝4 400(元)

本期销货成本＝单位销货成本×本期销货量＝22×300＝6 600(元)

营业收入＝100×300＝30 000(元)

销货中的变动生产成本＝22×300＝6 600(元)

变动成本＝6 600＋600＋300＝7 500(元)

边际贡献＝30 000－7 500－22 500(元)

固定成本＝5 000＋1 000＋2 500＋500＝9 000(元)

营业利润＝22 500－9 000＝13 500(元)

(4)

利润表(参考格式)

2014 年　　　　单位:元

贡献式		传统式	
营业收入	30 000	营业收入	30 000
变动成本:		营业成本:	
销货中的变动生产成本	6 600	期初存货成本	0
变动性销售费用	600	本期生产成本	16 000
变动性管理费用	300	可供销售的商品生产成本	16 000
变动性财务费用	0	期末存货成本	6 400
变动成本合计	7 500	营业成本	9 600
边际贡献	22 500	毛利	20 400
固定成本合计	9 000	期间费用合计	4 900
营业利润	13 500	营业利润	15 500

(5)(略)。

练习三

该亏损产品的营业收入＝110 000－10 000＝100 000(元)

该亏损产品的变动成本＝100 000×80％＝80 000(元)

该亏损产品的贡献边际＝100 000－80 000＝20 000(元)

因为亏损产品的边际贡献大于零，所以，该亏损产品可继续生产。

第五章　标准成本与成本管控

练习一

耗费差异＝21 000(实际)－20 000(预算)＝1 000(元)

能量差异＝固定制造费用差异－耗费差异＝0－1 000＝－1 000(元)

标准分配率＝20 000÷10 000＝2(元/小时)

能量差异＝(生产能量－实际产量×7)×2＝－1 000(元)

实际产量＝1 500(件)

效率差异＝(1 500×8－1 500×7)×2＝3 000(元)

闲置能量差异＝(10 000－1 500×8)×2＝－4 000(元)

(验算：1 000＋3 000－4 000＝0)

练习二

(1)500 件产品的实际成本＝31 200＋20 580＋10 290＋3 710＝65 780(元)

500 件产品的标准成本＝500×130＝65 000(元)

实际成本与标准成本的差异＝65 780－65 000＝780(元)

(2)借：原材料	24 000.00	
材料价格差异	800.00	
应交税费——应交增值税(进项税额)	4 216.00	
贷：银行存款或应付账款		29 016.00
借：原材料	24 000.00	
应交税费——应交增值税(进项税额)	3 944.00	
贷：材料价格差异		800.00
银行存款或应付账款等		27 144.00
借：生产成本——基本生产成本(甲产品)	30 000.00	
材料数量差异	1 200.00	
贷：原材料		31 200.00
借：生产成本——基本生产成本(甲产品)	20 000.00	
直接人工工资率差异	980.00	
贷：直接人工效率差异		400.00
应付职工薪酬		20 580.00
借：生产成本——基本生产成本(甲产品)	10 000.00	
变动制造费用耗费差异	490.00	

贷:变动制造费用效率差异　　200.00

变动制造费用　　10 290.00

借:生产成本——基本生产成本(甲产品)　　5 000.00

贷:固定制造费用耗费差异　　1 090.00

固定制造费用效率差异　　100.00

固定制造费用闲置能量差异　　100.00

固定制造费用　　3 710.00

(3)验算:上述直接材料差异1 200＋直接人工差异 580＋变动制造费用差异 290＋固定制造费用差异(－1 290)＝780(元)等于实际成本与标准成本的差异＝65 780－65 000＝780(元)。

(4)借:主营业务成本　　780.00

直接人工效率差异　　400.00

变动制造费用效率差异　　200.00

固定制造费用耗费差异　　1 090.00

固定制造费用效率差异　　100.00

固定制造费用闲置能量差异　　100.00

贷:材料数量差异　　1 200.00

直接人工工资率差异　　980.00

变动制造费用耗费差异　　490.00

第六章　作业成本与作业管理

练习一

传统成本法下制造费用的分配

项　目	甲产品	乙产品	合　计
机器小时数	1 200	800	2 000
分配率	45 000÷2 000＝22.5(元/小时)		
制造费用	27 000	18 000	45 000

作业成本法下制造费用的分配

项　目	制造费用金额	作业量总数	单位产品作业成本	甲产品		乙产品	
				作业量	作业成本	作业量	作业成本
装配费	12 000	2 000	6	1 200	7 200	800	4 800
质量检验费	22 000	11	2 000	10	20 000	1	2 000
设备调试费	11 000	11	1 000	10	10 000	1	1 000
合　计	45 000				37 200		7 800

分析上述两张表,作业成本法与传统的成本分配方法是有明显区别的,虽然其待分配对象——制造费用的总金额都是45 000元,但其分配原理、计算依据和分配结果却大不相同。

练习二

(1)质量控制预算作业成本分配率=500 000÷10 000=50(元/次)

机器设置预算作业成本分配率=1 000 000÷10 000=100(元/次)

账款登记作业成本分配率=6 500÷250=26(元/张)

车间管理作业成本分配率=300 000÷30 000=10(元/小时)

500 台打印机应分配的作业成本=50×25+100×200+26×5+10×1 000=31 380 (元)

(2)差异调整率:

作业成本集合	差异调整率
质量控制	(550 000−500 000)÷500 000=10%
机器设置	(1 050 000−1 000 000)÷1 000 000=5%
账款登记	(5 200−6 500)÷6 500=−20%
车间管理成本	(405 000−300 000)÷300 000=35%

500 台打印机的差异调整:

作业成本集合	某项已分配成本(元)	作业成本调整额(元)	实际成本(元)
质量控制	50×25=1 250	1 250×10%=125	1 375
机器设置	100×200=20 000	20 000×5%=1 000	21 000
账款登记	26×5=130	130×(−20%)=−26	104
车间管理成本	10×1 000=10 000	10 000×35%=3 500	13 500
合　计	31 380	4 599	35 979

A客户500台打印机的实际产品成本=直接成本+∑(某项已分配成本+该作业成本调整额)

=125 000+(31 380+4 599)=160 979(元)

借:生产成本——A客户打印机　4 599

　贷:作业成本——质量控制　125

　　作业成本——机器设置　1 000

　　作业成本——账款登记　−26

　　作业成本——车间管理成本　3 500

练习三

作业成本分配表

项　目		作业1	作业2	作业3	作业4	作业5	作业6	合计
本期成本发生额		132 000	549 000	281 600	212 000	149 600	275 400	1 599 600
分配基础	裁剪批次(次)	11						
	机器工时(小时)		4 500					
	人工工时(小时)			14 080				
	熨烫工时(小时)				4 000			
	检验时间(小时)					176		
	实际产量×预计单位售价(元)						4 590 000	
分配率		12 000	122	20	53	850	0.06	
西服耗用作业量		5	2 800	8 000	2 400	82	3 180 000	
衬衣耗用作业量		6	1 700	6 080	1 600	94	1 410 000	
西服应负担成本		60 000	341 600	160 000	127 200	69 700	190 800	949 300
衬衣应负担成本		72 000	207 400	121 600	84 800	79 900	84 600	650 300

已分配作业成本调整表

××年×月

项　目		作业1	作业2	作业3	作业4	作业5	作业6	合计
本期实际发生成本		132 000	549 000	281 600	212 000	149 600	275 400	1 599 600
分配基础	裁剪批次(次)	11						
	机器工时(小时)		4 500					
	人工工时(小时)			14 080				
	熨烫工时(小时)				4 000			
	检验时间(小时)					176		
	实际产量×预计单位售价(元)						4 590 000	
预算分配率		12 050	125	18	55	846	0.062	
西服耗用作业量		5	2 800	8 000	2 400	82	3 180 000	
衬衣耗用作业量		6	1 700	6 080	1 600	94	1 410 000	
西服应负担成本		60 250	350 000	144 000	132 000	69 372	197 160	952 782
衬衣应负担成本		72 300	212 500	109 440	88 000	79 524	87 420	649 184
已分配成本合计		132 550	562 500	253 440	220 000	148 896	284 580	1 601 966
调整率		−0.004 1	−0.024 0	0.111 1	−0.036 4	0.004 7	−0.032 3	
西服成本调整额		−250	−8 400	16 000	−4 800	328	−6 360	−3 482
衬衣成本调整额		−300	−5 100	12 160	−3 200	376	−2 820	1 116

续表

项　目	作业 1	作业 2	作业 3	作业 4	作业 5	作业 6	合计
调整额合计	−550	−13 500	28 160	−8 000	704	−9 180	−2 366
调整后的西服成本	60 000	341 600	160 000	127 200	69 700	190 800	949 300
调整后的衬衣成本	72 000	207 400	121 600	84 800	79 900	84 600	650 300

第七章　销售预测与定价决策

练习一

1.(1)产品单位销售价格＝(20＋15＋11＋80 000÷20 000)×(1＋10%)＝55(元)

(2)利润额＝20 000×60－20 000×46－80 000＝200 000(元)

2.(1)产品单位销售价格＝(40＋30＋26)÷(1－20%)＝120(元)

(2)产品单位销售价格≒(40＋30＋26)÷(1－10%)＝106.67(元)

练习二

(1)产品单位销售价格＝(40＋30＋26＋80 000÷4 000)×(1＋10%)＝127.60(元)

(2)产品单位销售价格＝(40＋30＋26)÷(1－22%)＝123.08(元)

练习三

(1)营业利润＝4 000×(30－21)－36 000＝0(元)

(2)目标销售量＝(36 000＋10 000)÷[(30×(1－8%)－21)]＝6 970(件)

练习四

销售单价与销售量的边际关系分析　　金额单位:元

销售单价	预计销售量	销售收入	边际收入	变动成本	固定成本	成本合计	边际成本	边际利润	营业利润
30	1 000	30 000	0	10 000	10 000	20 000	0	0	10 000
28	1 200	33 600	3 600	12 000	10 000	22 000	2 000	1 600	11 600
26	1 400	36 400	2 800	14 000	10 000	24 000	2 000	800	12 400
24	1 600	38 400	2 000	16 000	10 000	26 000	2 000	0	12 400
22	1 800	39 600	1 200	18 000	10 500	28 500	2 500	−1 300	11 100
20	2 000	40 000	400	20 000	11 000	31 000	2 500	−2 100	9 000

当单价从 30 元下降到 28 元、从 28 元下降到 26 元,都属于有利情况。销售价格定为 24 元

时的销售量是最佳的，或者说，销售量为1 600台时的销售价格定在24元是最佳的。产品单价从24元下降到22元、从22元下降到20元，都属于不利情况。

第八章　本量利分析与利润决策

练习一

(1)盈亏临界点销售量＝120 000÷(50－30)＝6 000(件)

盈亏临界点销售额＝6 000×50＝300 000(元)

当销售该产品6 000件(或实现销售收入300 000元)时保本，其固定成本120 000元得到全额补偿，另外还补偿了变动成本180 000元。

(2)实现目标利润的销售量＝(120 000＋24 000)÷(50－30)＝7 200(件)

(3)A公司销售量超过盈亏临界点1 200(＝7 200－6 000)件，由于单位产品提供的边际贡献为20元，故超额边际贡献为1 200×20＝24 000(元)。

练习二

(1)边际贡献率＝2 200÷500＝4.4(元)

预期销售量＝(2 200＋1 000)÷4.4≈728(件)

(2)边际贡献率＝2 200÷4 000×100％＝55％

目标利润＝(600×8－500×8)×55％＝440(元)

(3)单位产品价格＝(3 600＋2 800＋2 000)÷600＝14(元)

或单位产品售价＝6＋(4 800÷600)＝14(元)

销售收入＝600×14＝8 400(元)

练习三

(1)销售利润率＝14 000÷38 000＝36.84％

(2)销售利润率＝23 000÷75 000＝30.67％

方案1与方案2相比，销售利润总额上升64.29％[＝(23 000－14 000)÷14 000×100％]，而销售利润率则下降－16.75％[＝(30.67％－36.84％)÷36.84％×100％]，这是薄利多销产生的影响。

销售利润率随销售额的增减而变动，既与变动成本相关，又与固定成本占销售额比重的变动相关。

方案1与方案2相比，销售收入上升了97.37％[＝(75 000－38 000)÷38 000×100％]，而变动成本率也上升了52.01％[＝(56％－36.84％)÷36.84％×100％]。销售收入上升的幅度大于变动成本率上升的幅度。

方案1中，当销售额为38 000元时，固定成本占26.32％；方案2中，当销售额上升到75 000元时，固定成本的比重则下降到13.33％，固定成本的比重下降影响到销售利润率的变动。

练习四

(1)①固定成本＝20＋15＋10＝45(万元)

变动成本＝55＋10＋5＝70(元)[如考虑价内税＝70＋10＝80(元)]

保本销售量＝45÷(100－80)＝2.25(万件)

②保本销售额＝100×2.25＝225(万元)

③边际贡献率＝(100－80)÷100＝20％

(2)①安全边际率＝(5－2.25)÷5＝55％

②保本作业率＝1－55％＝45％

(3)原利润＝50 000×(100－80)－450 000＝550 000(元)

①设单价上升 10％：

单价＝100×(1＋10％)＝110(元)

利润＝50 000×(110－81)－450 000＝1 000 000(元)

上式中:变动成本 70＋价内税变动(110×10％)＝81(元)。

利润变动率＝(1 000 000－550 000)÷550 000＝81.82％

单价敏感系数＝81.82％÷10％＝8.18

②设单位变动成本增长 10％：

单位变动成本＝70×(1＋10％)＋100×10％＝87(元)

利润＝50 000×(100－87)－450 000＝200 000(元)

利润变动率＝(200 000－550 000)÷550 000＝－63.64％

单位变动成本敏感系数＝－63.64％÷10％＝－6.36

③设固定成本增长 10％：

固定成本＝450 000×(1＋10％)＝495 000(元)

利润－50 000×(100－80)－495 000＝505 000(元)

利润变动率＝(505 000－550 000)÷550 000＝－8.18％

固定成本敏感系数＝－8.18％÷10％＝－0.82

④设销量增长 10％：

销量＝50 000×(1＋10％)＝55 000(件)

利润＝55 000×(100－80)－450 000＝650 000(元)

利润变动率＝(650 000－550 000)÷550 000＝18.18％

销量敏感系数＝18.18％÷10％＝1.82

在影响利润的诸因素中,最敏感的是单价(敏感系数为 8.18),其次是单位变动成本(敏感系数为－6.36),再次是销量(敏感系数为 1.82),最后是固定成本(敏感系数为－0.82)。其中,敏感系数为正值的,表明它与利润为同向增减;敏感系数为负值的,表明它与利润为反向增减。

(4)①设销量为 X：

350 000＝[(100－80)X－450 000]×(1－30％)

X＝47 500(件)

②盈亏临界点作业率＝22 500÷47 500＝47.37%

③安全边际率＝1－47.37%＝52.63%，处于很安全状态。

(5)①固定成本＝20×(1＋30%)＋15×(1＋20%)＋10×(1＋10%)＝55(万元)

设销量为 X：

$100X\times10\%=(100-80)X-55$

$X=5.5$(万件)

②保本销售量＝55÷(100－80)＝2.75(万件)

盈亏临界点作业率＝2.75÷5.5＝50%，处于很安全状态。

第九章　项目分析与投资决策

练习一

年折旧额＝(310－10)÷5＝60(万元)

该项目净现值＝100×3.169 9×0.909 1＋110×0.564 5－310＝40.27(万元)

因为净现值大于零，所以，该项目在财务上是可行的。

练习二

(1)△年折旧＝(40－7.5)÷5＝6.5(万元)

(2)△净利润(第一年)＝[(160－150)－(112－110)－6.5]×(1－33%)＝1.005(万元)

△净利润(第二～五年)＝[(165－150)－(115－110)－6.5]×(1－33%)＝2.345(万元)

(3)旧设备变价净损失的抵税金额＝(11.561－7.5)×33%＝1.34(万元)

(4)$\triangle NCF_0=-(40-7.5)=-32.5$(万元)

$NCF_1=6.5+1.005+1.34=8.845$(万元)

$NCF_{2\sim5}=6.5+2.345=8.845$(万元)

(5)由于该项目的建设期为零，投产后各年的净现金流量相等，因此：

$(P/A,\triangle IRR,5)=32.5\div8.845=3.674$

$(3.696-3.674)\div(3.696-3.605)=(11\%-\triangle IRR)\div(11\%-12\%)$

$\triangle IRR=11.24\%$

因为$\triangle IRR=11.24\%>10\%$，所以，可以进行更新改造。

练习三

(1)甲方案 $NCF_0=-150$(万元)

$NCF_{1\sim4}=(90-60)\times(1-33\%)+19=39.1$(万元)

$NCF_5=39.1+(50+5)=94.1$(万元)(其中，终结点回收额为 55 万元)

净现值＝39.1×3.791＋(50＋5)×0.621－150＝32.38(万元)

乙方案 $NCF_0=-210$(万元)

$NCF_{1\sim2}=0$

$NCF_{3\sim6}$＝(170－80－22.4－5)×(1－33%)＋22.4＋5＝69.34(万元)

NCF_7＝69.34＋(65＋8)＝142.34(万元)(其中，终结点回收额为73万元)

净现值＝69.34×(4.868 4－1.735 5)＋73×0.513 2－210＝44.71(万元)

由于甲、乙两方案的净现值均大于0，因此，两个方案均可行。

(2)甲方案年回收额＝32.38÷3.791＝8.54(万元)

乙方案年回收额＝44.71÷4.868 4＝9.18(万元)

由于乙方案年回收额大于甲方案年回收额，因此，该公司应选择乙方案。

(3)$NPV_{甲}$＝32.38(万元)

$NPV_{乙}$＝44.71÷4.868 4×3.791＝34.82(万元)

采用最短期计算法计算的结果表明，由于乙方案的净现值大于甲方案的净现值，因此，应选择乙方案。

练习四

(1)甲方案的项目计算期为6年。

甲方案第二～六年的净现金流量属于递延年金形式。

(2)乙方案计算期各年的净现金流量为：

NCF_0＝－(800＋200)＝－1 000(万元)

$NCF_{1\sim9}$＝500－(200＋50)＝250(万元)

NCF_{10}＝(500＋200＋80)－(200＋50)＝530(万元)

(3)表中丙方案用字母表示的相关净现金流量和累计净现金流量如下：

(A)＝254万元　　(B)＝1 808万元　　(C)＝－250万元

丙方案的资金投入方式为分次投入。

(4)甲方案包括建设期的静态投资回收期＝1＋1 000÷250＝5(年)

丙方案包括建设期的静态投资回收期＝4＋250÷254＝4.98(年)

(5)(P/F,8%,10)＝1÷(F/P,8%,10)＝1÷2.158 9＝0.463 2

(A/P,8%,10)＝1÷(P/A,8%,10)＝1÷6.710 1＝0.149

(6)甲方案的净现值＝－1 000＋250×[(P/A,8%,6)－(P/A,8%,1)]

＝－1 000＋250×(4.622 9－0.925 9)＝－75.75(万元)

乙方案的净现值＝－1 000＋250×(P/A,8%,10)＋280×(P/F,8%,10)

＝－1 000＋250×6.710 1＋280×0.463 2＝807.22(万元)

因为甲方案的净现值为－75.75万元＜0，所以，该方案不具有财务可行性。

因为乙方案的净现值为807.22万元＞0，所以，该方案具备财务可行性。

(7)乙方案的年等额净回收额＝807.22×0.149 0＝120.28(万元)

丙方案的年等额净回收额＝725.69×0.140 1＝101.67(万元)

因为120.28万元＞101.67万元，所以，应选择乙方案。

练习五

(1)因为A方案第三年的累计净现金流量＝30 000＋30 000＋0－60 000＝0，所以，该方案包括建设期的静态投资回收期为3。

净现值＝折现的净现金流量之和＝30 344(元)

(2)对于A方案，由于净现值大于0，包括建设期的投资回收期为3年＝(6÷2)年，所以，该方案完全具备财务可行性。

对于B方案，由于净现值大于0，包括建设期的静态投资回收期为3.5年＜(8÷2)年，所以，该方案完全具备财务可行性。

对于C方案，由于净现值大于0，包括建设期的静态投资回收期为7年＞(12÷2)年，所以，该方案基本具备财务可行性。

(3)C方案的年等额净回收额＝净现值×$(A/P,10\%,12)$＝70 000×0.146 8＝10 276(元)

(4)三个方案的最短计算期为6年，所以，B方案调整后的净现值＝年等额回收额×$(P/A,10\%,6)$＝9 370×4.355 3＝40 809(元)。

(5)A方案的年等额回收额为6 967元，B方案的年等额回收额为9 370元，C方案的年等额回收额为10 276元。因为C方案的年等额回收额最大，所以，应当选择C方案。

最短计算期法：A方案调整后的净现值为30 344元；B方案调整后的净现值为40 809元；C方案调整后的净现值为44 755元。

因为C方案调整后的净现值最大，所以，应当选择C方案。

第十章　资金预测与可持续发展谋划

练习一

(1)变动资产占销售额的百分比＝(240＋65)÷4 000×100%＝7.63%

变动负债占销售额的百分比＝(18＋25＋7)÷4 000×100%＝1.25%

上年销售净利率＝100÷4 000×100%＝2.5%

上年股利与净利润的比例＝60÷100＝60%

本年预计净利润＝5 000×2.5%×(1＋10%)＝137.5(万元)

本年应分配的股利＝137.5×60%＝82.5(万元)

本年增加的留存收益＝137.5－82.5＝55(万元)

本年销售增加额＝5 000－4 000＝1 000(万元)

本年增加的资产＝1 000×7.63%＝76.3(万元)

本年需增加的资金＝7.63%×1 000－1.25%×1 000＝63.8(万元)

本年需要从外部追加的资金＝63.8－55＝8.8(万元)

(2)本年预计净利润＝5 000×2.5%＝125(万元)

本年应分配的股利＝125×70%＝87.5(万元)

本年增加的留存收益＝125－87.5＝37.5(万元)

本年销售增加额＝5 000－4 000＝1 000(万元)

本年增加的资产＝1 000×7.63％＝76.3(万元)

本年需增加的资金＝7.63％×1 000－1.25％×1 000＝63.8(万元)

本年需要从外部追加的负债资金＝63.8－37.5－25＝1.3(万元)

练习二

(1)净利润＝10 000×(1＋10％)×6％＝660(万元)

(2)变动资产占销售额的百分比＝(3 000＋2 000＋3 000)÷10 000×100％＝80％

变动负债占销售额的百分比＝1 000÷10 000×100％＝10％

销售增加额＝10 000×10％＝1 000(万元)

2014 年需要增加的资金＝1 000×(80％－10％)＝700(万元)

2014 年增加的留存收益＝660－100＝560(万元)

2014 年需要从外部追加的资金＝700－560＝140(万元)

练习三

(1)$b=(4.5-3.5)\div(65-45)=0.05$

$a=3.5-45\times0.05=4.5-65\times0.05=1.25$(万元)

(2)$b=\dfrac{5\times693-288\times11.9}{5\times16\ 822-288^2}=0.032\ 4$

$a=\dfrac{16\ 822\times11.9-288\times693}{5\times16\ 822-288^2}=0.512\ 7$

(3)资金需要量＝(1.25－0.512 7)＋(0.05－0.032 4)×75＝2.057 3(万元)

练习四

(1)2014 年末资产总额＝560×2＝1 120(万元)，销售额＝1 120×3＝3 360(万元)，净利额＝3 360×8％＝268.8(万元)，留存收益额＝161.28(万元)。

2014 年可持续增长率＝(8％×3×2×60％)÷(1－8％×3×2×60％)＝40.45％

2015 年 D 公司可实现的最大销售额＝3 360×(1＋40.45％)＝4 719.12(万元)

(2)实际销售所需资金＝3 360×(1＋60％)÷3＝1 792(万元)，其中，由借款提供的资金＝1 792－[560＋3 360×(1＋60％)×8％×0.6]＝973.952(万元)。超常增长的销售额＝3 360×(1＋60％)－4 719.12＝656.88(万元)，超常部分增长所需资金＝656.88÷3＝218.96(万元)，其中，超常增长产生的留存收益＝3 360×(1＋60％)×8％×0.6－161.28×(1＋40.45％)＝31.53(万元)，超常增长的额外借款＝973.952－560×(1＋40.45％)＝187.432(万元)。

(3)实际销售所需资金＝3 360×(1＋60％)÷4＝1 344(万元)，其中，由借款提供的资金＝1 344－[560＋3 360×(1＋60％)×8％×0.6]＝525.952(万元)。持续增长所需的资金＝4 719.12÷3＝1 573.04(万元)，超常部分增长所需资金＝1 344－1 573.04＝－229.04(万元)，其中，超常增长产生的留存收益＝3 360×(1＋60％)×8％×0.6－161.28×(1＋40.45％)＝31.53(万元)，超常增长的额外借款＝525.952－560×(1＋40.45％)＝－260.568(万元)。

(4)实际销售所需资金＝3 360×(1＋100％)÷3＝2 240(万元)。由于是无效增长，权益乘数应保持不变，则权益＝2 240÷2＝1 120(万元)。由于留存收益＝3 360×(1＋100％)×8％×0.6＝322.56(万元)，上年末的所有者权益＝560(万元)，则需要追加的权益资金＝1 120－322.56－560＝237.44(万元)。

第十一章　全面预算与综合管控

练习一

(1)经营性现金流入＝36 000×10％＋41 000×20％＋40 000×70％＝39 800(万元)

(2)经营性现金流出＝(8 000×70％＋5 000)＋8 400＋(8 000－4 000)＋1 000＋40 000×10％＋1 900＝29 900(万元)

(3)现金余缺＝80＋39 800－29 900－12 000＝－2 020(万元)

(4)应向银行借款的最低金额＝2 020＋100＝2 120(万元)

(5)4 月末应收账款余额＝41 000×10％＋40 000×30％＝16 100(万元)

练习二

单位：万元

项　目	4 月份	5 月份	6 月份
期初现金余额	70	62	61
经营现金收入	500×30％＋400×70％＝430	600×30％＋500×70％＝530	700×30％＋600×70％＝630
材料采购支出	360×50％＋300×50％＝330	420×50％＋360×50％＝390	480×50％＋420×50％＝450
直接工资支出	20	35	28
制造费用支出	40－10＝30	45－10＝35	42－10＝32
其他付现费用	8	9	6
预交所得税			80
购置固定资产	150		
现金余额	70＋430－330－20－30－8－150＝－38	62＋530－390－35－35－9＝123	61＋630－450－28－32－6－80＝95
向银行借款	100		
归还银行借款		－60	－30
支付借款利息		－100×1％×2＝－2	－40×1％＝－0.4
期末现金余额	62	61	64.60

练习三

(1)现金流入＝1 512＋144－172.8＝1 483.2(万元)

现金流出＝1 511.85(万元)

新增借款数额＝40(万元)

期末现金余额＝13.35(万元)

(2)税后利润＝147.4(万元)

(3)预计每股盈余＝147.4÷500＝0.29(元/股)

第十二章　责任会计与责任考核

练习一

(1)追加投资前的投资报酬率为20%,剩余收益为96万元。

(2)因为20%低于A投资中心目前的投资报酬率26%,所以,A投资中心不会接受该投资。因为15%低于B投资中心目前的投资报酬率17%,所以,B投资中心也不会接受该投资。

(3)A、B投资中心都愿意接受该投资。

(4)因为向A投资中心追加投资后增加的部门边际贡献(20万元)大于向B投资中心追加投资后增加的部门边际贡献(15万元),所以,发达公司应向A投资中心追加投资。追加投资后发达公司增加的剩余收益＝20－100×12%＝8(万元),追加投资后发达公司的剩余收益＝96＋8＝104(万元)。

练习二

(1)4种内部转移价格下的销售利润分别为930 000元、1 302 000元、1 380 000元和3 450 000元。

(2)就机械分部来说,宁愿选用市场价格,因为这对买卖双方均无所偏袒,且能调动机械分部的生产积极性,促使他们努力完善经营管理,不断降低自动化配件的成本。

如果站在其他分部的立场,宁愿选用机械分部的单位变动成本(即155元)作为内部转移价格,当然,这必须是在机械分部决定采用双重内部转移价格时作为买方(其他分部)的计价基础,卖方则采用市价作为计价基础。

练习三

直接材料费用实际消耗2 400元,超过预算金额100元,属于不利差异,应进一步查明原因,予以严格控制。直接人工费和制造费用的实际消耗分别小于预算金额200元和300元,属于有利差异。表中,其他费用虽然实际消耗超过预算金额300元,但不属于该成本中心所能控制的,应及时报告上级管理部门予以分析控制。

练习四

实际边际贡献为120 000元,比计划边际贡献108 000元增加12 000元,为有利差异。实际税前利润为70 000元，比计划税前利润69 000元增加1 000元，为有利差异。因为固定成本超支差异为11 000元而税前利润是边际贡献额减固定成本后实现的，所以，12 000－11 000＝1 000(元)。

第十三章　绩效评价与战略管理

练习一

A部门的投资报酬率＝19÷90×100％＝21.11％

B部门的投资报酬率＝20÷100×100％＝20％

C部门的投资报酬率＝18÷100×100％＝18％

A部门的剩余收益＝19－90×16％＝4.6(万元)

B部门的剩余收益＝20－100×16％＝4(万元)

C部门的剩余收益＝18－100×16％＝2(万元)

可以认为，A最好，B次之，C最差。

练习二

(1)年初速动比率＝(435－200)÷250＝0.94

年末速动比率＝(400－150)÷280＝0.89

速动比率有所下降。净营运资金减少，减少额＝185－120＝65(万元)，下降35.14％。短期偿债能力有所下降。

(2)年初资产负债率＝550÷835＝65.87％，年末资产负债率＝580÷900＝64.44％。随着资产负债率的下降，财务结构趋向稳健。资产负债率下降的主要原因是总资产增加的幅度大于总负债增加的幅度(或由于企业盈利，资本增加的幅度大于负债增加的幅度)。

总负债增加＝580－550＝30(万元)，增长率为5.45％。总资产增加＝900－835＝65(万元)，增长率为7.78％。

(3)净资产增加＝320－285＝35(万元)，增长率为12.28％。由于所有者权益的增加来源于当年的净利润，说明该企业为盈利企业，企业资本增值(资本保值增值率为1.12)。

$$总资产报酬率=\frac{35\div(1-0.20)+45}{(835+900)\div 2}=10.23\%$$

净资产收益率＝35 ÷[(285＋320)÷2]＝11.57％

练习三

(1)甲公司的利息＝5 000×8％＝400(万元)

甲公司的息前税后利润＝600＋400×(1－25％)＝900(万元)

甲公司的投资成本＝5 000＋5 000＝10 000(万元)

甲公司的投资资本回报率＝900÷10 000＝9％

甲公司的经济利润＝(9％－10％)×10 000＝－100(万元)

(2)乙公司的利息＝4 500×7.6％＝342(万元)